Anne Siegel
Señora Gerta

PIPER

Zu diesem Buch

Gertas Leben verspricht Ruhm und Reichtum. Als Tochter einer der bekanntesten jüdischen Familien Österreichs avanciert die Schauspielerin zum It-Girl im Wien der 20er-Jahre. Mit der Heirat des Profifußballers Moses Stern scheint ihr Glück vollkommen. Doch angesichts der wachsenden antijüdischen Stimmung beschließt das junge Paar, Österreich zu verlassen. In Hamburg warten sie verzweifelt auf das Eintreffen ihrer Visa für Südafrika, da wird Moses während der Novemberpogrome verhaftet und in ein Konzentrationslager verschleppt. Todesmutig marschiert Gerta ins Gestapo-Hauptquartier, um ihren geliebten Mann zu retten. Zu allem entschlossen setzt sie ein, was ihr geblieben ist: ihr Schauspieltalent! Während Moses schwer verletzt aus dem KZ freikommt, findet Gerta einen Komplizen. Herr Otto von der Shipping Company »Norddeutscher Lloyd« riskiert sein Leben, um Gertas und Moses' Flucht nach Panama zu ermöglichen.

Anne Siegel, in Norddeutschland geboren und aufgewachsen, lebt in Köln und San Francisco und arbeitet als Buchautorin, Radio- und TV-Journalistin und Hörspielautorin. Neben mehreren Sachbüchern wie dem viel beachteten Band »Frauen, Fische, Fjorde«, der 2016 bei MALIK National Geographic erschienen ist, veröffentlichte sie 2015 ihr Romandebüt »Nordbräute«.

Anne Siegel

SEÑORA GERTA

Wie eine Wiener Jüdin auf der Flucht nach Panama
die Nazis austrickste

Mit 31 farbigen und Schwarz-Weiß-Abbildungen

PIPER

Mehr über unsere Autoren und Bücher:
www.piper.de

Von Anne Siegel liegt im Piper Verlag vor:
Frauen, Fische, Fjorde

MIX
Papier aus verantwortungsvollen Quellen
FSC® C083411
www.fsc.org

Ungekürzte Taschenbuchausgabe
ISBN 978-3-492-31331-5
Piper Verlag GmbH, München 2018
Mai 2018

Umschlaggestaltung: Hauptmann & Kompanie
Umschlagabbildung: Sheridan Libraries/Levy/Gado/Kontributor/GettyImages und Gerta Stern
Satz: Kösel Media GmbH, Krugzell
Gesetzt aus der Berkeley
Druck und Bindung: CPI books GmbH, Leck
Printed in the EU

Für Gerta
und all jene, die nicht aufgeben

Prolog

Warum bleiben manche Geschichten in der Welt, andere aber verschluckt das Leben, sodass sie irgendwann für immer verschwinden, wie die Körper der Menschen, von denen sie erzählen?

Wie kann es sein, dass eine Geschichte, die am einen Ende der Welt stecken geblieben ist, plötzlich zurück auf den Kontinent katapultiert wird, auf dem sie einst begann? Manche Geschichten sind so stark angefüllt mit eigener Energie, mit Leben, Liebe, Hoffnung und Zuversicht, dass sie Grenzen überwinden und Barrikaden niederreißen. Sie verweisen auf das Wesentliche und zeugen von einer Kraft, die Menschen über sich selbst hinauswachsen lässt.

Dies ist die Geschichte einer unerschrockenen Frau, die hundert Jahre alt wurde und noch immer lacht wie ein junges Mädchen. Die Geschichte einer Frau, der Wien weiterhin am Herzen liegt, auch nach Jahrzehnten in ihrer tropischen zweiten Heimat Panama, wo sie ihren Hausmädchen die Zubereitung von Knödeln und Palatschinken aus der Heimat beibrachte und glücklich und wohlhabend wurde.

»Wir kamen mit drei Dollar in der Tasche«, sagt Gerta Stern manchmal und schüttelt, sich selbst darüber wundernd, den Kopf, der nicht aussieht wie der einer Hundertjährigen.

Ihre Geschichte begegnete mir, weil die Neugierde mich auf einen seltsamen Pfad trieb. Eines Tages, nach einer Lesung in Panama, stand eine alte Dame vor mir und erzählte mir von ihrer Leseleidenschaft, ihrer Sehnsucht nach dem Deutschland, das sie einst verlassen hatte, und von der kleinen Kolonie jüdischer Einwanderinnen in dem mittelamerikanischen Land. Sie zelebrierten das Leben miteinander und hatten sich in den Vierzigerjahren des letzten Jahrhunderts geschworen, Panama, dem Land ihrer Rettung, die Treue zu halten.

Regelmäßig treffen sie sich zum Bridge, feiern freitags das Shabbes-Dinner, sobald der erste Stern am Himmel über dem Pazifik steht, und gehen samstags in die Synagoge. Die Feste, die kommen, feiern sie, als gäbe es kein Morgen. Das scheint ihr Elixier für ein langes Leben zu sein, denn sie sind alle schon betagte Leute.

Als Lotte in einem orangefarbenen Kleid mit Schlangenmuster-Druck vor mir stand und mir von alldem auf ihren Stock gelehnt erzählte, war ich ein wenig irritiert. Jüdisches Exil in Panama? Davon hatte ich noch nie gehört, dabei glaubte ich, mich in der Exilwelt des vergangenen Jahrhunderts auszukennen. Sollte es noch einen Ort auf der Welt geben, von dessen großzügiger Regelung für jüdische Emigranten wir Nachgeborenen nichts wussten, so wie das jüdische Exil in Shanghai erst fünfzig Jahre später in unser aller Bewusstsein gedrungen war? Auch mein Großonkel hatte es nach Shanghai geschafft. Aber Panama?

»Wir waren viele, und fast niemand wusste damals, dass Panama uns Juden überhaupt Zuflucht gewährte«, sagte Lotte, und das machte mich noch neugieriger.

Im Jahr darauf, während eines erneuten Aufenthalts in Panama, beschloss ich, Interviews zu diesem Thema zu führen, und ein weiteres Puzzlestück fiel mir auf seltsame Weise zu. Ich erfuhr, dass die Nichte des bekannten Komponisten Siegfried Translateur, mit dem ich mich bereits in einem anderen Zusammenhang befasst hatte, hier lebte. Gerta Stern war sogar Teil des Clubs der alten jüdischen Damen um Lotte. Translateur war ein verfemter Komponist, von den Nazis umgebracht, obwohl von ihm eines der verbreitetsten und bekanntesten Stücke stammte, der »Sportpalastwalzer«.

So ist das mit manchen Geschichten. Sie irren durch die Welt, wie Zugvögel, die die Orientierung verloren haben, und erst nach Jahren treffen sie auf einen Menschen, der ihnen gewissermaßen den Weg zum Ziel weist, indem er sie aufschreibt. So ging es Gerta und mir, nachdem wir einander kennengelernt hatten.

Da traf Lebenslust auf Tatendrang, und dass Gertas Geschichte nun hier zwischen zwei Buchdeckeln steht, hat auch damit zu tun, dass sie noch nicht zu Ende erzählt war, als ich sie an einem verregneten Frühsommertag zwischen quietschendem Papageiengeschrei und dem Autolärm einer mittelamerikanischen Millionenstadt in der Avenida Argentina von Panama City in einem Appartement im fünften Stock fand. Da fehlte noch ein Stück, das Bild war noch nicht vollkommen.

»Haben Sie eigentlich noch eine Frage ans Leben?«, wollte ich von Gerta wissen. Das digitale Aufnahmegerät stand zwischen uns auf dem Tisch in ihrer großzügig eingerichteten Wohnung, die auf mich stets wirkt, als tanze sogleich Carmen Miranda durch den Salon. Wenn ich in Gertas Wohnung stehe, nachdem ich aus dem Aufzug durch die Eingangstür getreten bin, habe ich einen Moment lang das Gefühl, ich sei aus einer Zeitmaschine gestiegen und versehentlich in den Vierzigerjahren des vergangenen Jahrhunderts gelandet. Ich komme mir vor wie in einem dieser alten Musical-Filme, in denen die Helden unter tropischen Bedingungen Spezialaufgaben lösen müssen. Warum also nicht Vergleichbares am Rande des Panamakanals bewerkstelligen? Wo einst Männer mit Tropenhelmen in beigen Kolonialanzügen und Frauen mit ananasartigen Gebilden über dem hochgesteckten Haar flanierten. Auf der Bühne eine Bigband, deren Bläser im selben Moment aufstehen und im Rhythmus ihre Trompeten, Saxofone und Posaunen mit eingeknickten Hüften nach rechts und links schwenken. Ich stelle sie mir vor, vorne, in Gertas Salon, hinter der kleinen Cocktailbar, die es tatsächlich gibt, in gestepptem Samt, und links davon die opulenten Sessel und Couchtische aus dem letzten Jahrhundert. Möbel, die heute in Europa wieder sehr beliebt sind. Und dann sehe ich vor meinem geistigen Auge besagte Carmen Miranda durch diesen Raum tanzen, diese schöne Latina, die in den alten amerikanischen Filmen stets die mittelamerikanische Exotin spielen musste. Sie tanzt in den Seitenflügel der Wohnung, dorthin, wo sich Señora Gertas Kosmetikstudio befindet, denn die alte Dame praktiziert noch immer.

In einem Zimmer weiter hinten im Nebentrakt dieser Wohnung saßen wir vor einem Jahr, und ich stellte ihr also diese Frage: ob Gerta nach einem so abenteuerlichen und erfüllten Leben noch eine Frage habe ans Leben. Da sagte sie diesen Satz, der mich seitdem nicht mehr losließ: »Wir haben nie erfahren, wer der Mann war, dem wir unsere Rettung verdanken.«

Der heimliche Helfer im Hamburg des Jahres 1938. Ein Komplize in Nazi-Uniform. »Herr Otto« von der HAPAG Shipping Company, der Mann, der Gerta den größten Schrecken einjagte und dann ihr Fleisch gewordener Schutzengel wurde, denn ohne ihn wäre sie nicht mehr am Leben, und vielleicht hätte sie ohne ihn nicht den Mut besessen, todesmutig ins Gestapo-Hauptquartier zu marschieren und durch einen Trick ihren Mann aus dem Konzentrationslager frei zu bekommen.

Als ich Gertas Satz zum ersten Mal hörte, war sie neunundneunzig Jahre alt. Ihr hundertster Geburtstag näherte sich mit großen Schritten, sie wollte ihn in Europa feiern, in der Sommerfrische in den österreichischen Alpen. Ich dachte ein paar Wochen darüber nach, war selbst nach Europa zurückgekehrt und beschloss, Gerta zu ihrem hundertsten Geburtstag ein besonderes Geschenk zu machen und etwas über jenen Herrn Otto herauszufinden. Daran, ein Buch zu schreiben, dachte ich noch lange nicht. Dazu kam es erst Monate später, als wir mit Gästen aus zwölf Nationen eine Woche lang im Grand Park Hotel in Bad Hofgastein die frischgebackene Hundertjährige feierten. Da waren ein Cellist aus Taiwan, eine Opernsängerin und ein junges Klavierwunder, Gäste aus Tel Aviv und New York, Barcelona und Miami. Menschen verschiedener Herkunft und aller Altersklassen.

Nach drei Tagen, die ich mit alten jüdischen Damen aus Übersee und anderen Gästen der Feier verbracht hatte, machte am Nebentisch im Speisesaal jemand Bemerkungen über die saudischen Familien, die den Sommer über ihrer Wüstenheimat mitsamt des Hofstaates den Rücken gekehrt hatten und mit uns im Hotel in milderen Temperaturen wohnten. Viele der Frauen trugen dunkle Vollverschleierung, den Niqab, bei dem nur die Augenpartie frei bleibt. Die nicht ganz wohlwollende Nachrede konterte Gerta mit: »Lasst sie doch, uns wollte hier früher auch niemand.« Und in dem Augenblick hatte sie mein Herz endgültig erreicht. An diesem Tag beschloss ich, Gertas Geschichte aufzuschreiben. Sie hatte diesen Satz weder schnippisch noch bösartig gesagt, beides passt nicht zu ihr. Sie hatte dabei diesen aufgeweckten Gerta-Blick, der sie schon auf den Kinderfotos ausmachte. Die edel gekleidete alte Dame hatte ihre Ansicht kundgetan, ganz offen hinübergesehen, und der Nachbartisch duckte sich unter den eindeutigen Worten und Blicken hinab in das Vanillekipferl-Parfait an glasierten Zwetschgen.

Vielleicht wird es am Ende dieses Buches so sein wie bei den Riesenpuzzles, die in Tausenden von Teilen lange auf den Tischen tüftelnder Menschen liegen. Da gilt es inmitten eines großen Durcheinanders einen Zusammenhang zu schaffen und alles, was passt, einzufügen, und am Ende fehlt dieses eine letzte Stück, das wie vom Erdboden verschluckt zu sein scheint. Da klafft eine Lücke im Bild, aber der Tisch ist leer. Man sieht das erst, wenn alle anderen Stücke in das große Bild eingefügt sind. Mag sein, dass dieses eine letzte Stück gar nicht mehr nötig ist, weil trotzdem ein neues großes Ganzes entstehen konnte.

Vielleicht wird es mir mit dieser Geschichte auch so gehen.

Gertas Puzzleteile liegen in Hamburg und in Wien, in Miami, New York, London und Panama und vielleicht auch dazwischen irgendwo auf dem Atlantik. Auf ihm fuhr sie ins Ungewisse … mit drei Dollar in der Tasche.

Auf einem Passagierschiff, auf das ihr heimlicher Helfer sie inkognito eingeschifft hatte. Nachts hatten sie an einem Steg in der Dunkelheit der Bretagne ausharren müssen. »Um halb zwei nachts wird ein Ruderboot kommen und Sie dort abholen«, hatte er ihr gesagt, und tatsächlich. So hatten sie Europa verlassen, die Heimat im Rücken, die Zuversicht im Herzen und vor sich das Ungewisse in der Fremde, in einem Land, dessen Sprache sie nicht sprachen.

Es gehörte unendlich viel Vertrauen dazu, nicht nur in das eigene Schicksal, sondern auch in die wildfremden Menschen, die ihnen den Weg ins rettende Panama wiesen. Mit ihnen war ein Mann mit einer tragbaren Schreibmaschine als weiterer Gast an Bord des fremden Schiffes gekommen, das sie in Hamburg niemals hätten besteigen dürfen, denn als Juden hätten sie es dort nicht einmal über die Grenze des Hafens hinaus geschafft.

Von Frankreich aus nach Panama.

Schon einmal hatte Gerta das Boot heimlich betreten, weil sie ein Abkommen mit einem fremden Mann an Bord geschlossen hatte. Auch er gehört zu denen, ohne die sie nicht nach Panama gekommen wären. Ihr Hamburger Helfer hatte andere Menschen mit ins Boot geholt, im doppelten Sinne des Wortes.

Letzte Hoffnung Panama.

Der Kerl mit der Schreibmaschine schien sie wie die Motte das Licht zu umkreisen, und sie mussten den Atlantik schon halb überquert haben, bis Gerta endlich keine Angst mehr vor ihm hatte. Bis dahin machte sie kein Auge zu. War der Mann ein Spion? Hatte ihn die Gestapo geschickt, Hitlers Geheimpolizei, um sie doch noch zurückzuholen?

Drei Wochen später kamen sie in Panama an. Es war die Rettung, selbst wenn sie mitten im Dschungel wohnten und Hitze und anderes Ungemach durch fremde Flora und Fauna drohte. Der Urwald spie Tiere aus, von deren Existenz sie bis dahin nicht einmal etwas geahnt hatten. Die Klänge, die allabendlich aus dem dichten Grün des Regenwaldes drangen, waren furchterregend. Aber was war schon die Furcht vor der Natur gegen das, was hinter ihnen lag? Hinter Gerta und ihrem Mann Moses, genannt Munio, dem Profifußballer, den sie aus dem Konzentrationslager frei bekommen hatte. Wie sollten sie nach allem, was sie hinter sich hatten, mitten im nächtlichen Urwald furchterregende Tiere und verworrene Geräusche im grünen Blättergetümmel schrecken? Zu Gerta und ihrem Mann Moses Stern gehörte noch Sigmund, Kosename Sigi, Moses' kleiner Bruder. Denn: »Wenn ihr geht, müsst ihr den Sigi mitnehmen«, hatten Gertas Schwiegereltern einst verfügt.

Am 11. Januar 1939 hatte sie das Schiff in einem fernen Karibiknest namens Cristóbal ausgespuckt. An Bord dieser mittlerweile gar nicht mehr ganz fremde Mann, der von nun an fest mit ihrem

Schicksal verbunden sein sollte. Herr Rosenberg aus Bogotá. Der Mann, mit dem Gerta ein geheimes Abkommen geschlossen hatte. Sie hatte ihm ein Lied gesungen, und er hatte zugesagt, ihnen Geld zu leihen. Erst Jahre später sollten sie ihn wiedersehen und bei Herrn Rosenberg ihre Rechnung begleichen.

Der sichere Boden, auf dem sie in Mittelamerika standen, war ein Versprechen, das sich erst beweisen musste, denn dieser Boden, das waren stinkende Sümpfe und schlickiger Grund. Urwaldboden und schlechte Schotterpisten, um deren Existenz man mit jedem Tropenregen aufs Neue fürchten musste.

Da saßen sie nun, Gerta, ihr Mann Moses und dessen minderjähriger Bruder aus Wien, in der kleinen Exilantenunterkunft, die ihnen zugewiesen worden war. Direkt nebenan die Panamakanalzone unter amerikanischem Protektorat, das den wichtigen Wasserweg und die überbordenden Einnahmen daraus in seinen Händen hielt. Moses, genannt Munio, der Profifußballer, mag sich im Herzen Lateinamerikas besonders fehl am Platze gefühlt haben. Weit und breit war hier an Fußball gar nicht zu denken. Und der Junge, Sigi, versuchte tapfer zu sein und dachte wohl an die Eltern, die sie im fernen Wien hatten zurücklassen müssen.

Weit über siebzig Jahre später. Gertas Appartement mitten im Zentrum von Panama City.

Manchmal ist es nur ein Satz, ein Punkt, der nicht gesagt, nicht gesetzt, ein Atem, der nicht hinausgelassen wurde, oder das letzte Wort, das einfach noch niemandem über die Lippen kam. So einem seltsamen Moment verdankt diese Geschichte, dass sie nun in der Welt ist. Mein Audiorekorder war längst ausgestellt nach dem langen Interview in Panama City, als ich Gerta diese eine Frage stellte, die alles in eine vollkommen andere Richtung lenkte.

»Eine letzte Frage habe ich doch noch, Gerta«, sagte ich und stellte meinen Rekorder noch einmal an, dieses Gerät, das mit seiner Digitalanzeige so seltsam deplatziert schien in Gertas Welt zwischen böhmischen Saftgläsern mit Feinschliff, eleganten Spitzendecken und herrlich voluminösen Samtsesseln.

Von draußen drang durch die halb offenen Fenster, die aus raffinierten, übereinanderliegenden Glaslamellen bestanden, das Dauerbrummen der Millionenstadt hinein, überlagert von den Schreien exotischer Vögel. Der alles betäubende Verkehr eines Freitags in Panama City mit seinen Hupkonzerten im Stau, dazwischen Marktverkäufer, die auf den Grünstreifen, die die Avenidas trennen, Kokosnüsse feilbieten, Hüte und süße Köstlichkeiten. Hier, bei Gerta: schöne Blumengestecke und alte Fotos, eine Oase im Kontrast zum Wahnsinn des modernen Mittelamerikas direkt vor der Tür.

Mein Blick fiel auf visionär gestaltete Hochhäuser, die sich nur eine Avenida entfernt in die Höhe zwirbelten und wundersame weiße Wolken darüber, deren Schimmern das grünviolette Licht des Pazifischen Ozeans wiedergab. Was für ein sonderbarer Kontrast zu dieser Welt im fünften Stock des Appartmenthauses, in dem Señora Gerta, oder Doña Gerta, wie sie ehrerbietig genannt wird, noch immer lebte und arbeitete. In ihrem Salon strahlt etwas anderes: Es ist ein beeindruckendes Ölgemälde, das inmitten all der anderen geschmackvollen Bilder an der Wand hängt und in perfekter Technik gemalt ist. Es zeigt Gerta in jungen Jahren, hat etwas geradezu Magisches und wurde gefertigt von einer malenden Legende, Isaac Benítez, aus dem Panama der Fünfzigerjahre. Dieser Mann wäre niemals ein berühmter Maler geworden, hätte nicht Moses, Gertas Mann, eines Mittags einen Spaziergang am Strand gemacht und im Vorübergehen diesen Pinselstrich entdeckt, ihn ermutigt, ihm richtige Farben gekauft und dafür gesorgt, dass dieses Talent etwas lernt. Munio verschaffte Benítez einen Job im Museum, wo er andere Bilder restaurierte, und in der Folge sogar ein Stipendium in Florenz, wo der offensichtlich hochbegabte Maler endlich die Ausbildung genoss, die ihn zu einem der Stars der Fünfziger- und Sechzigerjahre in Panama machte. Nachdem er einem Schlaganfall erlag, war es Gerta, die seine Grabrede hielt.

Hätte Gerta ihren Mann nicht aus dem Konzentrationslager befreit und er es nicht mit ihr ins Exil nach Panama geschafft, auch der Maler, der die schöne junge Wienerin in Öl darstellte, hätte wohl weiter Skizzen am Strand der Hauptstadt gezeichnet und wäre nie berühmt geworden, schon allein, weil er sich gar keine richtigen Ölfarben hätte leisten können.

Manche Menschen sind wie Dominosteine. Sie bewegen andere und die bewegen wiederum andere … Gerta ist so ein Mensch. Und auch Munio wollte der Welt etwas zurückgeben, nachdem er einmal schon dem Tode geweiht aus dem schlimmsten Lager des Landes wieder befreit worden war durch seine junge Frau.

»Eine letzte Frage …,« begann ich meinen Satz, und Gerta sah erwartungsvoll von ihren Händen auf, die sie vor sich liegend auf dem Tisch betrachtete.

Doña Gerta muss um die sechzig gewesen sein, als sie beschloss, dass sie nun erst einmal eine Weile lang nicht zu altern gedenke. Und weil alles, was Gerta unternimmt, sehr elegant geschieht, gelang ihr auch dieses Unterfangen auf stille, glaubhafte und bemerkenswerte Weise. An diesem Tag, als ich sie zum ersten Mal besuchte, sagte sie leicht errötend: »Ja, das ist durch einen Zufall im letzten Jahr aufgeflogen, und dann beschloss ich, nicht mehr zu lügen. Es ist ja auch zu albern, aber eigentlich würde ich jetzt fünfundachtzig.« Sie strahlte. Ihr Lächeln gab eine weiße, ebene Zahnreihe frei und einen schamvollen Blick, der den Backfisch erahnen ließ, das Wiener Teenagergirl, das sie Ende der Zwanzigerjahre gewesen sein mochte, als die Raumdecken noch höher waren und mit Stuck verziert statt all der großblättrigen Ventilatoren, die in den Tropen seit Jahrzehnten in ihrem Heim die Luft auffächeln. Im nächsten Moment ging Gertas Lachen in ein albern-freudiges Kichern über, und sie verbarg ihr Gesicht schamvoll hinter ihren Händen.

Gerta Stern hat ungewöhnlich schöne Hände. Sie erzählen so viel über diesen Menschen. Ja, sie sind alt und faltig, aber gleichermaßen kraftvoll, und die Schönheit, die sie ausstrahlen, birgt eine große Vitalität. Schließlich leisten sie bei ihren täglichen Kosmetiksessions für Kundinnen noch immer ganze Arbeit. Und haben die präziseste Maniküre erfahren, die es an diesem Ort zwischen Atlantik und Pazifik gibt. Was relativ sein mag, denn Panama erstreckt sich auf dreiundsiebzig Kilometern zwischen den beiden beachtlichen Weltmeeren.

Unweit von hier strömen diese beiden Meere durch den sie verbindenden Wasserstreifen eines Kanals aufeinander zu und tragen so die seltsamsten Menschen und Waren quer durch dieses Land. In den riesigen Schleusen blicken die Matrosen fasziniert über die Relings. Es sind hübsche und bunte Menschen aus aller Herren Länder, die auf einer wässernen Spur von gut siebzig Kilometern für ein paar Stunden Panamas Gäste sind, bevor das nächste Weltmeer sie aufnimmt und sie darauf wieder ihrer Arbeit nachgehen.

Wer schon länger in diesem Land lebt, ist es gewohnt, unter Spannung zu existieren. Wer so alt ist wie Gerta, weiß, dass die Menschen hier an einem Morgen aufwachen und die Revolution ist da und macht aus der Regierungsbank binnen Stunden ein Trümmerfeld. Man entwickelt seine Tricks. »Ich wusste ja immer schon, wenn etwas passieren wird!«, sagte Gerta in einem Nebensatz später einmal zu mir. Dann erst begriff ich: All die Politikergattinnen hatten seit Jahrzehnten in ihrem Kosmetikstuhl gesessen. Wem, wenn nicht dem Friseur und der Kosmetikerin, wollten sie ihr Leid klagen in diesem oft sehr korrupten Staat, wenn der eigene Mann wieder einmal seinen Rang und Namen durch eine am Horizont heraufdräuende Revolte verteidigen musste und Villa, Pool und Reputation sich schnell dem Abgrund näherten?

Dass Señora Gerta bis ins Grab über die Details schweigen würde, wussten sie. Heute sind sie längst tot, und nicht einmal die Revolutionen in Mittelamerika sind noch das, was sie einmal waren. Sie geschehen heute virtuell und lösen andere Erdbeben aus als jene, die man von früher kannte auf diesem schmalen Streifen Land, der flankiert von den Ozeanen Süd- von Nordamerika trennt und Arm und Reich nur binnen eines Straßenzuges. Die Revolutionen zetteln heute die Whistleblower an, und Akten tauchen auf Wolken auf, die mehr als nur den Schein des pazifischen Lichtes haben, denn ganze Diktatoren- und Verbrecherdynastien nutzen Häfen fern des Kanals, die einzig ihrem Kapital dienen.

Gerta mag eine elegante Dame aus dem Wien des letzten Jahrhunderts sein, aber in manchen Dingen ist sie immer noch das It-Girl, das sie früher einmal war. Der Lack auf ihren Fingernägeln: immer der neueste Hit.

An diesem Tag trugen sie eine milde, herrlich milchige Farbe, die irgendein schlauer Mensch in den Fashion-Zentralen *nude* genannt hatte. *Nude,* wie nackt, wie offen, wie direkt vor uns auf dem Tisch liegend. Gertas Hände erzählen auch deshalb so viel, weil elegante Goldringe sie zieren, feine, gut gearbeitete Goldreife mit Edelsteinen und Brillanten, die von vorzüglichem Handwerk zeugen und einer großen Liebe. Seltsam, nach diesen Ringen habe ich Gerta bei all unseren Begegnungen nie gefragt. Wir haben uns oft gesehen seit diesem Tag in Panama im Mai. Immer wenn ich auf Gertas Hände schaue, sehe ich auch Moses Stern.

Moses, den Juwelenhändler aus dem fernen Wien, der deshalb Juwelenhändler wurde, weil in den Vierzigerjahren ein europäischer Profifußballer im fernen Panama so ziemlich das Exotischste war, was man sich denken konnte.

Aber wo, wenn nicht auf fremden Kontinenten, erfinden sich die Menschen neu, frei von allen Erwartungen und alten Visionen. Was wird gebraucht? Was kann ich? Wer sich und sein Leben von Grund auf neu gestalten und definieren muss, dem sind keine Branche und kein neues Handwerk fremd genug. Denn der Wille zu leben ist immer stärker, und Moses Sterns Lebenswille war sehr groß, nachdem seine Frau ihn erst einmal aus den Händen der brutalen Nationalsozialisten befreit hatte. Moses wusste wahrscheinlich spätestens zu jenem Zeitpunkt, dass er ihr fortan nie auch nur einen Wunsch verwehren würde, denn sie hatte ihn und seinen geliebten Bruder gerettet und grenzenlos unerschrocken dabei ihr eigenes Leben mehr als einmal aufs Spiel gesetzt. Sie hatte tatsächlich gespielt, denn dies konnte nur einer wie Gerta gelingen, die von Kindertagen an Schauspielerin im alten Wien gewesen war. Und damals hatte das Schicksal sie zur Rolle ihres Lebens herausgefordert.

Dabei war seinerzeit, im Jahr 1938, gerade eine frischgebackene Kosmetikerin aus ihr geworden. Sie war nach Wien zurückgekehrt, hatte Moses geheiratet, und wäre nicht ihre gesamte Existenz durcheinandergewirbelt worden, wer weiß, was aus Gerta geworden wäre? Schließlich hatte sie, die selbst aus einer prominenten Familie stammte, einen der bekanntesten Fußballer im Wien der Dreißigerjahre geheiratet.

Dass das größte Abenteuer ihres Lebens noch vor ihnen läge, ahnten weder Sigi noch Moses oder gar Gerta.

Heute leben Moses, Sigi und auch ihre Tochter Terry, die den Sterns in Panama später geschenkt worden war, nicht mehr.

Nur Gerta ist noch da. Sie und ihre Freundinnen, die noch

immer feiern. Mittwochs beim Bridge und freitags beim Shabbes-Dinner und auch sonst, wenn sich die Gelegenheit ergibt und sie ihr Leben in tropischer Luft förmlich umarmen. Weil sie noch da sind, trotz allem, und weil es ganz selten passiert, dass Menschen aus dem Schleudergang, in den sie das Leben schickt, aufrechter als zuvor wieder hervortreten.

So ein Mensch ist Gerta.

Dies ist ihre Geschichte.

Kapitel 1

Panama City. Ein Abend im Mai des Jahres 2015. Es dämmert. Am Ende der Avenida Ecuador, steht an einer Palmenallee ein Jugendstilgebäude. Der Festsaal der Handelskammer von Panama. Vor dem Portal treffen elegante Limousinen ein.

Eine nach der anderen halten sie vor den marmornen Treppen des Portals und spucken im Minutentakt Herren in Smokings und Damen in eleganten Roben aus. Ein Diener in Livree empfängt die Gäste und geleitet einige der Herrschaften die hohen Stufen des Eingangsbereiches hinauf. Der oberste Rabbiner ist soeben in einem alten Chrysler eingetroffen. Er hält sich die Kippa auf dem Scheitelpunkt seines üppig gewellten Haares fest. Ein starker Abendwind lässt die tropische Hitze des Tages vergessen und hat seine Kopfbedeckung erfasst. Der Himmel über dem weiß getünchten Gebäude im Kolonialstil verdunkelt sich schlagartig.

Alles war schon immer ein wenig dramatischer an diesem Ort, den Goldräuber einst erbauten, weil sie, die Konquistadoren, ferne Inkareiche plündern wollten und einen genialen Verbindungsweg gefunden zu haben glaubten. Hier, an der schmalen Taille des Kontinents, wo die ausschweifenden Weiten des Nordens sich zunächst, in Lateinamerika übergehend, verengen und den breiten Kontinentteil des Südens an diesem schmalen Bändchen Land berühren. Geologisch weist Panama, das lange nur eine Provinz Kolumbiens war, ein weiteres Phänomen auf, das klingt wie eine seltsame Krankheit, mindestens aber wie ein Schluckauf. Wenn Geologen von einer Landverengung inmitten dieses Kontinents, den dieses schmale Bändchen Erde zusammenhält, sprechen, dann nennen sie es Isthmus. Ein Isthmus ist eine Landenge, die ein Durchkommen gewährt, im Falle Panamas an dem Punkt, an dem heute der berühmte Kanal fließt. Er wurde von Menschenhand erschaffen, war jedoch als geologische Formation mit einem angedeuteten Flussbett schon von der Erde selbst als dieses Wasserwunderwerk angelegt, aus dem sich derart viel speist für Panama.

Die Formation, die es möglich machte, entstand hier schon vor Jahrmillionen. Sie erstreckte sich von den Bergen nach Osten und formte eine schmale Verbindung, die das Rückgrat des Landes bildet, das sich wie ein fester Grat einmal quer durch das Land zieht. Genau dort, wo heute auf dem Isthmus der Kanal fließt, überquert ihn an der Bruchstelle des Kontinents nur eine waghalsige Brücke und bildet für die Reisenden auf der sogenannten Panamericana-Route den Übergang nach Südamerika. Erst im Süden Panamas wird diese Straße jäh unterbrochen, wie sonst auf keinem anderen Stück der asphaltierten Piste von Alaska bis nach Feuerland.

Von alldem träumte vor mehr als fünfhundert Jahren ein verlorener Sohn aus verarmt-adeligem, galizischem Hause, der einen Hügel erklomm und als erster weißer Mann vom höchsten Punkt aus an der Landenge den atlantischen und gleichzeitig den pazifischen Ozean erblickte. »Schreibt dies nieder!«, soll er gerufen haben und befahl die anderen sechsundsechzig, die ihn begleiteten, erst danach zu sich auf den Berg. Dieses Schlitzohr wollte nämlich nichts so sehr, wie berühmt und reich zu werden, und erkannte die Chance, seinen Namen an diesem Ort für die Nachwelt zu erhalten. Vasco Núñez de Balboa, ein bärtiger Spanier mit übergroßer Nase, hinterließ dabei eine Spur aus Blut und Niederschlagungen im späteren Panama. An seiner Seite trabte dabei sein Bluthund, der ihn überallhin begleitete. Er galt als eine Bestie, die mit weiteren Bluthunden den Weg der europäischen Eroberer im Dschungel von gefährlichen Tieren frei machte. Oft wurden diese Hunde auch zu blutigen Gemetzeln gegen die Ureinwohner eingesetzt, die sich staunend den ersten Weißen auf dem Kontinent entgegenstellen wollten.

Mehr die Habgier trieb diesen Mann als seine Entdeckerlust.

Núñez de Balboa war ein Rastloser, einer, der aus dem fernen Spanien kommend sein Glück in der Karibik nicht finden konnte. Einer jener Verschlagenen, die sich vom zurückgekehrten Kolumbus hatten blenden lassen, als er aus Amerika (das er zunächst für Indien hielt) zurück nach Spanien gegangen war. Triumphierend prahlte der Entdecker dort mit Gold aus fernen Kolonien und eigenartigen Tieren aus der »Neuen Welt«, die er stolz mit sich führte. Er zog mit Kokosnüssen, Tabak, Tapiren und Papageien durch die großen Städte. Die Menschen jubelten ihm zu, denn so einer war mutig ins Ungewisse aufgebrochen, und sie staunten bei seiner zirkushaften Vorstellung, bei der er die fremdartigen Geschöpfe zeigte und noch dazu ganz und gar fremde Waren, die einen neuen Genuss versprachen. Dieser beglückend und aufrüttelnd wirkende Kult um Kolumbus muss etwas in dem damals schon durchtriebenen Balboa ausgelöst haben, dem in Spanien die rechte Bestimmung zu fehlen schien.

Viele der Männer, die es wie ihn ins neu entdeckte Amerika zog, hatten nichts mehr zu verlieren, sie waren Gescheiterte und sahen in den Goldvorkommen in der Ferne die Chance, dem Leben zu entkommen, das sie zu Hause führten. Vielleicht wollten sie auch nur den Menschen ihrer Heimat entkommen und sich und ihnen in der Ferne etwas beweisen?

So einer war Núñez de Balboa, ein Spieler, Zocker, Schweinezüchter aus Not. Viele, darunter auch Balboa, stiegen gleich an der ersten Insel aus, und in Hispaniola, der späteren Dominikanischen Republik und Haiti, schlug sich ein Gouverneur mit ihnen herum, denn schnell war klar, dass diese skrupellosen Outlaws seiner Insel nichts als Unheil brachten und ihre kriminelle Energie die hiesigen Gefängnisse füllte.

So dachte sich der Gouverneur von Hispaniola einen wunderbaren Trick für sie aus. Jeder der hier Angelandeten erhielt ein Stückchen Land, siebzig Sklaven, Saatgut und Tiere und wurde so zum Farmerdasein gezwungen. Sie saßen auf der Insel fest, kamen nicht fort, auch die nicht, deren Ziel die ferne Stadt »El Dorado« war, ein verheißungsvoller Ort voller Gold. Es war nicht mehr als ein Mythos, den die, die zurück aus dem Süden Amerikas kamen, zunehmend befeuerten. Niemand konnte sagen, ob dieser geheimnisvolle Ort nur eine Fantasie war. Die, die den fremden Kontinent mit aller Macht eroberten, brachten immer mehr von dem glänzenden Metall zurück, schnell erkannten sie seine Kostbarkeit, und das lockte viele Halbseidene auf abenteuerliche Pfade, die sie gleich um ihr Leben bringen oder mindestens genauso schnell sehr reich machen konnten.

So saß Balboa, der eigentlich dem Ruf des Goldes gefolgt war, zwischen Schweinen und Zuckerrohr auf seiner Farm fest, die er sich keineswegs ausgesucht hatte, und an ein Fortkommen war nicht zu denken. Wieder einmal war Balboa pleite. Also kam ihm ein Schiff gerade recht, das Hispaniola auf dem Weg in die Kolonie »terra firma« passieren sollte, die genau dort lag, wo man das Gold gesichtet hatte.

In Hispaniola meinte man es allerdings ernst damit, die Abtrünnigen zu sozialisieren. Die Landwirte wider Willen wurden nicht aus ihrer Pflicht entlassen, denn sie hatten Schulden auf der Insel und sollten sich erst einmal durch ihre Arbeit auf dem Land bewähren. Das angekündigte Schiff durfte nicht einmal den Hafen von San Domingo anlaufen. Draußen, weit vor den Mauern der Stadt, ankerte es. Balboa erdachte daraufhin einen sagenhaften Trick, versteckte sich in einer Kiste und schaffte es darin an Bord. Nur sein Bluthund war bei ihm, bewachte ihn und die Kiste, in der er steckte. Das Tier wich ihm nicht von der Seite. Zu wem der seltsame Hund gehöre, soll die Mannschaft gefragt haben, so Stefan Zweig später in seinen »Sternstunden der Menschheit«, die er im brasilianischen Exil verfasste.

Mit einer Mischung aus Trotz, Verzweiflung und Abenteuerlust spült es also vor mehr als fünfhundert Jahren Núñez de Balboa durch seinen Trick näher an den Ort, zu dem er eigentlich aufgebrochen ist. Erst auf hoher See kommt der Inhalt der Kiste zum Vorschein. Es ist zu spät, den blinden Passagier an Land zurückzubringen. Noch an Bord reißt er das Kommando an sich, lenkt das Schiff an einen anderen Ort, als die Mannschaft erfährt, dass terra firma von einer Epidemie heimgesucht und zerstört wurde, und sie landen vor der Küste Panamas.

Die Ureinwohner dort haben Gold, Balboa folgt der Spur des Edelmetalls, und auch an Land zettelt der Rastlose wieder eine Revolte an. Diesmal verläuft sie ohne großen Widerstand, denn der dortige Gouverneur ist verschollen. Der Urwald hier ist derart dicht, die fremden Gestalten, die seit Ewigkeiten dort leben, scheinen derart trickreich, da passiert es oft, dass Menschen einfach verschwinden. Manchmal auch nur, weil sie einem Riesenkrokodil begegnet und nicht rechtzeitig davongekommen sind.

So reißt Balboa kurzerhand die Macht an sich und zieht weiter der Spur des Goldes folgend nach Südwesten, brutal alle niederschlagend, die sich ihm, den Bluthunden und seinen Männern in den Weg stellen. Auf der anderen Seite dieses Landes, das so schmal ist, dass sie es durchwandern können, sollen angeblich die Schätze und ein unentdeckter Ozean liegen. Wenn er die andere Küste erreicht und von dort nur ein paar Tage südlich segele, hört er von den wenigen Ureinwohnern, die sie nicht töten, lande er im Paradies. Dort soll es Gold geben in einer heiligen Stadt in einem hohen Gebirge, und das Reich heißt Birú. Es handelt sich um das spätere Peru.

Tatsächlich verbündet Balboa sich auf dem Weg zum anderen Ozean inmitten der Wildnis mit einem Stammeshäuptling und heiratet sogar dessen Tochter.

Das Klima macht den Konquistadoren zu schaffen. Die brütende Hitze lastet schwer auf ihnen, immer wieder gehen heftige, ganz plötzliche Regenschauer auf sie hernieder und reißen die Wege ein, die sie sich eben noch mit der Machete durchs dichte Grün geschlagen hatten. Die Luftfeuchtigkeit der panamaischen Tropen ist kaum auszuhalten, sie zersetzt sogar ihre Kleidung. Im dichten Dschungel begegnen ihnen zudem Tiere, deren Anblick nicht immer so erfrischend ist wie der der Tukane mit ihrem bunten Gefieder und ihren übergroßen, bizarren Schnäbeln. Während im Mangrovensumpf die Gürteltiere und giftigen Schlangen neben riesigen Krokodilen umherkriechen, fliegen über den Köpfen der Eroberer Harpyien, sehr große, überaus kräftige Raubvögel, dank ihres erschreckenden Aussehens damals noch »Sturmdämonen« genannt. Ihre Spannweiten von bis zu zweieinhalb Metern lassen sie so riesig erscheinen, dass diese Greife in manchen Mythen auch mit Frauenkörpern dargestellt wurden, aber den starken Eindruck, den das Tier auf die Eroberer machte, mag das Fieber der Tropen verstärkt haben.

Núñez de Balboa, der am 25. September 1513 auf dem berühmten Hügel landet und der mit aller Macht berühmt sein will, hat den Marsch zum Pazifik wohl nur gemacht, weil seine letzte Revolte nicht funktioniert hat. Er muss vor seinen Verfolgern fliehen und sieht in der Suche nach dem wichtigen Ort am Pazifik, von dem die Indigenen sprechen, seine letzte Chance, um sein Leben zu retten. Wenn er so berühmt ist, wer soll ihn dann schon töten wollen? Er setzt alles auf eine Karte.

Kurz nachdem er auf dem legendären Hügel die beiden Meere erblickt, setzen Balboa und seine Männer dort, wo heute Panama City liegt, den Fuß ins Meer. Sie hatten den Ort gefunden, von dem aus die spanische Krone die größten Schätze Südamerikas ins Königreich bringen sollte. Der fremde Ozean, der vor ihnen liegt, wird dafür kurzerhand für die Spanier konfisziert.

Der Isthmus zeigt ihnen den Weg, den sie später durch das Hinterland schlagen würden, um auf der karibischen Seite die Reichtümer an Bord der Schiffe und damit nach Europa zu bringen.

Der Ort, den sie am Rande des soeben eingenommenen Meeres finden, hieß bald schon Nuestra Señora de la Asunción de Panamá.

Núñez de Balboa, der gefallene Sohn seines Landes, den die Habgier in die Ferne gelockt und mehrmals hatte scheitern lassen, wurde später vom spanischen König zum Kapitän der Provinzen Coiba und Panama ernannt und bald darauf zum Gouverneur der Südsee.

Von diesem Ort aus, Nuestra Señora de la Asunción de Panamá, stach er wieder in See. Seine gesellschaftliche Rehabilitation änderte nichts daran, dass er nur dreieinhalb Jahre später durch das Schwert eines Henkers sterben sollte, denn die Rache der neuen Machthaber der spanischen Krone war größer als sein eigener Einfluss.

Nuestra Señora de la Asunción de Panamá, das später Panama la Vieja und heute Panama City heißt, wurde bald zu dem Dorado, das die Eroberer vor Augen hatten. Es wurde zur Drehscheibe für das geraubte Gold der Inkas, ebenso für die Silberschätze anderer Völker, und auch ein anderes wertvolles Gut wurde hier gehandelt, das später eine große Rolle spielen sollte: Sklaven.

Mit dem Reichtum kamen die Freibeuter aus der Südsee, die die Stadt immer wieder plünderten und abbrannten. Auch auf der anderen Seite des Kontinentalbruchs tobt in den Jahren darauf ein unerbittlicher Seekrieg. Sir Francis Drake plündert die Schätze dieser reichsten spanischen Kolonie, und auch er zerbricht zum Schluss daran. Wird er schlicht irre oder ist es der Rum? Am Ende seiner Tage schenkt der berühmte Freibeuter all das, was er in Panama erbeutete, der Kirche. Kurz darauf kommt er dort zu Tode, wo heute die karibische Einfahrt zum Panamakanal liegt. Seine Leiche wird hier, in der Nähe des Fort Lorenzo im Meer versenkt.

Auch Balboas Geist wirkt über seinen Tod hinaus. Er hat sich auf eine Art ins Gedächtnis der Menschen in diesem turbulenten, heute so modernen Staat gebrannt, wie er es sich als habgieriger Mensch nicht schöner hätte träumen lassen: Der Balboa wurde zur Währung Panamas. Er existiert gleichrangig mit dem US-Dollar, Kurs 1:1. Scheine gibt es nicht.

An diesem Ort, der Glücksritter und Händler stets gleichermaßen anzog, liegt noch immer eine eigenartige Energie in der Luft. Panama pulsiert, wenn nicht gerade die Staus die Menschen auf der Straße zum zeitweiligen Stillstand verdammen. Die Staus sind das Einzige, was hier jeden Morgen mit Gewissheit vorausgesagt werden kann.

»Mein Leben war immer aufregend«, sagt die Frau, die einen sehr ausgefüllten Terminkalender hat und die vor Kurzem erst ihren Führerschein abgab. Señora Gerta fuhr mit einer traumwandlerischen Kenntnis all der kleinen Abkürzungsstraßen, um dem Stillstand der Staus von Panama City zu entgehen. Señora Gerta fuhr noch Auto bis sie neunundneunzig Jahre alt war, also bis vor Kurzem. »Schneller und besser als jeder andere«, sagen die, die sie kennen. Das war auch der Tatsache zu verdanken, dass sie da noch alle für vierundachtzig hielten und erst neuerdings ihr wahres Alter kennen. Und mit neunundneunzig noch fahren? Das erschien endgültig »crazy«, wie man hier selbst im Spanischen sagt, »loco« oder »crazy«, denn nach den Spaniern kamen die Amerikaner und nahmen dieses Nest am Pazifik ein, das zur Millionenmetropole anwuchs und dessen Häuser bis heute immer weiter in die Höhe schießen. Señora Gertas kleine Lüge ist allerdings erst später dran. Jetzt herrscht hier die »blaue Stunde«, und sicher wusste der Rabbiner, der heute der Zeremonie beiwohnt, darüber Bescheid, dass die alte Kosmetikerin weit älter ist, als sie scheint.

In der lateinamerikanischen Millionenmetropole am Pazifik herrscht die blaue, die eher eine leuchtend violette Stunde ist, wenn das milde Licht des Ozeans durch bizarre Regenwolken scheint. In diesem Jahr ist die Regenzeit sehr früh gekommen. In den Pfützen, die sich vor der alten Handelskammer bilden, spiegelt sich ein Pelikanschwarm. Am Abend kehren die erhabenen Segler mit Schnäbeln voller Fische aus den Gründen des Pazifiks zurück an Land. Nicht weit von hier fließt besagter Panamakanal, die zweitgrößte Einnahmequelle des Landes, in den Ozean. Einzig Panamas Banken sind lukrativer als dieser Kanal, in dem ein Durchschnittsschiff um vierzigtausend Dollar am Ende der Passage ärmer ist. Kreuzfahrtschiffe kommen fast auf hunderttausend Dollar Gebühr, wenn sie über Stunden verlangsamt durch die Schleusen schippern.

Weißer Asphalt zieht sich als opulente Prachtstraße direkt am Ufer entlang. Auf acht Spuren entfernen sich die beiden Straßenseiten an manchen Stellen voneinander und geben einen breiten

Grünstreifen in der Mitte frei. Darauf liegen Park- und Sportplätze. Brücken überqueren die Avenida von der Innenstadt zum Strand, an dem die Jogger unter Palmen laufen, den Blick aufs Meer gewandt. Eisverkäufer mit ihren Wagen voller bunt gefärbter Gaumenfreuden in Kühlfahrrädern klingeln sich den Weg frei. Zuckerwatteverkäufer haben ihre Süßigkeiten zu aberwitzigen Türmen in die Höhe gestapelt und halten sie wie Zauberer an nur einem Stock in die Höhe. Im nahen Park jubelt eine Big Band, Paare flanieren verliebt am Strand entlang.

Der Blick fällt auf die in Beton gegossene Hauptstadtfront. Die edelsten Hotels der Stadt liegen hier und dahinter das Zentrum.

Der Reichtum der Prachtmeile wird deutlich durch den Jachtclub, an dessen Stegen die edelsten Boote liegen. Ein schwarz gekleideter Privatsheriff in strenger Uniform sitzt am Eingang, ein furchterregendes Gewehr quer dazu auf seinem Arm. Hier haben nur jene Zutritt, die sich einen Liegeplatz in beträchtlicher Dollargröße leisten können. Viele leben in den Hochhäusern gegenüber. Eines schicker als das nächste, Hilton und Philippe Starck. Hier sind die Häuser eigene Marken, und es ist kaum zu glauben, dass in den Fünfzigerjahren des letzten Jahrhunderts nur flache, gerade mal dreistöckige Häuser auf der anderen Seite der Avenida Balboa standen. Die hatte zwei Fahrbahnen und war schon damals erstaunlich frequentiert.

Die mittelamerikanische Metropole steht im starken Kontrast zu den Mangrovensümpfen, die sie umgeben. Die Hälfte der Bevölkerung dieses Landes lebt heute in Panama City. Vier Millionen Menschen, viele unter ihnen, die die Sehnsucht nach einem besseren Leben in die Häuserschluchten trieb, deren Enden von kleinen Bungalows, aber auch von ärmeren Vierteln gesäumt sind, wo die Wäsche über den Geländern hängt und die Kinder in der Hoffnung auf eine bessere Zukunft kicken oder klauen lernen. Fast alle der Multimillionen-Dollar-Türme am anderen Ende der Stadt sind abgesichert mit Wächtern, einige bis an die Zähne bewaffnet.

Dazwischen liegt die herrlich anzusehende Altstadt mit ihren kolonialen Zinnen, die viele an Havanna erinnert und die Weltkulturerbe wurde. An ihren alten Häusern mit den ausladenden Balkonen wird stetig gehämmert und gebaut. Das alte Erbe hübscht sich nicht so schnell auf wie die Türme des Kapitals, die einer nach dem anderen in die Höhe gebaut werden, ganz ohne jeden Stillstand. Panama gilt als das neue Shanghai.

Amerikanische Rentner erhalten sogar Subventionen, wenn sie sich hier zur Ruhe setzen. Für sie macht es das Leben in der ehemaligen US-Sonderwirtschaftszone dadurch um ein Drittel günstiger als daheim, in den Vereinigten Staaten. Jeder Pensionär Panamas zahlt für Kino, Theater und Hotels nur die Hälfte. Dies und viele Sonderrechte erhöhen die Quote der »Jubilados« hier.

In diesem Frühsommer des Jahres 2015 ist die neue Regierung gerade mal ein Jahr alt. Niemand hatte gewusst, was sich ändern würde. Im Jahr darauf ist der Dollar noch immer stabil, eine kleine Insel, so groß wie drei Fußballplätze, ist als künstliches Eiland vor den Hochhäusern von Punta Pacifica inzwischen entstanden. Sie stellen neben dem Trump Tower die nördliche Spitze der hoch in den Himmel aufragenden Wohn- und Bürotürme dar und bieten mit ihren schicken Gated Communities ein höchstes Aufgebot an Sicherheit. Die meisten Häuser hier haben einen eigenen Steg und damit Zugang zum Meer und Appartements von fast tausend Quadratmetern. Dort, in den Garagen, die die unteren Ebenen der Hochhäuser (Keller hat niemand) füllen, stehen Bentleys neben Jaguar-Modellen, und die Insel, die in einem Jahr entstand, hat einen Hubschrauberlandeplatz erhalten, denn wer wirklich etwas auf sich hält, vergeudet keine

Zeit. Bis zu zwei Stunden dauert es, je nach Verkehrslage, die fünfeinhalb Kilometer von hier aus bis zum anderen Ende der Avenida Balboa im Auto zurückzulegen, wenn die Hauptverkehrszeit angebrochen ist.

Aber auch die ist längst kein verlässliches Kriterium mehr, denn die Zeiten, in denen kein Stau ist, werden rar. Je mehr Menschen zu Geld kommen, das gilt auch für den Mittelstand, desto höher die Autodichte an diesem Ort, an dem sich zwischen Bussen und eigenen PKWs auch Arm und Reich trennen.

Im Jahr eins nach der neuen Regierung hat sich etwas Wesentliches verändert, und es schreit einen jeden Tag im Bellagio Tower an. Ein perfekter Ort für Fernwehkranke ist das. Direkt neben dem Bellagio Tower liegt der unfassbar weit wirkende Pazifik in seinem Grüntürkis, aus dem zweiundzwanzigsten Stock fällt der Blick auf die Ausfahrt des Panamakanals weiter im Süden, da, wo die Isla Taboga sich in der Ferne aus dem Wasser erhebt. Oder sollte ich lieber sagen: »die Einfahrt«?

Auch dort staut sich der Schiffsverkehr, als sei das Rückgrat des Landes etwas so Profanes wie eine Autowaschanlage an einem Samstagnachmittag. Tanker, kleine Segeljachten, riesige Containerschiffe, die aus dem Pazifik kreuzend in einer deutlich sichtbaren Schlange den Horizont füllen. Jede Stunde ändert sich diese Schiffsparade wie auf einer Linie aufgereiht zwischen der Isla Taboga und der Kanaleinfahrt. Es ist, als schwimme die ganze Welt am Betrachter vorbei. Direkt hier, an der Spitze Punta Pacificas, treffen altes und neues Panama in einem krassen Gegensatz aufeinander, wie an vielen Orten dieser Stadt. Abends, wenn die alten, bunten Fischerboote mit ihren vollen Netzen zurück in die Bucht von Panama City kommen, kreuzen über ihnen Hubschrauber, die auf der künstlichen Insel vor den Towern Menschen zu einem Tennismatch auf dem dort angesiedelten Platz mit Meerblick absetzen.

Ein paar Stockwerke weiter unten offenbart sich ein anderes typisches Phänomen Panamas. »Das ist hier alle paar Jahre so«, erzählt ein deutscher Manager, der schon länger in Panama lebt, auf einer Party. Ein früherer Minister, der dort wohnt, steht unter Hausarrest. Wer im gläsernen Aufzug den Tower hinab zum Pool oder zur Garage rauscht, sieht in jenem Stockwerk vor einer prunkvollen Tür aus altem, kostbarem Tropenholz drei Polizisten neben Orchideen im Entree sitzen und Wache schieben, rund um die Uhr.

Der früher noch so wichtige Mann darf sein Appartement nicht verlassen. Hinter der Edelholztür verbergen sich allerdings eintausendvierhundert Quadratmeter Wohnung. Eine Wohnung ein paar Etagen höher gehört, wie zu vernehmen ist, einem international tätigen Organhändler. Auch das ist Panama.

Jede Regierung Panamas scheint mit der Vorgängerregierung abzurechnen. Präsident Martinelli, der im Jahr zuvor abgewählt worden war, hinterließ ein paar Löcher im Haushalt des Landes, dessen Wirtschaft floriert. Ausgerechnet der Minister für Soziale Entwicklung soll sich um zwanzig Millionen Dollar bereichert haben, der Minister des Nationalen Unterstützungsprogramms angeblich um fünfundzwanzig Millionen. Ein Richter des Obersten Gerichtshofes ist inzwischen ebenfalls kaltgestellt und unter Hausarrest. Seine vermeintliche persönliche Bereicherung im einstelligen Millionen-Dollar-Bereich wirkt da fast schon wie eine Petitesse.

Es heißt, die alte Regierung habe Großaufträge an Unternehmen vergeben, die einen erheblichen Teil des Auftragswertes in Bargeld zurückzahlten. Da diese Barmittel aus den Vorauszahlungen der Regierung für die Aufträge geflossen sein sollen und schon vor Beginn von Bautätigkeiten wieder in die Kassen diverser Regierungsbeamter zurück, sind die Spuren des Geldes nicht immer offensichtlich.

Gleichzeitig hat die Regierung Martinelli viele Entwicklungsprojekte des Landes realisiert und dem Land auch Fortschritt und Aufstieg gebracht. Vielleicht ist ein Teil der »Rückzahlungen« an hohe Regierungsbeamte schon ein vorgeleistetes Schmerzensgeld gewesen, denn auch wenn die Minister und hohen Beamten der letzten Regierung nun mit Vorwürfen und Anklagen belastet werden, schützt jeden panamaischen Präsidenten nach seiner Amtsenthebung eine fünfjährige Immunität, bevor auch gegen ihn ermittelt werden darf.

Panama ist offenbar noch immer ein Ort der Vertuschung. Betrachtet man den Flughafen Tocumen, an dem wie von Zauberhand immer wieder ein neuer Terminalteil entsteht, kann man nur feststellen, dass der Flugverkehr und die Gelder offensichtlich so elegant fließen wie die Avenida Balboa die paar Kilometer am Strand entlang in beide Richtungen. Ebenso wie dort treffen auch im Flugverkehr die sozialen Klassen aufeinander. Hier fliegen die venezolanischen Hausmädchen oder spanischen Händler neben den internationalen Managern ein, so, wie die Eisverkäufer am Strand oder die indigenen Kuna-Yala-Frauen, die dort ihren kunstvoll gewebten Perlenschmuck feilbieten, oftmals nur Meter von den russischen Oligarchen und deren Jachten entfernt. Manche nämlich liegen hier, gut drei Kilometer von Punta Pacifica, an der Avenida Balboa. Dort ist der Jachthafen derer, die nicht die Lust aufs Meer beschleicht und die deshalb weiter südlich an den Balboa Docks vor Anker gehen. Oder auf der anderen Seite der Bucht, in einem eigens für Segler organisierten Hafen, wo sich die sportlichen Trans-Pazifik-Segler zeitweilig ausruhen, bevor sie den Panamakanal in Richtung Karibik passieren. Hier, an der achtspurigen Prachtstraße mit den vielen Palmen, liegen die Angeberboote vor Anker, auf denen die CEOs internationaler Firmen zum Picknick auf dem Meer am Sonntag laden oder für ihre Geschäftsgäste zum Hochseefischen ein paar Stunden in den Pazifik stechen.

In diesem Monat, im Mai des Jahres 2015, liegen auch ein paar schicke Schiffe reicher Amerikaner im Jachtclub. Noch ist die Lage unverdächtig. Manchmal sitzen alte Geier auf einer der Laternen, mitten in der Stadt mit Blick auf genau diesen Jachthafen. Wer ahnt zu dem Zeitpunkt schon, dass es das perfekte Bild sein würde für die sogenannten Panama Papers oder Leaks, die nur acht Monate später ans Licht der Öffentlichkeit dringen. Ein Whistleblower hatte die gesamte Kundendatei einer international agierenden Anwaltskanzlei, die hier Kapital im ganz großen Stil in anonymisierte Briefkastenfirmen verschob, öffentlich gemacht und damit einen internationalen Skandal ausgelöst, denn wenn Panama neben Gerüchten aus der Upper Class mit viel Money bis dahin etwas wirklich ausmachte, dann war es seine vollkommene Verschwiegenheit.

Der Skandal im Jahr darauf ist auch deshalb ein Skandal, weil die Dimension der Kapitalflüsse selbst die Vorstellungskraft fantasiebegabter Menschen sprengt. Hunderttausende von Briefkastenfirmen betreibt die Mossack Fonseca, deren Geschäftsgeheimnisse nach den Leaks als Panama Papers von einem internationalen Journalistenkonsortium veröffentlicht wurden, und die Spuren führen von Panama aus in die ganze Welt. Die alte Freibeutermentalität scheint noch immer zu herrschen. Dass Panama heute mit diesen Papers verbunden wird, ringt den hier lebenden Menschen auch jetzt nur ein müdes Kopfschütteln ab. »So war es doch immer schon«, heißt es, und natürlich ist diese Kanzlei, die Waffengelder und Unversteuertes als Stiftungen oder in geschickten Kapitalflüssen tarnt, nur eine von vielen.

An einem dieser Frühsommertage stehen wir im Stau ausgerechnet vor der verspiegelten Fassade des Hauses, in dem sich Mossack Fonseca befindet. Draußen regnet es wie aus Eimern, ein heftiger Monsunregen geht nieder, und vor der Fassade dieses Gebäudes läuft eine Frau eiligen Schrittes in das Gebäude hinein. Der Anblick hat durch die Regentropfen auf der Scheibe des Wagens und die Geschwindigkeit der rennenden Frau etwas ganz Eigenes. Die Dame trug goldene Sandalen, ihre Gestalt war leicht verwischt, eine elegante Frau mit goldenen Schuhen, die in das Gebäude hineinhetzte. Für mich toppt es noch den Anblick der Geier mit dem Blick auf die Oligarchen-Jacht am Strand der Avenida Balboa. Die Oligarchen schippern weiter, die Frauen mit den goldenen Schuhen rennen längst in andere Kanzleien, weil dieses Land genug Menschen auf Vorrat hat, die sich als vermeintliche Briefkastenfirmen-Besitzer einspannen lassen, weil sie wissen, hier in Panama City können sie es schaffen, aus der totalen Armut der Mangrovensümpfe vor den Toren der Metropole mit ihrer Skyline zu entkommen.

Und so spiegelt auch Gerta Stern, die Frau, die an jenem Abend im Mai 2015 im Innern des weiß getünchten Gebäudes gefeiert wird, einen Teil der Geschichte dieses Staates wider, der seit seiner Gründung so viele Revolutionäre und Glücksritter kommen und gehen sah. Auch sie entkam hierher, aber aus einem ganz anderen Grund. Wenn die Panama Papers auch viele Menschen in ihrem Glauben an dieses alte Piratennest am Pazifik eine Weile lang zu erschüttern vermögen, es werden andere kommen und sich wieder neu erfinden.

Natürlich sind bei Weitem nicht alle, die in Panama landen, von krimineller Energie getrieben. So wie heute zahlreiche Studenten aus dem schrecklich armen Venezuela an der Universität studieren und wissen, sie finden genug Arbeit in Panama City, um ihren Lebensunterhalt zu bestreiten, hat auch das jüdische Leben auf diesem verrückten Flecken Erde schon mit den Judenpogromen des späten 19. Jahrhunderts hier eingesetzt. Mit den Spaniern und Portugiesen siedelten sich die ersten jüdischen Kaufleute an, und mit dem Bau des Panamakanals kam die nächste Welle jüdischer Einwanderer. Ihre Mischung ist sonst so wohl nur in Israel zu beobachten, denn durch die Spanier waren es sephardische Juden, die die arabische, nordafrikanische Kultur irgendwann ausspuckte, und mit der ersten großen Auswanderungswelle kamen die aschkenasischen Juden aus der Bukowina und aus den Schtetln Ost- und Mitteleuropas damals nach Panama. Anders als in ihrer Heimat fanden sie hier ein reformiertes Judentum vor.

Die Gemeinde, die Gerta, die frisch gekürte Ehrenbürgerin der Stadt, einst aufnahm, hat sich schon 1876 gegründet. Kol Shearith Israel spiegelt heute das Reformjudentum. Panama City ist aber auch bevölkert von orthodoxen Juden und neben den reformierten zudem von jenen, die selten in die Synagoge gehen. Es gibt sechs Synagogen. Das ist ein Stück jüdischer Identität in Mittelamerika, die man als Europäer nicht erwartet. Gerta Stern blieb, nachdem dieses Streiflein Erde zwischen den Meeren ihr zur Rettung aus dem finsteren Europa wurde, für immer.

Politiker, Diplomaten, wichtige Künstlerinnen und Vertreter panamaischer und österreichischer Kultur sind an diesem Abend zusammengekommen, um Señora Gertas Ernennung zur Ehrenbürgerin zu feiern. Sie ist mit neunundneunzig Jahren die frischeste, wenn auch nicht die jüngste Ehrenbürgerin der Stadt. Kaum eine halbe Stunde nachdem die Gäste ihre Schirme abgegeben haben, sitzen sie in zwanzig Stuhlreihen vor dem Rednerpult.

Der Bürgermeister der Metropole am Pazifik, José Blandón, hat seine Rede gerade erst begonnen. Vom Podium herab spricht er vom Aufstieg der Stadt, vom Gelingen und dem aktuellen, positiven Wandel durch die neue Regierung. Wie oft er das wohl in seinem Bürgermeisterleben noch sagen wird? Die Regierungswechsel sind hier in etwa so sicher wie der mal früher, mal später einsetzende Regen zu dieser Zeit des Jahres. Blandón hat kaum fünf Minuten gesprochen, als er die Anwesenden bittet aufzustehen. Seine rechte Hand kreuzt die Brust vor der grauen Anzugjacke. Er legt sie flach aufs Herz. Die Versammelten tun es ihm gleich. Bürgermeister Blandón ergreift nun mit seiner anderen Hand das Stoffende einer der Landesflaggen, die neben ihm stehen. Fest umklammert er den Samt, während die Melodie der Nationalhymne erklingt.

Gerta Stern steht in der ersten Reihe. Sie muss sich an den Stuhllehnen stützen, um sich zu erheben, aber dann merkt man ihrem Körper die Spannkraft der ehemaligen Schauspielerin an, und wenn Gerta eines gut kann, dann das: Zu wissen, wann »Showtime« ist, sie hat die perfekte Präsenz eines Menschen, der das Rampenlicht kennt, und knipst diese Präsenz von einer Minute zur anderen perfekt an.

Aus den hinteren Reihen ist ein heiseres Räuspern zu vernehmen. Die Hauttöne der Gäste hier haben alle möglichen Schattierungen. Kaum eine Metropole auf dem amerikanischen Kontinent vereint ein solches Völkergemisch wie Panama City. Alle Ethnien leben friedlich vereint miteinander.

Dass Chinesen, Afrikaner und Karibikbewohner neben Weißen und Südamerikanern in Panama landeten, hat vor allem mit dem Bau des Kanals vor hundert Jahren zu tun. Nicht alle Einwanderer kamen freiwillig, viele der dunklen Hauttöne stammen von Sklaven, die einst die schwere Arbeit schon unter den Konquistadoren leisten mussten. Später, nach dem Bau des Kanals, blieben viele Menschen, die es ursprünglich auf die andere Seite des Pazifiks zog, einfach hier. Der Goldrausch im Nordwesten Amerikas geriet beim Anblick weiter Palmenhaine und ob der

Arbeit, die sich ihnen in Panama bot, schnell in Vergessenheit. Menschen blieben, vollkommen überrascht von den Möglichkeiten, die sich ihnen im Land der tausend Inseln boten.

In der alten Handelskammer der panamaischen Hauptstadt singen alle im Saal Anwesenden inbrünstig die zackig klingende Hymne ihres Landes. Ein Blasorchester begleitet die Melodieführung. Strenge und Stolz zeichnen sich auf den Gesichtern der Versammelten ab.

So reich die Kulturen und verschiedenen Herkünfte der Menschen hier gewesen sein mögen, so eint sie doch die Identität als Panameños und Panameñas. Für Gerta Stern gehört auch Dankbarkeit dazu. Die Dankbarkeit gegenüber der Gemeinde Kol Shearith, von der heute Abend Vertreter gekommen sind, aber auch die Dankbarkeit, dass sie und ihr Mann in diesem Land, zu dessen Kontinua die stete Instabilität gehört, ein sehr stabiles Leben fanden. Alle im Saal wissen, dass die alte Lady in der ersten Reihe eine Österreicherin ist. Gerta würde mich hier unterbrechen und sagen: »Eine Wienerin« – und wenn sie es sagt, hat sie diesen schönen Wiener Akzent, der immer auch etwas Gemütliches ausstrahlt.

Neben Gerta in der ersten Reihe hat sich auch die österreichische Botschafterin erhoben, mit der sie eben noch in ihrem herrlich altmodisch klingenden Wienerisch parlierte. Da klingt jedes »r« richtig, und jedes »s« ist perfekt. Neben der Konsulin steht stolz singend ein Minister. Panamas Nationalhymne erzählt vom Kampf der Revolution und der Pracht der Natur dieses Landes. Sie preist den Fortschritt und die Einigkeit der Menschen. Fotografen springen beim Schlussakkord nach vorn und bilden die an diesem Abend versammelte Elite ab: Da sind die reichen Damen, deren Nasen auf den Fotos in der Zeitung am anderen Tag einander auf frappierende Weise ähneln. Die Schönheitschirurgie ist eine der bestflorierenden Branchen dieses Landes.

Wie sollte sich eine Kosmetikerin da je zur Ruhe setzen wollen? Gerta Stern fährt zwar kein Auto mehr, aber sie praktiziert noch immer und ist vermutlich die älteste noch arbeitende Kosmetikerin der Welt.

Neben den straffgesichtigen Damen der Gesellschaft blicken ihre Begleiter stolz in die Kameras, Latinomänner älterer Semester mit Brillantine-Frisuren, darunter helle Nadelstreifen und blank polierte Lackschuhe, die den Pfützen draußen vor der Tür auf geschickte Weise entkommen sind.

Die kleine Frau in der ersten Reihe ist noch immer ein Ausbund purer Energie. Gerta Stern sticht auf dem Foto heraus, nicht nur weil sie nicht geliftet ist. Das ist auch bei den alten Damen, deren tatsächliche Lebensjahre man hier nur an Hals und Händen erahnt, eine Seltenheit. Gerta liebt die Kamera, und die Kamera liebt Gerta. Sobald ein Rotlicht blinkt, strafft sich ihr Körper. Da schimmert noch die einstige Ballett-Elevin durch, der die Haltung in Fleisch und Blut überging, selbst wenn die Beine heute nicht mehr so wollen.

Auf Gertas offenes Gesicht mit den vielen Fältchen hat sich an diesem Abend ein zarter Glanz gelegt. Die Fotos, die die Presse tags darauf veröffentlichen wird, zeigen hundertundfünfzig Bürgerinnen und Bürger von Panama sowie ein paar Diplomaten und Musikerinnen, deren ernste Blicke sich auf Oberbürgermeister Blandón richten. Nur die neue Ehrenbürgerin Panama Citys, diese kleine Frau, die in schwarzer Abendrobe mit Goldbrokat-Paspeln in der ersten Reihe steht, lächelt selig und blickt in eine andere Richtung. Gerta Stern denkt an Franz Lehár und Wien. »Dein ist mein ganzes Herz«, wird Diana Duran gleich vortragen, eine der wenigen klassischen Sängerinnen dieses Landes, ein junges, soeben erblühendes Talent. Señora Gerta schaut auf dem Foto in die andere Richtung, sie nickt dem Sopran aus der ersten Reihe voller Erwartung zu. Diana hat in Wien studiert. Irgendwann begegneten sie sich bei einem Konzert, und Señora Gerta fragte, woher sie denn die schönen Léhar-Lieder könne, die schon ihre Tante im Wien der Zwanzigerjahre gesungen hatte.

Mit Gerta werden an diesem Abend noch andere geehrt für ihr bürgerliches Engagement in diesem Land, in dieser Stadt. Aber dass je eine der Geehrten bei dem für sie angesetzten Liedvortrag laut mitsingen und in ein Duo mit einer lateinamerikanischen Soubrette einstimmt, das hat es hier so auch noch nicht gegeben. Gerta hört nicht auf, für Überraschungen zu sorgen, denn Wien und Panama, das beweist sie jeden Tag aufs Neue, passen eben doch ziemlich gut zusammen.

Kapitel 2

In das Jahr vor Gertas Geburt fallen zwei Ereignisse, die ihr Leben, das im Jahr 1915 in Wien beginnt, wesentlich prägen sollen. Eines davon ist die Eröffnung des Panamakanals, der Weltgeschichte schreiben wird, und das andere die Geburt eines Jungen im fernen Amerika, der Filmgeschichte schreiben wird. Ihm ähnelt Gerta später so stark, dass es zwischen den beiden einen seltsamen »Berührungspunkt« geben wird. Es ist das Jahr 1914.

Der Wiener Kongress feiert sein hundertjähriges Jubiläum, und deshalb errichtet die Stadt eine kitschige Holzkulisse inmitten des Praters, in der von nun an auch das Burgtheater unterkommt. Das Bauwerk treibt die Modernisierer, die das »neue Wien« erschaffen wollen, beinahe in den Wahnsinn. Die Stadtplaner gehen auf die Barrikaden. Es herrscht eine Zeit der Gegensätze. Da ist auf der einen Seite die Jugend, sind die Künstler und Visionäre, die sich für den Aufbruch in eine neue Zeit, in die Moderne starkmachen, und auf der anderen die Monarchisten und Traditionalisten mit ihrer Nostalgie. Gräfin Metternich lädt noch im Reifrock zur Jause bei der jährlichen kaiserlich-königlichen Gartenschau, doch auf der Monarchie liegt längst ein Schatten. Das junge Volk hat andere Vorstellungen von seiner Zukunft und begehrt gegen die Konventionen des Adels auf.

Gertas Eltern Sofie und Bernhard Lagodzinsky, damals ein junges Ehepaar, trauern in Wien um ihre zwei kurz hintereinander verstorbenen kleinen Söhne. Sofie, die in Wien geboren wurde, und Bernhard, der aus Böhmen stammt, gehören zur bürgerlichen Mittelklasse. Die Metropole Wien verheißt ihnen Wohlstand und Wandel.

Bernhard ist ein begabter Violinist, arbeitet aber in einem der damals boomenden Berufe als Linoleumhändler, während seine Geschwister konsequent der musischen Ader der Familie folgen. Eine seiner beiden Schwestern ist Opernsängerin, sein älterer Halbbruder Siegfried gilt als der musikalische Überflieger der Familie. Auch Siegfried ist nach Wien gegangen und hat unter dem starken Eindruck des Praters gleich im ersten Jahr dort am Konservatorium sein bedeutendstes Stück komponiert, das »Wiener Praterleben«. Dieser Walzer hat später in Berlin als »Sportpalastwalzer« enormen Erfolg. Siegfried Translateur ist erst siebzehn Jahre alt, als er das Stück schreibt.

Im Wiener Prater werden damals Musiker gesucht. Im Vergnügungspark der Reichshauptstadt Österreich-Ungarns zeichnet sich der soziale Wandel ab, dem Translateur mit seinem später berühmtesten Werk in die Hände spielt. Nur einmal am Abend können es sich die Armen leisten, hier zu tanzen. Jedes Paar zahlt üblicherweise zehn Kreuzer für einen Tanz, ein Stück des Abends aber ist für die reserviert, die nicht so viel Geld besitzen. Für vier Kreuzer gibt es jeden Abend ein Volkslied zusätzlich. Immer dann, wenn dieser Schlager beginnt, gibt der Tanzmeister für die weniger Betuchten ein akustisches Zeichen und klatscht vier Mal laut und deutlich in die Hände, damit die Paare, die schon voller Ungeduld warten, sofort auf die Tanzfläche strömen können. Dieses viermalige Klatschen, den Rhythmus des Tanzmeisters, nimmt Siegfried in seine Komposition auf. Das ist neu und musikalisch geradezu verwegen. Das wechselnde, rhythmische Klatschen wird zum Markenzeichen seines Walzers und damit schnell zum Ohrwurm.

Seinen Siegeszug setzt das Stück später in Deutschland fort. Da wohnt Translateur bereits in Berlin und macht es zu einem der meistgespielten Lieder der Zwanzigerjahre. Einer seiner Interpreten verwandelt das Klatschen geschickt und verleiht dem Lied mithilfe eines kleinen Kniffs die drängende, undezente Energie des turbulenten Berlins in den Roaring Twenties. Statt der klatschenden Hände fügt Krücke Habisch, ein Berliner Original, vier durchdringende Fingerpfiffe ein. Damit erst entwickelt sich das Lied zur Legende, denn es wird die Erkennungsmelodie des Berliner Sechstagerennens, des berühmtesten Radrennens seiner Zeit, das auch der Rundfunk überträgt.

Als Gerta geboren wird, lebt ihr Onkel Siegfried schon in Berlin und hat seinen eigenen Musikverlag gegründet. Seine Popularität nähert sich gerade ihrem Höhepunkt. Heute würde man in seinem Fall sicher von einem »Star« sprechen. Dass Komponisten einen eigenen Verlag gründeten, war damals nicht üblich und zeugt über das musikalische Talent hinaus von Translateurs geschäftlicher Cleverness.

Längst hat die technische Moderne auch die Welt der Musik ereilt. Gerade erst sind Mikrofone erfunden worden, das Radio ist auf dem Vormarsch. Das neuartige Grammofon aber ist der Clou: Es bringt Mensch und Musik auf eine Weise zusammen, die es endlich auch den Menschen, die keine Noten können, ermöglicht, zu Hause Musik zu hören.

Mit der neuen Technik verändern sich auch die Vermarktungsformen. Musikverlage haben bis zu diesem Zeitpunkt nur Noten geliefert, die Komponisten lebten ausschließlich von ihrem Verkauf. Nun aber beginnt das Geschäft lukrativ zu werden, denn – und das ist vollkommen neu – es werden die Aufführungsrechte vermarktet. Translateur erkennt die Chance, die es bedeutet, nicht länger mit den Verlagen seine Einnahmen teilen zu müssen. Schallplatte und Radio sind die neuesten Medien. Dass man sich die Musik mit nach Hause nehmen kann oder einen Apparat einschaltet, aus dem die Konzerte in den eigenen Räumen stattfinden, bewegt die Massen. Die Zeit, in der man Geld für den Tanzboden zahlen muss, neigt sich ihrem Ende zu, und Translateurs wahre Erfolgsgeschichte hat gerade erst begonnen. Er wird damit ziemlich reich.

Gertas Vorfahren väterlicherseits haben die Musik förmlich mit der Muttermilch aufgesogen. Ihr Vater stammt aus einer berühmten Kantoren-Familie aus dem böhmischen Prosnitz. Gertas Großmutter, die ebenfalls sehr musikalisch ist, hat den später berühmten Sohn Siegfried aus Schlesien kommend mit in die Ehe mit dem jüdisch-böhmischen Kantor gebracht, der sie heftig umwarb. Nach Siegfried, den ihr Mann als weiteres Kind »annimmt«, wie es damals so schön hieß, schenkt sie ihm vier weitere Kinder. Alle sind sie musisch begabt. Die kleinen Lagodzinskys überflügeln sich musikalisch geradezu.

Gertas Mutter Sofie, geborene Singer, ist eine sehr kluge Frau, sie fasziniert das Musische, Lebhafte an ihrem Mann, aber sie selbst ist eine eher stille und ernsthafte junge Frau und wird bis ins hohe Alter ihrem Naturell treu bleiben, selbst noch im tropischen Panama, wo sie später ihren Lebensabend verbringt.

Damals, 1914, ahnt sie freilich nicht, was für einen kleinen Wildfang sie im Jahr darauf gebären soll. Das ersehnte Kind nach den tragischen Verlusten. Wer Gerta Stern als alte Dame erlebt, fragt sich, wie unbändig ihre Energie erst als Kind und als junge Frau gewesen sein mag. Sie sagt von sich, dass sie schon als Kind vollkommen angstfrei war. Ein Teil ihrer enormen Energie lebt in Gertas ungebrochener Erzähllust aus. Als Zeugin des Jahrhunderts auf zwei Kontinenten bringt sie das auf den Punkt: »Ich weiß nicht, warum ich mir das alles merken kann, aber es ist da, ich sehe es vor mir in allen Details.« Dabei sind ihre Geschichten voller Pointen. Sie wird schließlich schon als Kind zur Entertainerin.

An einem Abend, nachdem wir Gerta drei Tage lang zum hundertsten Geburtstag gefeiert hatten, hing die Festgesellschaft, die aus allen Altersgruppen bestand, schon ein wenig »in den Seilen«. Uns viel Jüngeren drohte die Energie auszugehen. Gerta aber stand um halb zehn abends putzmunter vor uns und rief in die Menge: »Ich gehe jetzt ins Spielcasino, wer kommt mit?« Natürlich traf sie dort Bekannte, kam um eine Geschichte reicher zurück ins Hotel und brachte sogar noch fröhlich pfeifend einen kleinen Gewinn in der Handtasche mit zurück.

Diese schier unerschöpfliche Energie. Woher kommt so etwas? Als sie mir die Geschichte der beiden vor ihr verstorbenen Kinder erzählte, meinte ich mit einem Mal, das Phänomen zu verstehen: Ihre Eltern hatten nicht nur viel Hoffnung in sie gesteckt, sie besitzt die Kraft für drei!

Doch zurück nach Wien vor hundert Jahren, zu Gertas Geburt. Gertas Mutter Sofie stammt selbst aus einer Familie mit Spezialbegabung, die in ihrer Bekanntheit den Lagodzinskys ebenbürtig ist. Die Singers sind wohlhabend, sie stellen eine jüdische Dynastie von Ingenieuren, Mathematikern und Naturwissenschaftlern. Auch sie sind im Wien der Zehnerjahre des 20. Jahrhunderts sehr bekannt. Jahre, die sich allen Wienern ins Gedächtnis brennen, denn der Erste Weltkrieg hat gerade erst begonnen. Sofies Zwillingsbruder, Gertas Onkel, ist Oberbaurat und leitet den Wiener Westbahnhof. Ein anderer Onkel schreibt Bücher über das Steuerwesen. Der Kaiser ist von seinen fiskalischen Begabungen sogar so verzückt, dass er ihn zum Hofrat machen möchte, aber nur unter der Bedingung, dass er sich taufen lässt und dem Judentum offiziell den Rücken kehrt. Der Mann ist hin- und hergerissen. Hofrat? Das ist für einen Wiener so etwas wie ein Adelsschlag. Doch ihm ist, obwohl er nicht tief gläubig ist, seine Religion wichtiger als das Prestige, und so verzichtet er.

In Gerta vereinen sich die Begabungen beider Familien. Ihre Musikalität lässt sie noch heute ad hoc Wiener Lieder anstimmen, so präzise auf den Punkt gesungen, dass man geradezu auf den einen falschen Ton wartet, den sie indessen nicht singt. Da ist gleichermaßen die mathematische Begabung, diese Cleverness, die ihren Bridge-Schwestern manchmal schwer zu schaffen macht. Bridge ist schließlich ein Denksport.

Eine der ersten Storys, die mir über Gerta zugetragen wurde, hörte ich von ihren jüdischen Freundinnen in Panama, der Clique der alten Exilantinnen. »Wenn Gerta dabei ist und wir essen gehen, brauchen wir keinen Taschenrechner«, sagten sie. Blitzschnell rechnet Gerta aus, wie viel jede der Freundinnen zahlen muss, wenn sie die Summe gleichberechtigt teilen, auch in einer großen Gruppe.

In ihrem Kosmetiksalon hat sie täglich Übung im Umgang mit Summen, und manchmal kommt es vor, dass Gerta frühmorgens um sechs schon in Panama am Telefon sitzt, weil sie bei irgendeiner mitteleuropäischen Kosmetik-Manufaktur ausgewählte Ampullen oder Cremes bestellt, natürlich nie, ohne hartnäckig zu verhandeln. Ihr österreichischer Stammlieferant schickt in regelmäßigen Abständen Waren an Señora Gerta nach Panama. Mit erstaunlichen Ergebnissen. Eine ihrer Stammkundinnen, eine alterslose Schönheit, war mir speziell aufgefallen. Schließlich stammte sie aus dem Land der Schönheitsoperationen, ich zweifelte demnach nicht eine Sekunde daran, dass die Dame, deren Alter irgendwo zwischen Anfang sechzig und Mitte siebzig liegen musste, operiert sei. Als ich sie einfach direkt darauf ansprach, sah sie mich entsetzt an, legte wie zum Beweis ihre beiden flachen Hände einmal kurz an ihre Wangen und sagte: »Bist du verrückt, Anne? Das ist alles Doña Gerta! Möge der liebe Gott sie uns noch recht lange erhalten!«

Das Wien, in das Gerta vor hundert Jahren geboren wird, ist das Zentrum des kaiserlichen Reiches, das unter dem Diktat von einundzwanzig Aktienbanken steht, die die halbe Stadt kontrollieren. Ihnen gehört auch die größte Rüstungsschmiede im österreichisch-ungarischen Kaiserreich, im böhmischen Pilsen, Škoda. Der wichtigste Finanzier und reichste Mann Österreichs ist der Bankier Louis Freiherr von Rothschild. Auf ihn konzentriert sich schon damals der erstarkende Antisemitismus. Viele Jahre später, beim Anschluss Österreichs an das Deutsche Reich, soll Rothschild als Geisel genommen werden. Mit seiner Geiselnahme erpressen die Nationalsozialisten seinen gesamten Besitz. Er selbst kann sich nach der »Arisierung« seines Hab und Guts in letzter Minute retten, wahrscheinlich weil er mit Göring persönlich verhandelt. Die Bank, die bis dahin schon zu Teilen Österreich gehört, fällt an das Bankhaus Merck Finck.

Österreich-Ungarn mit seinen dreiundfünfzig Millionen Untertanen ist im Jahr 1915 ein Vielvölkerstaat, der sich immer schwieriger steuern lässt.

Das kaiserlich-königliche Reich leidet darunter, dass die Monarchie zielsicher ihrem Untergang entgegensteuert und gleichzeitig die Inflation beginnt. Wien gerät im europäischen Vergleich immer mehr ins Hintertreffen und steht in seiner Entwicklung längst hinter Europas neuen Boomstädten London, Paris und Berlin, die schon viel moderner sind.

Vielen Menschen gelingt es angesichts der hohen Arbeitslosigkeit in Österreich nicht mehr, für ihren Lebensunterhalt zu sorgen. Die Selbstmordrate ist höher als je zuvor. Der Tod des

Erzherzogs und Thronfolgers Franz Ferdinand hat viele Menschen in ernsthafte Depressionen gestürzt. Er ist der ungeliebte Neffe des alten Kaisers Franz Joseph und hatte seine Antrittsrede sogar schon geschrieben, als das Attentat, bei dem er stirbt, nicht nur ihm, sondern auch der Monarchie den Todesstoß versetzt. Der alte Kaiser, sein Onkel, regiert seit fast siebzig Jahren und hatte seine Abdankung immer wieder verschoben.

Mit dem Attentat von Sarajevo ist die dauerhafte Stabilität des Hofes endgültig dahin. Nach Franz Ferdinands Tod kann der alte Kaiser nicht mehr abdanken, dabei ist er sterbenskrank. Nachdem sein eigener Sohn sich umbrachte, fiel all seine Hoffnung auf den Neffen. Auch die Untertanen sind tief getroffen. Sie wandern in diesen Jahren in Massen aus. Allein dreihundertfünfzigtausend Menschen pro Jahr gehen aus Österreich-Ungarn nach Amerika.

Vor allem die jungen Leute kehren der Welt der Reifröcke und des Standesdünkels den Rücken, weil sie sich in der Ferne bessere Chancen auf eine Zukunft erhoffen.

Alles befindet sich in Auflösung. Die Moderne ist nicht mehr aufzuhalten, sie zeigt sich auch in technischer Hinsicht:

Sechstausend neue Benzinkutschen fahren jetzt allein in Wien. Die Stadt wird zu klein für die neuen Fahrzeuge. Zu den wuchtigen Autobussen, den Fiakern, wie die Wiener Pferdekutschen genannt werden, und den Transportkutschen mit Kaltblutpferden kommen immer mehr Fahrräder, auf denen sich die »kleinen Leute« selbstständig fortbewegen. Eine Ungeheuerlichkeit für die Traditionalisten. Sie sehen damit den Untergang der Fiaker gekommen, die doch das typisch Wienerische verkörpern, eine Mischung aus übertriebener Sentimentalität und einer steten Sehnsucht nach der heilen Welt, die Walzer und Operette beschworen. Wiener sind gleichzeitig dafür bekannt, einen Hang zum Morbiden zu haben.

Wen wundert es da noch, dass Sigmund Freud gerade hier die Psychoanalyse erfindet und sich vor Therapieanfragen kaum retten kann? Der berühmte Doktor und Universitätsprofessor ist einer von zweihunderttausend Juden, die zu dieser Zeit in Wien leben, das eines der Zentren jüdischer Kultur in Europa ist.

Neben den bürgerlichen prägen immer mehr orthodoxe Juden das Stadtbild, die aus der Bukowina, aus Böhmen und den Schtetln des Ostens einwandern und Teil des Flüchtlingsstromes sind, der aus Galizien und aus der Bukowina kommt. Dieser Strom erregt Besorgnis, gerade bei den nationalistischen Bürgern Wiens.

Im Jahr vor Gertas Geburt erreicht ein erster Flüchtlingsstrom von siebzigtausend oft Orthodoxen den Wiener Nordbahnhof. Viele von ihnen kehrten später wieder zurück in den Osten, manche wanderten von hier weiter nach Amerika aus, aber fünfundzwanzigtausend der neuen Bürger blieben in Wien, und das macht denen, die schon in bescheidenen Verhältnissen dort leben, Angst.

Wohnraum ist so knapp, dass die Arbeiter in tristen Quartieren hausen, was ihre Wut auf die »Fremden« anheizt und sie zunehmend in die Arme der nationalsozialistischen Bewegung treibt. Viele der Mietskasernen sind von Ungeziefer befallen. Der Begriff vom Lumpenproletariat für die, die am Ende der Arbeiterklasse stehen, stammt von Marx und ist ein ideologischer Kampfbegriff, aber hier bekommt er ein Gesicht: Das Lumpenproletariat, das sind die, die am unteren Ende der Arbeiterklasse stehen. Sie drängen allein aus purer sozialer Not auf der sozialen Leiter nach oben, die Zustände sind fürchterlich.

Wer arbeitslos wird, kann ohne Weiteres aus der Wohnung geworfen werden. Zimmer sind so rar, dass der wenige Raum, den es gibt, noch untervermietet wird, sogar stundenweise. Auch die hygienischen Umstände in den Vorstädten der Donaumetropole sind verheerend. Nicht umsonst wird die Lungentuberkulose, die dort grassiert, in diesen Jahren als die »Wiener Krankheit« bezeichnet.

Seltsam, mit welchem Drang und starker Gewalt sich in bestimmten Jahren die Weltgeschichte wandelt und Revolutionen, Katastrophen und Paradigmenwechsel binnen eines Jahres stattfinden.

Das Jahr vor Gertas Geburt ist so ein Moment starker Veränderungen, nicht nur in der Kunst, in der zahlreiche neue Strömungen gerade ihren Anfang erleben, etwa der Dadaismus oder das spätere Bauhaus.

Ende Juli beginnt der Erste Weltkrieg in Europa. Mit den sich verhärtenden Fronten in Europa, wo das Habsburger Reich zunehmend in Stücke zerfällt und der Westen im Krieg in fürchterlichen Schlachten in Belgien und Frankreich einem neuen Höhepunkt entgegensteuert, beginnt auch das Osmanische Reich zu zerfallen. Es lehnt sich gegen die Kolonialmächte Frankreich und England auf. Der Kriegsminister des Osmanischen Reiches geht sogar so weit, seine Untertanen zum Dschihad, dem Heiligen Krieg, gegen die Engländer und Franzosen aufzurufen. Bis in die Kolonien Afrikas dehnt sich nun der Erste Weltkrieg mit blitzartiger Geschwindigkeit aus. Auch auf dem fernen amerikanischen Kontinent, der den vielen Auswanderern als Hoffnung gilt, toben die Revolten. Die mexikanische Revolution ist in vollem Gange.

Weiter südlich, in Panama, wird das spektakulärste Projekt seiner Zeit, die aufsehenerregendste Verkehrsverbindung der Welt, der Panamakanal, eingeweiht. Am 15. August 1914 durchquert endlich das erste Schiff diese Wasserstraße, die den Atlantik mit dem Pazifik auf einer gut achtzig Kilometer langen Strecke verbindet. Durch den Ausbruch des Ersten Weltkrieges in Europa werden die Eröffnungsfeierlichkeiten verschoben. Mit dem Kanal wird der Traum wahr, der schon die Konquistadoren über den Isthmus von Panama von einer Küste an die andere trieb. Der Kanal verkürzt die Fahrten der Schiffe zwischen Pazifik und Atlantik um circa drei Wochen oder rund fünfzehntausend Kilometer zur See. Dabei entfällt die Umschiffung des gefährlichen Kap Hoorns, das viele Seeleute ihr Leben kostete und jede Menge Schiffsladungen den Fischen zum Fraß vorwarf.

Der Panamakanal ist nicht nur ein alter Traum, an ihm sind viele gescheitert. Etwa zwanzigtausend Arbeiter ließen ihr Leben bei den Arbeiten. Dabei sind die Menschen, die beim Bau der parallel zum Kanal verlaufenden Eisenbahnlinie starben, noch nicht einmal mitgezählt. Pro Eisenbahnschwelle, so die Schätzungen, soll ein Arbeiter ums Leben gekommen sein.

Den Traum vom Panamakanal hatten auch die Franzosen geträumt. Mit Ferdinand de Lesseps, dem Erbauer des Suezkanals, stellte die Panamakanal-Gesellschaft um 1880 einen Mann an ihre Spitze, der gleichzeitig ein großes Versprechen lieferte. Er hatte sich mit dem Bau des Suezkanals, seinem Prestige-Projekt, einen Namen – und viele europäische Investoren reich gemacht.

Dass ein derart gigantisches Projekt von Firmen und nicht einem Staat betrieben wird, ist zu dieser Zeit vollkommen neu. Die privaten Investoren, die in Suez reich geworden sind, finden jede Menge Nachahmer, und so scheitern am ersten Versuch, den Panamakanal zu bauen, Hunderttausende von Kleinanlegern, die alle ihr Geld verlieren, denn ein Vierteljahrhundert später setzten Lesseps und seine Leute Millionen in den Urwaldschlamm. Was beim Suezkanalprojekt noch leicht zu leisten war, weil der karge Wüstenboden den Bau des Kanals relativ leicht machte, ist in Panama sehr schwer. Das Projekt steht von Anfang an unter tragischen Vorzeichen, dabei hatten es sich die französischen Ingenieure zunächst so einfach vorgestellt. Mit gut achtzig Kilometern war die Strecke nur halb so lang wie die des Suezkanals. Für den waren neue Geräte erfunden worden, aber die Bagger, die sich in Ägypten so vortrefflich als der neueste Clou der europäischen Ingenieursentwicklung durch den Wüstenboden bohrten, blieben hier allesamt in Sumpf, Schlamm und Felsen stecken.

Dazu kamen noch Hügelketten, eine von ihnen immerhin hundert Meter hoch, die beseitigt werden mussten. Die ersten Franzosen waren guten Mutes, doch sie erreichten Panama während der Trockenzeit und hatten nicht nur das Klima, sondern auch die mit ihm einhergehenden Krankheiten vollkommen unterschätzt. Mit der Regenzeit setzten die Infektionen ein. Im Jahr nach dem Baubeginn starb der erste Kanalarbeiter elendig am Gelbfieber, das sich danach zu einer Epidemie ausbreiten sollte. Es begann mit einem Frösteln, dann kam hohes Fieber und schließlich unstillbarer Durst. Es folgten Kopfschmerzen, Rückenschmerzen und schwere Beine. Hinzu gesellte sich bei dem Fieber eine seltsame Rastlosigkeit, was die Betroffenen mit dem rasenden Puls bald in den Wahnsinn zu treiben drohte. Die Hälfte der Erkrankten starb. Zum Gelbfieber gesellte sich Malaria. Typhus, Ruhr, Cholera und Pocken folgten. Der Panamakanal wurde für die französische Kanalkompanie zum Desaster.

Viele Jahre bissen sich die Franzosen die Zähne an dem Projekt aus. Selbst der Staringenieur seiner Zeit, Gustave Eiffel, konnte daran nichts mehr ändern. Er, der Erbauer des Eiffelturms, plante die aufwendigen Schleusen, die das Gefälle des Panamakanals ausgleichen sollten. Erst viele Jahre später kam heraus, dass Eiffel gekauft worden war. Nach acht Jahren Bau hatten die französischen Investoren das Projekt zum Stoppen gebracht und den Bau 1889 eingestellt. Achthunderttausend Anleger im fernen Europa waren pleite, und der gescheiterte Bau wurde zum größten Finanzdebakel seiner Zeit. Nicht nur Eiffel, auch der Chefingenieur und Planer des Panamakanals, Ferdinand de Lesseps, mussten sich dafür vor Gericht verantworten.

Panama wurde erst Jahre später wirklich zu Panama, denn es war bis dahin eine kolumbianische Provinz, und die Amerikaner, die den Bau eines ähnlichen Kanals weiter nördlich in Nicaragua planten, waren vor der Strecke und den immensen Kosten immer wieder zurückgeschreckt. Erst Theodore Roosevelt brachte das Projekt, nachdem er 1901 zum Präsidenten gewählt worden war, in die Gänge. Eine Wasserstraße dieser Art war ein tollkühnes Unterfangen, aber gleichzeitig war sie die Verbindung, die die Vereinigten Staaten zur Weltmacht auch zur See machen konnte, weil sich mit ihr die Kontrolle über die Karibik verbinden ließ, wo es amerikanische Kolonien gab.

Eigentlich war das Projekt zum Scheitern verurteilt, denn die Franzosen hatten Schrotthaufen hinterlassen, die im panamaischen Urwald zu verrosten drohten, und der Landstrich, durch den die neue Wasserstrasse führen sollte, galt als Todeszone.

Dass der Kanal, fast fünfundzwanzig Jahre nachdem sein Bau schon einmal eingestellt worden war, doch noch entstand, grenzte an ein Wunder, das durch reine politische Lobbyarbeit zustande kam. Es gehörte wohl eine gehörige Portion Schlitzohrigkeit dazu, all den längst Gescheiterten doch noch den Glauben an die Vision zurückzugeben.

Nachdem die Panamakanal-Gesellschaft liquidiert worden war, fiel das, was sie an bereits gekauftem Land hinterlassen hatte, 1898 an das französische Kanal-Syndikat. Die Kanalzone gab es längst, auch wenn durch sie noch kein Kanal floss. Dazu zählte das gesamte Land, das die geplante Strecke in einem sechzehn Kilometer breiten Streifen durchzog. Die Amerikaner besaßen eine Konzession für Nicaragua, doch die Verhandlung mit dem Präsidenten gestaltete sich äußerst schwierig. Die Kolumbianer lehnten den Vertrag, den die Amerikaner ihnen zur Unterzeichnung gegeben hatten, rigoros ab.

Doch jetzt heuerten die Glücksritter und Visionäre, die im südlicheren Panama im Auftrag Roosevelts unterwegs waren, den richtigen Lobbyisten an, einen Amerikaner namens William Nelson Cromwell. Er sollte ganze Arbeit leisten.

Cromwell behauptete einfach, ein nicaraguanischer Vulkan sei aktiv geworden und jener Momotombo lag so nahe an der von Washington bevorzugten Strecke weiter nördlich, dass die ersten Abgeordneten im amerikanischen Parlament eine leichte Unruhe befiel. Wie zur Bestätigung der Behauptung sandte der Lobbyist bald darauf an alle Abgeordneten Washingtons Umschläge mit vermeintlichen Nachrichten aus Nicaragua. Neben den Anschriften an die Abgeordneten prangte eine Briefmarke, die einen qualmenden nicaraguanischen Vulkan zeigte. Eine glatte Lüge, weder gab es wirklich diese Briefmarke, noch brodelte dort ein Vulkan. Der Momotombo, der auf dem Bild abgebildet war, war in Wahrheit so kalt wie das Gewissen des Mannes, der damit nun Geschichte schrieb. Der Lüge des Herrn Cromwell fügte sich ein wahres Ereignis an, das ihm wie ein seltsames Zusatzwunder in die Hände spielte: ein wahrer Vulkanausbruch! Der fand zwar nicht in Nicaragua statt, sondern auf der Insel Martinique, sorgte aber für gehörigen Aufruhr an der nahen Ostküste der Vereinigten Staaten. Dreißigtausend Menschen kamen dabei ums Leben, die Vorstellung der Abgeordneten in Washington, einen Bau in einem solch gefährlichen Gebiet zu unterstützen, war mit einem Schlag dahin. Damit war die Bahn frei für den neuen Panamakanal. Das, was die europäischen Ingenieure unterschätzt hatten, das Gefälle zwischen den Meeren, fingen diese findigen Amerikaner mit einer ganz anderen, völlig neuen Technik wieder auf. Panama wurde zu einem eigenen Staat, abgelöst von Kolumbien. Roosevelt schickte 1903 ein paar amerikanische Kanonenboote in die Region, in der angeblich nun eine Revolution unter den dreihundertfünfzigtausend Bewohnern stattfand.

Kolumbien ließ sich die Provinz abtrotzen, und die Amerikaner verwirklichten unter ihren strategischen Auflagen den Wasserweg, der nun Kap Hoorn als Umschiffung zwischen Atlantik und Pazifik überflüssig machte.

Dort, wo die Franzosen verzweifelt ihre Arbeiten beerdigt hatten, auf der Landenge am Río Chagres, stauten sie den Fluss zum riesigen Gatúnsee. Mit ihm und einer dreihundertsiebenundachtzig Millionen Dollar starken Investition war es nicht getan. Die Quasi-Kolonie, die die Amerikaner sich mit Panama schufen, brachte den sogenannten »Kanalvertrag« mit einer Laufzeit von hundert Jahren mit sich. So lange sollte der Kanal amerikanische Souveränitätszone bleiben. Panameños hatten darin wenig zu suchen. Es wurde ein irres Geschäft, denn von den 2,5 Milliarden Dollar Einnahmen, die die Amerikaner für die Durchquerung des Kanals allein in den ersten sechzig Jahren von den Nutzern des Kanals kassierten, landete ziemlich wenig in den Taschen der Bevölkerung des damals noch neuen Staates Panama. Der blieb lange abgeschnitten von dem Erfolgsprojekt und wurde bis in die Achtzigerjahre des 20. Jahrhunderts zur höchst verschuldeten Nation Lateinamerikas. Dieser Eckpfeiler westlicher Verteidigung, wie ihn amerikanische Lobbyisten ursprünglich bezeichneten, entwickelte sich zum Lebensnerv der amerikanischen Wirtschaft und des Militärs. Dass er sich auch zum Lebensnerv einer jungen Emigrantin aus dem fernen Wien entwickeln würde, die – anders als die »normale« Bevölkerung Panamas – offenen Zugang zur Kanalzone haben würde und als Kosmetikerin dort auf gelangweilte amerikanische Offiziersgattinnen treffen würde, bei denen sie ein ziemlich lukratives Geschäft machen würde, das ahnte indessen damals noch niemand.

Gerta Stern erblickt 435 Tage nach der Eröffnung des Panamakanals, am 24. Oktober 1915, das Licht der Welt. Ihre Eltern sind überglücklich.

Während in Wien in dieser Zeit die Stadtväter darüber streiten, ob sie im Gassenviertel Häuser abreißen sollen, um das Gewirr der Gassen auf den zunehmenden Verkehr vorzubereiten, beginnt im fernen Amerika ein Kind die Geschicke des kleinen Mädchens in Wien in ganz andere Bahnen zu lenken. Sein Name ist Jackie Coogan, und er soll bald darauf der erste Kinderstar der Welt werden, für den ein paar Jahre später ein europäisches Pendant in Österreichs Hauptstadt gesucht wird. »Wer ist der nächste Jackie Coogan?«, wird es dann heißen, und Gertas Stunde ist gekommen.

Jackie, ein hübscher Junge mit halblangen Haaren und braunen Augen, steht schon im Alter von drei Jahren auf der Bühne. Seine Eltern sind Artisten, und Jackie ist ein Naturtalent. Nachdem Stummfilmstar Charlie Chaplin den kleinen Jungen in einem Vaudeville-Theater entdeckt, beginnt seine steile Karriere. Vaudeville boomt Ende der Zehnerjahre des letzten Jahrhunderts in den USA, dabei stammt es aus Frankreich und leitet sich von »Val de Vire« ab, einem Tal in der Normandie, in dem ein berühmter Barde einst die Gassenhauer erfand. Nachdem es als eigene Unterhaltungsform mit Stegreifliedern immer erfolgreicher wurde, gründeten sich Vaudeville-Theater, feste Theater und Wanderbühnen. Sie alle verband eine bis in unsere Zeit wegweisende Form der Unterhaltung. Sie waren eine Mischung aus Zirkus, Theater und früher Comedy. Wer sich dort oben auf den Bühnen vor dem lauten, essenden, oft grölenden Volk bewies, musste eine solche Bühnenpräsenz besitzen, dass er auch in den neuen Unterhaltungsformen gefragt war. Die Form des Vortrags war dabei vollkommen offen, egal, ob es sich um Reden, Singen, Tanz oder Artistik handelte. Diese offene Form spuckte die tollsten Talente aus. Die johlende Menge langweilte sich schnell, die Nachrücker standen schon bereit, und die Künstler kamen und flogen wieder von den Brettern, bevor die nächsten Eintrittskarten verkauft waren. Sogar die ersten Kinovorführungen fanden in diesen Theatern statt.

Als die amerikanische Filmindustrie zu boomen begann, bediente sie sich vieler der Talente aus diesem »Stall«. Charles Chaplin, der aus England eingewanderte Schauspieler, der auf der Leinwand den genialen Tramp gab, war selbst dem Vaudeville-Theater entsprungen. Hollywood brauchte ständig neues Futter an bekannten Talenten, Chaplin hatte sich ein Drehbuch ausgedacht, in dem neben ihm ein Kind eine tragende Rolle spielen sollte, und zu diesem Zweck wurde der kleine Jackie nicht nur ein großer Star, sondern der größte Kinderstar seiner Zeit. Kein Kind verdiente so viel Geld im Studiosystem der Traumfabrik wie Jackie. Bis heute ist sein Gesicht bekannt. Die großen braunen Augen, der halblange Bob, eckig geschnitten und knapp über den Ohren endend … ein bisschen Prinz-Eisenherz-mäßig sah dieser Schnitt aus. Darüber das Markenzeichen des Kindes, die übergroße Ballonmütze, die Jackie stets verwegen wirkend mit dem Schirm auf die Seite gezogen trug. So bekam der damals Sechsjährige nach einer ersten kleinen Rolle in einem Kurzfilm sofort seine erste Hauptrolle in »The Kid«, dem Film, mit dem Chaplin sich endgültig in die Herzen der Amerikaner spielte, denn er thematisierte wie kein anderer die Loser, die Hobos, die Ausgegrenzten und Gescheiterten. Nur einer stach ihn bei den Sympathien aus: das Kind an seiner Seite mit seinem intensiven Blick und den überweiten Hosen. Damals war es nicht üblich, dass die Schauspieler überhaupt genannt wurden. Wer sich einen eigenen Namen machte, musste aus der Masse der Schauspieler im boomenden Studiosystem schon ziemlich herausragen. Der kleine Jackie wurde sofort bekannt, und zwar weit über die Grenzen Amerikas hinaus. Er ging auf Welttourneen. Nach ihm sollten andere Kinder, etwa Shirley Temple, folgen, aber Jackie war das erste berühmte Kind der noch jungen Filmindustrie.

Später wurde sogar ein Gesetz nach ihm benannt, das sogenannte »Lex Coogan«, das bis heute gilt. Jackies Stiefvater war ein ziemlicher Halsabschneider und hatte die Gelder, die das Kind verdiente, veruntreut. Als Jackie nach seiner Volljährigkeit an sein Konto wollte, musste er feststellen, dass von all dem Geld, das er sechzehn Jahre lang in Filmen und auf vielen Tourneen verdient hatte, kein Cent mehr übrig war. Er verklagte seine Mutter und den Stiefvater – erfolglos. Bis heute sind alle Hollywoodstudios durch das »Lex Coogan« verpflichtet, die Gelder, die Kinder verdienen, in Form von Treuhandfonds anzulegen, sodass kein Erziehungsberechtigter sich ihrer bemächtigen kann.

Im Jahr 1923 dreht Jackie gerade »Circus Days«, in Europa läuft noch sein Stummfilm »The Kid« über einen Waisenjungen, der von einem Tramp gerettet und rührend versorgt wird. »The Kid« ist ein zu Herzen gehender, tragischer Film, und alle Welt fiebert von Film zu Film mit dem kleinen Darstellerjungen mit der Ballonmütze.

In Wien hat unterdessen ein findiger Filmmensch eine Idee. Nennen wir es ein frühes Casting oder einen genialen Schachzug, auf jeden Fall ruft die Filmcompany einen Talentwettbewerb aus. Welches Kind gleicht Jackie und möchte neben dem Lookalike-, dem Ähnlichkeitswettbewerb, ernsthaft auf die Bretter, die die Welt bedeuten?

Die kleine Gerta ist eines von Hunderten von Kindern, die sich darauf bewerben. Jedes Kind muss sowohl artistisch begabt sein als auch die optischen Kriterien erfüllen.

Gerta hat noch die Fotos von damals. Sie hat sie in den Wirren der Flucht Jahre später bewahren können. Vielleicht brachte auch ihre Mutter sie später mit nach Panama. Ich habe sie das nie gefragt. Wenn sie ihr Album aufschlägt, sind da auf den ersten Seiten, gleich hinter den herrlichen Babybildern auf dem obligatorischen Eisbärenfell, auf dem viele Eltern dieser bestimmten Epoche ihr Kind bildlich präsentierten, die Fotos von Gerta als Jackie-Ebenbild aus Wien.

Gerta tanzt und singt bei der Vorstellung der Talentsucher. Sie kann Klavier spielen und hat bereits Ballettunterricht gehabt. Sie sieht Jackie, dem berühmten Vorbild aus dem fernen Amerika, nicht nur ungeheuer ähnlich, sie ist ebenfalls ein Naturtalent. Für sie geht mit ihrer Entdeckung ein Traum in Erfüllung.

Von nun an bekommt Gerta auch Schauspielunterricht. Gerta ist ein leidenschaftliches Kind, eines, das sich gut in Gefühle hineinsteigern kann, eine geniale Schauspielerin, ein Naturtalent, dem das Musische durch die Adern zu fließen scheint. Sie bleibt zwar ein Einzelkind, aber ihre Eltern stammen aus vitalen Familien. Besonders die Singers haben viele Kinder, und so hat Gerta jede Menge Cousinen und Cousins, zu denen sie sehr enge Verbindungen hat. Ihre Mutter Sofie fährt regelmäßig mit ihr in die Tschechoslowakei, wo ihre Schwester mit einem Arzt verheiratet ist. Aus diesem Ort speist sich eine ganze Dynastie an Kindermädchen und Schwestern, die in die bürgerlichen Häuser der Lagodzinskys und Singers nach Wien gehen und dort anständig behandelt werden und gutes Geld verdienen.

Gerta mag besonders die älteren Kinder im Arzthaushalt ihrer Tante und ihres Onkels. Ihre acht Jahre ältere Cousine und deren Bruder haben es ihr angetan. Sie ist ein unerschrockenes Mädchen, eines, das sich gern mit den Jungen anlegt. Gerta ist damals schon ausgesprochen furchtlos. Heute sagt sie: »Ich hatte immer einen sehr starken Willen und eine große Zuversicht, schon als Kind.« Sie wird beides bald brauchen. Und sie zeigt das, was man im Sport wohl Nehmerqualitäten nennt. Unerschrocken will sie sich mit den großen Jungen messen und steckt ein, ohne sich zu beschweren, denn sie erkennt früh, dass ihr das den Platz in der sozialen Hierarchie sichert. Sie ist ein sehr süßes und aufgewecktes Kind. Natürlich schafft sie es nicht immer, sich mit den Älteren zu messen, und die scheinen zu glauben, dass der kleine Schlaumeier aus Wien mit der großen Klappe ruhig begreifen soll, wer das Hausrecht hat im böhmischen Haushalt.

Gerta ist mit ihrer Mutter wieder einmal in Böhmen und durch die lange Zugfahrt von Wien abends sehr müde. Also legen die Erwachsenen sie früh schlafen. Ein typischer Streich oder »Test« ihres Cousins und ihrer Cousine verlief so: »Als ich aufwachte«, erzählt Gerta, »standen sie da schon und schauten, was sie mit mir anstellen konnten.« Sie hatten einen findigen Plan ausgeheckt. »Na, willst du auch Erdbeeren mit Schlagobers?«, lautet das freundliche Angebot. Gerta will unbedingt, ist begeistert und freut sich mit ihren zehn Jahren auf die schöne Nachspeise mit Sahne, die sie wegen ihrer Erschöpfung am Vorabend verpasst hat. »Bleib liegen, dann werden wir dir ein Schälchen bringen«, kündigen die sie umsorgenden jungen Verwandten an, und ihr läuft schon das Wasser im Mund zusammen. Während sie davon erzählt, beginnt sie neunzig Jahre später noch mädchenhaft darüber zu kichern und verzieht gleich darauf den Mund: »Die haben mir also ein Schälchen gebracht und es sah wirklich aus wie köstlicher Schlagobers mit einer Erdbeere obendrauf, aber sie hatten sie auf Seifenschaum gelegt. Ich werde das nie vergessen!«

Gerta hat früh damit begonnen, ihren Eltern alle möglichen Fragen zu stellen. Das Elternhaus ist liberal, und so gestehen sie ihr – anders als das bei vielen ihrer Altersgenossen ist – schon früh eine eigene Stimme zu. So erkundigt sich Gerta etwa ganz frank und frei bei ihrem Vater, was ihn denn seinerzeit dazu bewogen hat, sich für die Mutter zu interessieren, der Musik eine fremde Welt ist.

Ihr Vater Bernhard fördert die musische Begabung seiner Tochter, wo er kann. Gerta spielt inzwischen regelmäßig Theater. Sie ist nicht mehr länger nur die Doppelgängerin von Jackie Coogan, dem berühmten Kind im fernen Amerika, sondern sie hat sich einen eigenen Platz auf den Wiener Bühnen erspielt. Es ist wohl der tiefste Ausdruck ihrer Persönlichkeit, den Gerta da leben kann. Zum Schauspieltalent kommt ihre enorme Begabung, sich lange Texte merken zu können. Als Kinderschauspielerin beginnt Gerta, die Schule zu vernachlässigen, denn ihr ist die Schauspielerei wichtiger. Sie liebt den Applaus, aber es ist nie Effekthascherei oder unangenehme Eitelkeit, sondern die Begeisterung für den Auftritt und die flimmernde Atmosphäre. Im Gegensatz zu Jackie, dem Original, geht Gerta nicht zum Film, sondern bleibt beim Theater. Sie wird dort schnell ein Kinderstar, und sie ist begeistert von jeder neuen Rolle.

Gerta liebt den Kontakt zu Menschen. Sie liebt den Kontakt zum Publikum, diesen Moment, wenn sich zwei Elemente vollkommen fremd sind und es sie miteinander zu verbinden gilt. Sie genießt die Augenblicke, wenn sie aus dem Dunkel hinter der Bühne auf die Bretter nach draußen ins Rampenlicht tritt. Auf die Idee, dass diese Jahre, die sie als Kind auf den Bühnen Wiens verbringt, einmal enden könnten, kommt sie nicht. Wenn die kleine Gerta an ihre Zukunft denkt, denkt sie immer an diesen Moment, in dem alle Schauspieler zum Schlussapplaus auf die Bühne müssen, sich an den Händen fassen und sich miteinander vor dem Publikum verneigen. Eigentlich könnte es immer so weitergehen im Leben der kleinen Gerta. Vor ihr liegt eine große Karriere als Schauspielerin, das wird ihr bei jeder Aufführung aufs Neue gespiegelt, und das ist das, was sie konsequent weiterverfolgt. Sofie und Bernhard Lagodzinsky unterstützen ihre Tochter, wo sie nur können. Bernhard ist erfolgreich in seinem Beruf im Linoeumhandel und hat sich und seiner Familie inzwischen einen gewissen Wohlstand erarbeitet.

Gertas Schauspielunterricht kollidiert schon in der Grundschule mit dem täglichen Stundenplan. Die Eltern schicken sie deshalb auf eine Privatschule, die direkt neben dem Theater an der Wien liegt. So kann sie ihren Verpflichtungen am Theater nachkommen und verpasst keinen Unterricht mehr.

Nach der Grundschule wechselt sie ans Gymnasium und erweist sich als sehr strebsam, denn ihr Pensum gleicht wahrlich nicht dem anderer Kinder. Da ist ja noch Gertas »Zweit-Beschäftigung«, die Bühne. Vom zunehmenden Antisemitismus bekommt die kleine Gerta wenig mit, vielleicht ist sie dafür noch zu jung und vor allem einfach zu beschäftigt.

Was deutlich wird, wenn sie ihr Kinderleben schildert, ist der enge Zusammenhalt der Singers, der Familie ihrer Mutter. Die Lagodzinskys haben nur dieses eine Kind, aber das Familienleben findet intensiv auch im Großfamilienverband statt. Die Wiener und die böhmischen Zweige beider Familien tauschen sich weiterhin rege aus, und für Gertas Mutter wird diese Verbindung nach 1927 sehr wichtig, denn durch einen Schicksalsschlag verliert sie ihren Mann. Auch Gertas bis dahin unbeschwertes Kinderleben wird bis in die Grundfesten erschüttert, denn ihr Vater stirbt ganz plötzlich, und zum ersten Mal in ihrem Leben verliert Gerta den Halt. Ihr Vater war bis dahin ihr wichtigster Verbündeter, sie ist wohl das, was man eine Vatertochter nennt. Bernhard Lagodzinsky ist erst zweiundvierzig Jahre alt, als er einen Infarkt erleidet und auf der Stelle tot umfällt.

Sofie, Gertas Mutter, ist verzweifelt. Sie ist zwar nicht sehr vermögend, aber auch nicht mittellos, was sie vor allem ihrer wohlhabenden Familie verdankt. Ihr Zwillingsbruder unterstützt sie. Und auch der Halbbruder von Gertas Vater, Siegfried Translateur, schaltet sich nach Bernhards Tod sofort ein, denn er erkennt, was dieses tragische Ereignis für seine Nichte bedeutet. Er bietet Sofie an, Gerta zu sich nach Berlin zu nehmen. Dort gibt es vorzügliche jüdische Gymnasien, und Gerta könnte ihr Schauspielstudium weiterhin betreiben.

Gertas dreizehnter Geburtstag steht bevor. Ihre Mutter hat Bedenken. Einerseits ist ihr Schwager reich und berühmt und hat, spätestens seit der Komponist Paul Lincke in seinem Musik-Verlag veröffentlicht, ausgesorgt.

Doch Sofie willigt nicht ein. Nun hat sie schon ihren Mann verloren, soll sie auch noch ihre Tochter ins ferne Berlin fortgeben?

Auch Gerta ist hin- und hergerissen. Sie möchte nichts lieber als Schauspielerin bleiben, aber ihr Vater, der für sie die künstlerische Seite der Familie verkörperte, stärkt ihr nicht mehr den Rücken. Und ohne ihre Mutter ins ferne Berlin? »Mutti brauchte mich, und ich blieb bei ihr«, sagt sie heute darüber.

Kapitel 3

Sofie Lagodzinsky ist eine ängstliche Frau. Als Witwe, allein mit ihrer Tochter, muss sie mentale Muskeln trainieren, die sie nie zuvor gebraucht hat. Mut. Zuversicht. Vertrauen in die Zukunft. Was ihr in der Zeit nach dem Tod ihres Mannes neben ihrer Tochter Halt gibt, ist Wien. Wien ist ihre Heimat, hier ist sie geboren, und so morbide diese Stadt auch sein mag, sie gibt ihr eine Identität in einer Phase des Lebens, in der viele Menschen durch den Verlust eines geliebten Menschen zu verzweifeln drohen. Gerta ist oft bei ihrer Großmutter, Sofies Mutter. Die alte Frau Singer, die aus der Tschechoslowakei stammt, spricht mit ihrer Enkelin tschechisch, deshalb beherrscht Gerta diese Sprache von Kindesbeinen an ziemlich gut.

Gerta unterstützt ihre Mutter, so gut sie kann. Ihre eigene Trauer über den Tod des Vaters macht sie mit sich aus. Sie ist ein innerlich sehr starkes Mädchen. Für eine junge Frau ihrer Generation verfügt die Heranwachsende über ein ungewöhnlich ausgeprägtes Selbstbewusstsein.

Trotz der angespannten Situation gelingt es Sofie Lagodzinsky, ihren Lebensstandard mithilfe ihrer Familie, so gut es geht, zu halten. Die Lagodzinskys haben weiterhin Dienstmädchen, und Gerta kann auch noch das Gymnasium besuchen. Das ist im Wien des Jahres 1927 nicht selbstverständlich, denn die Weltwirtschaftskrise hat längst Auswirkungen auf Österreich. Das Alpenland leidet darunter nicht so stark wie das Deutsche Reich, in dem es wirtschaftlich weit chaotischer zugeht. Österreich ist inzwischen, nach dem Zerfall des österreichisch-ungarischen Reiches, eine unabhängige Republik. Es hat eine neue Währung erhalten, den Schilling, der nach der Staatsgründung eine Hyperinflation und mit ihm eine Hungerkrise im Land auslöste, doch nun bleiben auch noch die Touristen im Land aus, die in den Nachbarländern stärker unter der Rezession leiden.

In Wien hat sich Ende der Neunzehnhundertzwanzigerjahre eine rege Kabarett- und Liederkultur etabliert. Zu den Stars gehören vor allem jüdische Künstler. Das mag mit dem Grundverständnis des Jüdischseins zu tun haben. Sigmund Freud brachte es einmal so auf den Punkt: »Als Jude war ich darauf vorbereitet, in die Opposition zu gehen.« Das trifft auch auf die Künstler dieser Zeit zu. Von den Bühnen herab agieren sie als mahnende Underdogs und transformieren ihre Kritik an den Herrschenden musikalisch mit bissigen Texten. Kabarett und Musiktheater erleben einen Siegeszug. Stellvertretend für viele machte sich eine junge Generation von Künstlern bei ihren Auftritten Luft. Die Krise sollte Gertas Heimatland indessen doch noch erfassen. Anfang der Dreißigerjahre stürzt fast die Hälfte aller Arbeiter in Österreichs Industriebetrieben in die Arbeitslosigkeit.

Anders als in Deutschland, das sich nach einem kurzen wirtschaftlichen Zusammenbruch ökonomisch schnell wieder erholt, dauert die Krise in Österreich lange an. Arbeitslose wurden »ausgesteuert«, wie das damals hieß, wenn ihnen kein Arbeitslosengeld mehr gezahlt wurde.

Mit den politischen Problemen wuchs der Antisemitismus. Immer mehr österreichische Bürger litten plötzlich an der »deutschen Sehnsucht« und folgten den politischen Heilsversprechen der Nationalsozialistischen Partei im nördlichen Nachbarland, dabei hatte die ausgerechnet ein Österreicher gegründet, der dem Deutschen Reich mit ihr die Weltherrschaft versprach.

Wann war je der Wunsch der Menschen, sich zu amüsieren, größer als kurz vor ihrem Untergang? Der Boom der Unterhaltungskünstler nach dem Ersten Weltkrieg erreichte gerade seinen Höhepunkt.

In diese Stimmung passte das jüdische Kabarett perfekt. Die tiefe Tragik des politischen Alltags lieferte schon »Futter« genug, um sie komisch zu brechen. Aber erst die Würze, die der jüdische Witz in seiner abgrundtiefen Bitterkeit lieferte, machte die Stars hier im Kabarett so erfolgreich. Sie schonten sich ja nicht einmal selbst damit.

Die Volkssängerlokale waren noch immer gut besucht, aber das junge jüdische Kabarett mit seinen ketzerischen Texten, zu eingängigen Melodien serviert, wurden immer beliebter. In den Liedern, den eingängigen Melodien und den frechen Texten lag nun eine pulsierende, verzweifelte Energie, die vollkommen neu war. Noch etwas machte diese musikalische Szene so populär – plötzlich spielten die alten Klassenunterschiede nicht nur in Wien keine Rolle mehr.

Gerta zieht, wie viele ihrer Generation, diese junge Kunst in ihren Bann.

Im Vergleich zum Berliner Kabarett, das sich sprachlich viel direkter und radikaler artikulierte, hatte das Wienerische mit seinem jüdischen Jargon immer etwas Harmlos-Drolliges, das viel unverdächtiger erschien und mit seinen schwungvollen Melodien alte Operettenweisen geschickt adaptierte und umformte.

Künstler wie Stella Kadmon, Fritz Wiesenthal und Hermann Leopoldi, der mit Wiesenthal ein Duo bildete, repräsentieren diese Zeit.

Karl Valentin kam als Gast und verbrachte seine Lehrjahre bei diesen Künstlern, bevor er sein politisches Kabarett frisch gestärkt auf die andere Seite der Alpen trug. Hans Moser soll sogar von Leopoldi entdeckt worden sein. Seine humoristischen Couplets wären ohne die Melodie des Wienerischen gar nicht denkbar gewesen. Das Wienerische, dieses eigenwillige sprachliche Idiom, tanzte so schön zu den Rhythmen des Komponisten.

Leopoldi war einer der großen Stars unter den Künstlern seiner Zeit. Er, der eigentlich Hersch Kohn hieß und siebenundzwanzig Jahre vor ihr ganz in der Nähe von Gertas Elternhaus geboren worden war, war zudem ein Klaviervirtuose und komponierte einen Ohrwurm nach dem anderen. Als Leopoldis Ruhm gerade begann, nannte sich sein Beruf noch sehr treffend »Klavierhumorist«.

Und dann ist da noch das Wiener Lied, das sich als eigenes »Werk« aus den Theatercouplets entwickelte. Seine eingängigen Melodien verleihen ihm die musikalische Kraft der Gassenhauer. Das Wiener Lied stellt eine Transformation einzelner Operettenstücke dar. Seine Texte waren ähnlich schwelgend und nostalgisch, aber jedes einzelne Lied stand für sich, ganz anders als bei der Operette, in der die Stücke immer aus einem größeren musikalischen Zusammenhang gerissen werden mussten. Die junge Industrie der Schellackplattenverlage und des Radios hatte das perfekte Futter gefunden. Klar belieferte die junge Generation musikalischer Kabarettisten auch die junge Filmindustrie Österreichs. Deren Weltoffenheit war den Austrofaschisten ein Dorn im Auge. In ihren Liedern und Texten lag die Sehnsucht nach der Ferne. New York und Rio waren schließlich nur eine Liedzeile entfernt, und musikalisch löste der erste Jazz schwülstige alte Melodien ab. Jemand wie Leopoldi stand für Aufbruch und Weltoffenheit. Lieder, wie »Money macht froh« brachten das typisch für ihn zum Ausdruck.

Gerta Stern steht zwar nicht mehr als Schauspielerin auf der Bühne, aber sie lässt in ihrer Jugend keine Gelegenheit aus, wenn es darum geht, zu singen oder zu tanzen.

Sie ist jetzt sechzehn Jahre alt und verbringt einen Urlaub mit Freundinnen in Pörtschach am Wörthersee. Hermann Leopoldi ist zu dieser Zeit schon über vierzig und gilt als Frauenheld. Mit Starkomponisten kennt Gerta sich aus. Schließlich ist ihr Onkel Siegfried Translateur einer. Ihr ist diese Szene vertraut genug, um sich nicht vom Ruhm Leopoldis verführen zu lassen, so faszinierend sie die Bühne noch immer finden mag. Sie ist höflich, adrett und ein wenig keck. Als der berühmte Musiker ihr in Pörtschach den Hof macht, ist Gerta gesittet genug, zu wissen, wie weit eine Sechzehnjährige im Jahr 1931 überhaupt gehen darf, noch dazu in der Begleitung ihrer kichernden Freundinnen.

Vielleicht ist Leopoldi alias Kohn aber neben aller Anziehung der gerade erblühenden Gerta auch beeindruckt davon, dass dieses hübsche, begabte Mädchen nicht vor Ehrfurcht vor ihm im Boden versinkt? Er verliebt sich jedenfalls auf der Stelle in die hübsche Gerta mit den großen Augen, als sie an dem Ferienort zu Klavierbegleitung ein Lied zum Besten gibt.

Leopoldi ist damals schon ein internationaler Star. Es ist das Jahr 1931. Auf seinem Bühnenplan sind in diesem Jahr die Orte Berlin, Karlsbad, Wien, Bukarest, Basel, Paris und Prag verzeichnet.

Eigentlich ist das musikalische Genie und Schlitzohr mit seiner Bühnenpartnerin Betja Milskaja liiert, einer gebürtigen Russin. Leopoldi soll zeit seines Lebens ein großer Charmeur bleiben. Auf den Fotos, die aus dieser Zeit stammen, hat er schon kein Haupthaar mehr und ein leicht verschlagenes, aber sehr freundliches Gesicht. Auf seiner Autogrammkarte sind seine Lippen halb geöffnet, er trägt einen Frack mit weißer Fliege und schiebt sich – so suggeriert das Foto – gleich seinen Zigarettenhalter in den Mund, in dem vorn eine elegante Zigarette steckt, die ebenso weiß ist wie das Einstecktuch seines schwarzen Fracks. Seine Manschettenknöpfe blitzen wie seine Augen, die das geübte, herausfordernde Lächeln eines Herzensbrechers umspielt.

Von ihm stammen einige der bis heute größten Ohrwürmer, Schlager und Melodien. Wahre Leopoldi-Fans hören vor ihrem inneren Ohr nur beim Lesen seines Namens Weisen, wie »G'schichten aus dem Wienerwald«, »Frauen sind zum Küssen da« oder »Schnucki, ach Schnucki«.

Wer weiß? Vielleicht war ja Gerta Schnucki?

Sie ist schon wieder in Wien, als eines Nachmittags der große Musikstar mit einem ziemlich dicken Auto vorfährt und seinen Chauffeur bittet, vor dem Haus in der Kranzgasse 2 anzuhalten, weil er hier etwas Wichtiges zu erledigen hat. Mit einem sehr opulenten Blumenbukett auf dem Arm klingelt er bei den Lagodzinskys und eröffnet Mutter Sofie, die ein wenig entsetzt blickt, als sie die Tür geöffnet hat, sein Anliegen.

Vor ihr steht Hermann Leopoldi im elegantesten Ausgehanzug mit weißem Schal um den Hals und reicht ihr mit verzückter Miene das etwas übertriebene Blumenbukett. Dann teilt er ihr, die nur sieben Jahre älter ist als er selbst, nach der Begrüßung ohne Umschweife mit, er wolle ihre Tochter Gerta ehelichen und halte hiermit um ihre Hand an. Dass er längst verheiratet ist, scheint ihn dabei nicht zu stören.

Sofie Lagodzinsky ist über den Antrag derart schockiert, dass sie resolut ruft, ihre Tochter sei erst sechzehn Jahre alt, und wütend hinterherschiebt: »Was fällt Ihnen eigentlich ein? Nur über meine Leiche!« Bevor der Künstler, der Ablehnung selten erfährt, etwas antworten kann, schlägt sie ihm die Tür vor der Nase zu. Damals nannte man Männer wie ihn einen »Wüstling«.

Gerta beendet die Schule und macht das Abitur in Wien. Danach geht sie nach Lausanne auf eine Schule für höhere Töchter, in der sie alles lernt, »was die Dame von Welt wissen muss«: Stenografie, Schreibmaschine, leichte Büroarbeit, aber auch Benimm und Haushaltsführung. Hier wird angehenden »Damen des Hauses« beigebracht, wie man einen Haushalt mit Personal führt und sich als die perfekte »Frau an seiner Seite« benimmt.

Lange erwägt Gerta noch, wieder zurück auf die Bühne zu gehen, es lockt sie, und sie hat zu diesem Zeitpunkt keine Ahnung, dass sie noch einmal einen ganz großen Auftritt haben soll, der ihr Leben rettet.

Als es darum geht, ihre eigene Zukunft zu entscheiden, ist ihr längst klar, dass sie in Zukunft nicht nur die »Frau an seiner Seite« sein will. Egal wer dieser »Er« einmal sein wird. Die Lebenskonzepte junger Frauen Anfang der Neunzehnhundertdreißigerjahre sehen wenige Alternativen zu einer Heirat und Bestimmung durch einen Mann vor. Ende der Zwanzigerjahre hat sich dennoch etwas in der Geschlechterrolle geändert. Aufgeklärten jungen Frauen ist eine Freundschaft zu Männern möglich, ohne dass sie als Heiratskandidat infrage kommen. Im noch jungen Film gibt es diesen modernen, neuen Frauentypus, den auch Gerta darstellt. Es ist die berufstätige, aufgeweckte junge Frau, die ihr Glück in den großen Städten suchen darf und als »Kumpeltyp« Männern eine Nahbarkeit suggeriert, die sie bis dahin nicht kennen. Das sind die Working Girls, die ihren eigenen Weg machen, oder in der Screwball-Comedy die leicht überdrehten Schreckschrauben.

Gerta ist nicht überdreht, aber sie hat ihren Humor und eine Vorstellung vom Leben. Sie weiß, was sie will. Durch ihre männlichen Cousins hat sie es früh als Konkurrentin mit jungen Männern aufnehmen müssen und neben ihrem hübschen Aussehen ein sehr gesundes Selbstbewusstsein. Zudem ist sie nahbar. Die

Männer, für die auch sie sich interessiert, die moderner denkenden Bürgerlichen, finden das natürlich sexy. Sie scheint nicht zu ahnen, wie begehrenswert sie dadurch ist.

Das Leben ihrer eigenen Mutter hat ihr zudem gezeigt, was es bedeutet, als Frau plötzlich Witwe zu werden und ohne eigenes Einkommen dazustehen. Für Gerta erwächst schon früh der Wunsch nach einer eigenen beruflichen Identität und Unabhängigkeit.

Sie ist sehr geschickt mit ihren Händen und immer sehr gepflegt. Vor allem tüftelt sie gern, und ihr Hang zum Naturwissenschaftlichen hat ihr Interesse an Chemie geweckt. So entscheidet ihre Mutter für sie, eine Ausbildung als Kosmetikerin zu machen.

Gerta wird volljährig, während sie noch die Kosmetikfachschule besucht. Sie hat es – ganz anders als viele ihrer Freundinnen – trotz ihrer zunehmenden Attraktivität nicht so eilig damit, flügge zu werden.

Wie so oft in ihrem Leben ist sie die Beste, als sie den Abschluss an der Kosmetikfachschulklasse macht. Die besten Absolventinnen am Institut werden dort traditionell als Lehrerinnen übernommen. Auch Gerta arbeitet ein halbes Jahr lang, dann erlebt sie zum ersten Mal eine Ausgrenzung, die mit dem zunehmendem Faschismus in Österreich zu tun hat. Sie und eine jüdische Mit-Absolventin werden entlassen. Juden sind plötzlich nicht mehr erwünscht.

Gerta »sondiert« natürlich längst das andere Geschlecht und hat Leopoldi als harmlose Episode abgetan. Aus ihrer Sicht ist er viel zu alt, geradezu steinalt. Sie selbst ist inzwischen sehr begehrt. Im Jahr 1936 an Jom Kippur, dem höchsten jüdischen Feiertag, dem Tag, an dem gefastet und gesungen wird, steht sie in einer Pause in der Synagoge mit ihren Freundinnen zusammen, als ihr ein junger Mann auffällt, der sie mit festem Blick betrachtet. Moses Stern wirkt athletisch und strahlt eine Entschiedenheit aus, die ihr gut gefällt. Sein Blick irritiert Gerta gleich – aufs Schönste. Noch ist nicht die Epoche angebrochen, in der Menschen in einem solchen Moment einfach aufeinander zugehen und einander ansprechen. Moses, genannt »Munio«, schickt einen anderen voran: »Geh zu der Dame, ich möchte sie gerne kennenlernen«, soll er zu dem Freund gesagt haben, der die Anbahnung nun übernimmt.

Natürlich sehen Gertas Freundinnen schon, was hier gerade passiert, und bevor Munios Freund die Gruppe der jungen Frauen erreicht hat, zischeln sie Gerta zu: »Lass lieber die Finger von dem, der ist ein professioneller Fußballer!«

Ein Mann, der vom Fußballspielen lebt? Das war damals wahrscheinlich in etwa so, als käme Munio vom Zirkus. Was auch nicht ganz fern gelegen hätte, denn sein Hobby ist, das erfährt sie später – Zaubern!

Gerta lehnt sein Angebot ab. Dass sie es nicht ihm sagen muss, sondern seinem Freund, macht es ihr leichter. Moses ist seinerseits ziemlich begehrt, denn er sieht gut aus, ist nicht nur Fußballer, sondern auch studierter Ingenieur, hat Stil und kommt aus einer guten Familie. Die Sterns sind orthodoxer als Gertas Familie. Moses hat zwei Geschwister, Lola, die im Jahr darauf mit ihrem Mann nach Südafrika auswandert, und Sigmund – Sigi –, der sehr viel jünger als er und damals noch ein Teenager ist. Gerta hat genug Ablenkung, denn es gibt einige junge Männer, mit denen sie sich zu jener Zeit trifft. An Rendezvous-Anfragen besteht bei ihr kein Mangel.

Mutter Sofie hält in diesen Jahren ein prüfendes Auge auf ihre Tochter. Neben einigen anderen Kandidaten gibt es einen besonders hartnäckigen jungen Herrn, der sogar ein Automobil besitzt und Gerta den Hof macht, was diese beflügelt. Ein Automobil!

Immer wieder begegnet sie auch Moses in der jüdischen Gemeinde, aber wie hatten ihre Freundinnen es so entschieden auf den Punkt gebracht? »Um Gottes willen, bloß nicht der! Der ist ein Fußballer. Die professionellen Fußballer, die gehen sogar in Nachtclubs, die sind gefährlich!«

Moses hält sich zurück, Gertas entschiedenes »Nein, den will ich nicht kennenlernen« hat seine Wirkung nicht verfehlt. Aber einer wie Moses Stern, der sein Leben dem Spiel gewidmet hat, der gibt so schnell nicht auf.

Es dauert fast zwei Jahre, bis er sich zu einem phänomenalen Trick entscheidet. Er kennt mittlerweile die Wege, die Gerta in Wien geht, und lauert ihr eines Tages auf. Auf Gerta muss es so wirken, als begegne er ihr ganz zufällig auf einem ihrer Wege durch die Stadt.

Im Frühsommer des Jahres 1938 liegt bereits ein tiefbrauner Schatten über Wien. Die Nationalsozialisten haben im März den Anschluss Österreichs an das Deutsche Reich vollzogen. Gertas Lebensmut und ihre positive Einstellung und Kraft zum Leben sind groß, aber mehr und mehr ist sie als Jüdin ausgegrenzt. Dies im so jüdisch geprägten Wien zu erleben, muss furchtbar für sie gewesen sein.

»Dieses Furchtlose, ich weiß nicht, woher es kommt, aber ich hatte es schon als Kind«, hatte sie ja einmal gesagt. Noch drängt es sie nicht aus Angst fort aus ihrem Wien. Im Sommer des Jahres 1938 haben viele Bekannte und Freunde ihrer Familie das Land längst verlassen. Der Zwillingsbruder der Mutter hat sich entschieden, mit der ganzen Familie in die Vereinigten Staaten zu emigrieren. Ein anderer Onkel will nach England. Siegfried Translateur bleibt bewusst im fernen Berlin. Noch laufen seine Geschäfte gut, er denkt nicht daran, seinen Musikverlag und das Komponieren aufzugeben.

Die jüdische Gemeinschaft in Wien reagiert unterschiedlich

auf die Bedrohung von außen. Viele ahnen, dass dunkle Zeiten auf sie zukommen, manche folgen dem Ruf der Zionisten und gehen direkt nach Palästina, einige glauben, sie müssten nur kurze Zeit außer Landes gehen, bis sich alles beruhigt hat. Und viele wollen erst einmal abwarten. Sie sind schließlich alte Wiener, ihr Jüdischsein ist gar nicht das, womit sie sich in erster Linie identifizieren. Auch in Gertas Elternhaus gehört zwar das Jüdischsein zur Identität, aber die Lagodzinskys sind nicht strenggläubig. Gerta wird es so gehen, wie viele Juden es in dieser Zeit empfinden: »Erst Hitler hat uns zu Juden gemacht.« Wenn man sie damals gefragt hätte, was ihre Ur-Identität sei, hätte sie gewiss geantwortet: »Ich bin Wienerin.«

Das ist heute noch so. Auch wenn es Jahre gab, in denen Wien ihr einen Schmerz bereitete, weil das Ausgestoßensein jedes Herz berührt, war sie immer zuallererst »Wienerin«.

Jeder Mensch, der ins Exil geht, lebt gleichzeitig in zwei Welten. Immer. Das, woher er kommt, hat sein Exil ausgelöst. Wie soll man das je ablegen?

Aber daran ist im Frühsommer des Jahres 1938 nicht zu denken. Gerta gehört zu den positiven Menschen, die glauben, dass diese braune Welle irgendwann einmal verebbt sein wird. Welche brutalen Pläne Hitler und die Seinen längst in den Schubladen haben, ahnt sie nicht, und ihre Mutter, die sich davor fürchtet, ist immer schon ängstlich gewesen. Gerta kennt das, aber ihre positive Kraft muss in dieser Zeit besonders groß sein, denn sie muss für sie beide reichen. Natürlich entgeht ihr dabei nicht, wie radikal sich ihre Welt binnen weniger Monate verändert.

Schon im März gab es in Wien Anschläge auf einige der neunzehn Synagogen. Auch Gertas Gemeinde ist davon betroffen. Die jüdischen Bethäuser sind seit diesem 13. März 1938 so gut wie nicht mehr vorhanden. Tausende Geschäfte jüdischer Inhaber sind nun zusätzlich bedroht. Immer mehr Menschen, denen sie es zuvor nicht zugetraut hatte, recken den rechten Arm nach oben und rufen mit einem Blick, der die Mischung neuer Kraft und geistiger Verwirrung verheißt, »Heil Hitler«. Ein Teil ihrer Familie tut es Sigmund Freud gleich, der im Sommer von Wien nach London emigriert, nachdem seine Tochter Anna von der Gestapo verhaftet und vernommen worden war.

Mit dem Sturm der Austrofaschisten im Frühjahr dieses Jahres sind auch die ersten großen Plünderungen verbunden. Jüdische Intellektuelle und die Künstler sind die Ersten, die das Land verlassen, sobald sich ihnen eine Chance bietet. Stefan Zweig, der berühmteste Dichter des Landes, hat Wien schon lange den Rücken gekehrt. Als bekennender Pazifist ist er den neuen Machthabern früh ein Dorn im Auge gewesen. Seine Werke werden nicht mehr gedruckt. Die Nationalsozialisten haben jüdische Künstler auf ihren Index des Entarteten gesetzt. Die Publikation der Werke jüdischer Autoren ist bis auf Weiteres verboten.

Hitler sitzt derweil geografisch auf der Höhe der Alpen, zugleich mit Blick auf Deutschland und auf Österreich, und residiert auf dem Obersalzberg, für jeden Intellekt unerreichbar zwischen München und Salzburg.

Die Liste der flüchtenden bekannten Wiener wird immer länger. Auch Hermann Leopoldi gehört zu denen, die erkennen, was auf sie zukommt. Sein langer Weg beginnt mit der gemeinsamen Flucht zusammen mit seiner Bühnenpartnerin, der Milskaja. Sie setzen sich zusammen im Frühjahr 1938 in die Tschechoslowakei ab und machen es als Paar genauso wie Erika Mann und Therese Giehse, die bei Nacht und Nebel durch den Bühnenhintereingang entschwanden und mit ihrem Kabarett in die Schweiz entkamen. Auch Leopoldi und die Milskaja haben Wien nach ihrem letzten gemeinsamen Auftritt direkt verlassen.

Als Gerta inmitten dieser trüben Stimmung Moses begegnet, kann sie eine Aufmunterung gerade gut gebrauchen. Ihre Stelle ist bedroht, auch sie spürt inzwischen am eigenen Leib, was es bedeutet, Jüdin zu sein.

»So ein Zufall, dass ich Sie hier treffe«, begrüßt Moses Stern sie, der ihr schon von Weitem zulächelt, als sie einander begegnen. Er hat es einfach geschickt eingefädelt, und er hat einen Plan, schließlich ist ihm Gerta keine komplett Unbekannte. So kann er sich ausmalen, was ihr gefällt.

»Und ein weiterer Zufall will es, dass ich für heute Abend noch eine Opernkarte übrig habe. Hätten Sie nicht Lust, mich zu begleiten?«

Gerta ist derart überwältigt, dass sie nicht erneut ablehnen kann. Es ist fast zwei Jahre her, dass Moses und sie sich zum ersten Mal in der Synagoge begegnet sind. Angeblich hat der Freund, der ihn eigentlich begleiten wollte und der an diesem Abend verhindert ist, die Karten. So verabreden Gerta und Moses sich für denselben Abend. Um halb sieben holt er sie, wie angekündigt, zu Hause in der Kranzgasse ab, und sie gehen zur Wiener Oper. Der Freund, der angeblich die Karten hat, wird dort nie erscheinen, denn es gibt ihn gar nicht. Aber nun, da Moses endlich sein »Date« mit Gerta hat, lädt er sie stattdessen zu einem Nachtmahl ein. Das ist damals der letzte Schrei. Er ist dreizehn Jahre älter als Gerta und hat durch seinen Beruf als Profifußballer schon sehr viel mehr Lebens- und Auslandserfahrung.

An diesem Abend sagt er ihr entscheidende Worte, denn wenn er diese Chance verstreichen lässt, erzählt er später, werde er es sich selbst eines Tages vorwerfen. »Ich weiß, dass Sie alle vor mir gewarnt haben«, beginnt er, und als hätte er Gertas Herz an diesem Abend beim Wiener Nachtmahl nicht längst erreicht, fügt er hinzu: »Ich meine es ernst, ich möchte Sie heiraten, obwohl ich Sie noch gar nicht kenne. Haben Sie keine Angst vor mir, ich respektiere Sie.«

Gerta und Moses treffen sich danach ein paarmal, und den Opernbesuch haben die beiden später nachgeholt, mehrfach sogar, aber Gertas Herz ist an dem Nachtmahl-Abend entflammt. Moses hat ohnehin schon lange auf sie gewartet, und so fackeln beide nicht lange. Die Sache ist schnell mit ihren Familien in Einklang gebracht, und wenige Monate später schon soll ihre Hochzeit stattfinden.

Auf meine Frage, warum Moses es ausgerechnet mit dieser Aktion schaffte, sich doch noch mit ihr zu verabreden, antwortet Gerta: »Ich wusste, wer in die Oper geht, kann kein schlechter Mensch sein!«

Kapitel 4

Am 8. Oktober 1938 wird in einem Wiener Keller ein altes, festliches Ritual begangen, das unter besseren Vorzeichen unter einen freien Himmel, wenigstens aber unter die lichte Kuppel einer Synagoge gehört hätte.

Bei einer Chuppa, einer jüdischen Hochzeitsfeier, verabredet sich das Brautpaar unter einem Baldachin und verspricht einander, von nun an ein gemeinsames Haus zu führen, das für jeden Gast offen ist.

Der flache Stoffbaldachin, der ebenfalls Chuppa heißt, wird von vier Stangen gehalten und ist nach allen Seiten offen, symbolisch für das künftige Haus des Paares. Wo dieses Haus stehen wird, haben Moses und Gerta in den Wochen vor ihrer traditionellen orthodoxen Hochzeit auch schon beschlossen. Dass ihre Zukunft nicht länger in Wien liegen wird, davon haben die alten Sterns ihren Sohn und seine junge, schöne Frau überzeugt.

Gerta schließt ihre Schwiegereltern gleich ins Herz. Die tiefgläubigen und sehr religiösen Sterns, die sich eine orthodoxe, rituelle Hochzeit wünschen, scheinen eine konkrete Vorstellung zu haben, was sich Dunkles anbahnt und was auf ihre Heimat zukommt. Sie bestehen darauf, dass das junge Paar so bald wie möglich das Land verlässt. Gerta und Moses haben in den Monaten zuvor mit Moses' Schwester Lola in Johannesburg Kontakt aufgenommen. Lola lebt inzwischen seit drei Jahren mit ihrem Mann und den beiden Söhnen in Südafrika. Lola und ihr Mann haben sich dort schnell integriert und schon im ersten Jahr ein Haus gekauft. »Selbstverständlich nehmen wir euch auf«, bestätigt sie gleich im ersten Brief, nachdem Munio ihnen vom Anliegen der Eltern schreibt.

Die alten Sterns stellen eine weitere Bedingung: Wenn Gerta und Moses Wien in Richtung Südafrika verlassen, sollen sie ihren jüngsten Sohn, Sigi, mitnehmen. Gertas Schwager ist der »Nachzügler« in der Familie. Moses, der auf den Spitznamen Munio hört, ist zum Zeitpunkt seiner Heirat dreiunddreißig, sein jüngerer Bruder Sigi erst sechzehn. Gerta und Sigi mögen einander vom Fleck weg. Er wird für sie gleich der kleine Bruder, den sie selbst nie hatte. Sigi ist ihrer großen Liebe Munio optisch zudem sehr ähnlich. Schlanker ist er und nicht so athletisch wie Munio, aber mit dem ausgeprägten Kinn, dem herausfordernden, präsenten Blick, vor allem mit seinem überbordenden Humor ist er ihrem Bräutigam ausgesprochen ähnlich.

Der Familienplan lautet, dass die alten Sterns nachkommen, sobald die drei jungen Leute in der Ferne Fuß gefasst haben. Gerta beschleichen Zweifel daran, dass die Sterns ihre Ankündigung wirklich umzusetzen gedenken. Sie sind Wiener durch und durch, und es fällt ihr schwer, sie sich an einem anderen Ort als dort vorzustellen.

Vieles ist neu für sie in der Familie Stern. Munio ist nicht nur viel religiöser aufgewachsen als sie. Die Herzlichkeit und Wärme der Sterns tun ihr nach den Jahren allein mit ihrer ernsten Mutter gut. Nicht, dass Sofie Lagodzinsky keine liebende Mutter gewesen wäre, aber Gerta fehlt das warmherzige Gegengewicht ihres Vaters nun schon allzu lange. Munio hat dieselbe herzliche und humorvolle Art. Die Stern'sche Wärme drückt sich auch in

Umarmungen aus, in einer Offenheit, die für diese Familie ganz normal ist.

Gerta wird erst jetzt in vollem Umfang klar, was sie nach dem Tod ihres Vaters vermisst hat.

Auf wundersame Weise ist ihr verstorbener Vater Bernhard sogar bei ihrer Hochzeit mit dabei. Die Chuppa ist eine sehr ernsthafte Zeremonie. Eines der Gebete bei der Eheschließung, das Kel Male Rachamim, erinnert durch den Gesang des Kantors an die Seele des Verstorbenen. Er wird dieser Tradition gemäß zum Teil der Zeremonie. Die Enkelin eines berühmten böhmischen Kantors wird davon nahezu überwältigt.

Das Ergriffensein der Brautleute ist bei diesem Ritual ein gewolltes Stilmittel im Judentum. Die Begleiter des Paares haben an diesem Tag die Aufgabe, die Braut und den Bräutigam emotional zu stabilisieren, weil es bei diesem alten, traditionellen Ritual oft passiert, dass die jungen Eheleute derart überwältigt sind, dass sie Hilfe brauchen. Munio wartet unter dem Baldachin auf seine künftige Frau, die ihn drei Mal gegen den Uhrzeigersinn umkreist. Gerta gibt in diesem Moment das religiöse Versprechen ab, dass sie ihren Mann, indem sie ihn unterm Baldachin umkreist, beschützen wird. Er ist ihr anvertraut, und sie wird dieses Versprechen schon sehr bald einlösen.

Gertas Heirat unter dem Baldachin wird ihre letzte große Feier und gleichermaßen das Abschiedsritual von ihrem geliebten Wien. Wer von ihnen hätte auch nur ahnen können, dass ein Fest solcher Art nie wieder möglich sein würde?

Die Sterns und Lagodzinskys feiern die Hochzeit nur im kleinen Familienkreis. Teile beider Familien haben das Land längst verlassen. Der Rabbiner muss heimlich in den Keller kommen, in dem sie feiern. Aktives jüdisches Leben ist Anfang Oktober 1938 in Wien und anderswo nicht mehr erwünscht.

Dieses Fest ist heilig, nicht nur, weil der Rabbiner ein Paar segnet und dieser Ritus per se den wichtigsten jüdischen Segen gleich nach der Geburt darstellt. »Möge das Paar ein freudiges und erleuchtetes Leben führen.« Das Fest ist auch deshalb ein heiliger Akt, weil alle wissen, dass dieser Segen, der auf den jungen Menschen ruht, ihr gemeinsames Abschiedsritual ist. Die Festgemeinschaft, die den Segen an diesem Tag stützt, weiß ja längst, dass ein paar weitere junge Menschen ihre alte, gemeinsame Welt bald verlassen werden. Die Eheschließung ist ein Übergangsritual. Danach beginnt ein neuer Lebensabschnitt. Die jungen Sterns werden alle Segenssprüche und die Kraft, die ihnen Rabbiner und Hochzeitsgäste in dem improvisierten Kellerritual mit auf den Weg geben, brauchen.

Unter diesem Baldachin beginnt ihre Zukunft. Gerta und Munio stehen beide in weißen Kleidern vor dem Rabbiner, so will es der Ritus.

Tausende Kilometer von hier wird ihre gemeinsame Zukunft liegen, wird das Haus sein, dessen offene Türen für Gäste sie einander soeben versprechen.

Am Tag darauf trifft aus Johannesburg das größte Hochzeitsgeschenk ein. Ein Telegramm von Gertas Schwägerin Lola, die herzlich gratuliert und ihnen schreibt, dass die Südafrikanische Union soeben drei Visa genehmigte, drei Visa auf die Namen Gerta Stern, Moses Stern und Sigmund Stern.

»Stern« – Gerta jubelt. »Wie schrecklich kompliziert war das, wenn ich immer meinen Geburtsnamen buchstabieren musste: L-A-G-O-D-Z-I-N-S-K-Y. Ein Glück, dass das jetzt ein Ende hat.« Gerta Stern. Was für ein schöner Name.

Lola bittet um Zusendung einer Konsulatsadresse. Sie muss die Visa gleich auf den Weg bringen, jeder Tag Verzögerung könnte die wichtigen Dokumente in Gefahr bringen, denn auch nach Südafrika gelangen täglich neue Nachrichten über die besorgniserregende Entwicklung in ihrer alten Heimat. Die siebenhundertfünfzig Dollar für die Übermittlung hat sie schon angewiesen, nun müssen die kostbaren Dokumente ohne Verzögerung nach Europa gelangen, damit sie ihre Gültigkeit nicht verlieren.

»Wenn man ein Visum hat, lassen die Beamten einen im Zug sitzen, man darf weiterfahren«, schreibt Irmgard Keun in ihrem Roman »Kind aller Länder« über die Zeiten des Exils.

Wenn man ein Visum hat, gehört man an einem anderen Ort auf der Welt wieder dazu, könnte es im Fall der drei Sterns auch lauten, denn Juden werden zunehmend ausgegrenzt. Vor zwei Monaten wurde ein Gesetz eingeführt, das sie von nun an verpflichtet, einen zweiten Vornamen zu tragen. Männer müssen sich nun alle zusätzlich »Israel« nennen und Frauen »Sara«. Seit Wien im März dem Deutschen Reich zufiel, prangen an immer mehr Geschäften in bleckend weißer Farbe drei Buchstaben, große, grobe Buchstaben, die entweder aufs Pflaster oder an die Fassaden geschrieben sind: J-U-D.

Bereits zwei Monate zuvor verloren automatisch alle jüdischen Ärzte in Österreich ihre ärztliche Approbation. Niemand von ihnen darf mehr in einem Krankenhaus behandeln. Kinderlosigkeit wurde im Deutschen Reich und damit auch in Wien als Scheidungsgrund eingeführt. Selbst die Nicht-Jüdischen trifft es. Junge Frauen, die nicht gebären, sind plötzlich nichts mehr wert. Der Führer will arischen Nachwuchs.

Die unheilvollen Zukunftsvisionen, die neuerdings propagiert werden, bereiten Gerta inzwischen manchmal Angst, auch wenn sie dieses Gefühl sonst nicht kennt. Hitler hat eine neue, schnelle Autostraße, eine sogenannte »Autobahn«, zwischen Wien und München eingeweiht, nachdem er mit einer riesigen Entourage durch Wien gezogen ist. Sein Größenwahn will selbst mit Asphalt gefüttert werden. Vor siebzigtausend Menschen hat er dafür gerade ein eigenes Automobilwerk in Deutschland gegründet. Sogar ein eigener Wagen gehört dazu. Wer ihm folgt, soll sich ein eigenes Auto leisten können, auch die kleinen Leute. Volkswagen heißt das fahrende Blendwerk fürs Volk, und die Stadt, in der das »Volkswagenwerk« liegen soll, ist auch schon von seinem Reichsminister, Architekt Albert Speer, am Reißbrett entworfen worden.

Selbst die alten Beamten Österreichs mussten inzwischen einen Eid auf Hitler schwören, sonst wurden sie entlassen. Jüdisches Vermögen muss neuerdings angemeldet werden. Wer das Land verlässt, darf nichts mitnehmen. Was Juden zurücklassen, fällt automatisch ans Deutsche Reich.

Einige der jüdischen Freunde der Lagodzinskys in Wien sind schon im Frühjahr enteignet worden, darunter der Zuckerfabrikant Bloch-Bauer. Unter dem Vorwand, er habe ein Steuervergehen begangen, haben die Nazis seine Flucht nach Böhmen verzögert und die Aktien seines Betriebes an eine deutsche Firma übertragen. Das riesige Landgut in der Tschechoslowakei, auf das sich »Onkel Ferdi« zurückziehen will, wird längst von einem hohen Nazi bewohnt. Die Kunst, die er besitzt, haben die Nationalsozialisten als »entartet« gebrandmarkt, darunter einige wertvolle Klimt-Gemälde. Die Verzweiflung der Menschen in Gertas Umfeld zieht immer größere Kreise.

Wenn Gerta, Munio und Sigi erst ein Visum haben, werden sie dann an einem anderen Ort auf der Welt wieder ganz normale Bürger sein können?

Wohin soll Lola die Visa senden? In Österreichs Hauptstadt gibt es kein Konsulat der Südafrikanischen Union, nur ein englisches. Durch den Anschluss an das Deutsche Reich müssen sie die Visa irgendwo in Deutschland in Empfang nehmen.

Gerta und Munio entscheiden sich für Hamburg, und in dem Moment, in dem sie den Namen der Stadt laut aussprechen, ruft Munios Vater ein begeistertes »Wunderbar!« aus. »Dort haben wir sogar weitläufige Verwandte. Ich habe Jahre nichts von ihnen gehört. Die Waldens. Lasst sie uns anrufen.« Noch am gleichen Abend telefoniert er mit den Waldens in Hamburg. Die sind begeistert, laden das junge Paar zu sich ein. Sie sind wohlhabend, haben ein gut gehendes Herrenausstattergeschäft mitten in Hamburg, eine große Wohnung in der Nähe der Alster mit einem eigenen Trakt für Gäste. Gerta und Munio sind dort willkommen und können bei ihnen wohnen, solange sie wollen. Das macht ihren Plan schon viel einfacher, schließlich kann es sein, dass sie ein paar Tage auf die Visa warten müssen. Alles, was ihnen die Waldens übermitteln lassen, klingt nach ein paar Tagen ungewohnter Erholung.

Die Freunde im fernen Hamburg sind in diesen goldenen, noch milden Oktobertagen längst nicht so bekümmert wie die Sterns. Ihr Alltag als Juden ist viel weniger beschwerlich als der der Sterns in Wien.

Die alten Sterns sind überglücklich und Gerta und Munio starten beglückt in ihre kleine Abenteuerreise nach Hamburg. Wenn sie die Visa haben, so die Abmachung, werden sie noch einmal in Ruhe zurück nach Wien kommen, um Teenager Sigi abzuholen, der jetzt bei seinen Eltern bleibt. Dann wollen sie ein Abschiedsfest feiern und in Ruhe nach Südafrika aufbrechen.

Zwei Wochen später starten Gerta und Munio gen Hamburg, ihren Visa entgegen. Am Wiener Bahnhof herrscht Chaos. Braune Uniformen säumen die Gleise. Der Ton der Menschen ist inzwischen viel rauer. Viele, die ihr Wien so lieben, erkennen es kaum noch wieder und verlassen fluchtartig die Stadt, drücken sich jetzt in letzter Minute in die überfüllten Züge, die den Kopfbahnhof in alle Himmelsrichtungen verlassen.

Gerta ahnt nicht, dass es das letzte Mal sein wird, als sie sich zum Abschied in die weichen Arme ihrer Schwiegermutter wirft und ihr Schwiegervater ihr dabei die Stirn küsst.

»Sobald wir die Visa haben, kommen wir zurück und holen Sigi ab. Bis in ein paar Wochen.«

»Bis in ein paar Wochen. Bleibt gesund.« Ein letztes Winken, bevor der Zug anfährt und unter einer aufstiebenden Dieselqualmwolke der Lok Fahrt aufnimmt.

Es ist der 29. Oktober 1938. Gerta hat vor allem eines: Zuversicht. Wahrscheinlich ist ihre Zuversicht die stabilste Währung in diesen Zeiten. Natürlich fahren sie gemeinsam in ihre Zukunft. Wer könnte daran zweifeln?

Kapitel 5

Munio und Gerta Stern bringen eine Nachtfahrt im Zug von Wien nach Hamburg hinter sich. Das Reisen zu zweit empfinden sie als Luxus. Jetzt sind sie offiziell Mann und Frau. Das Strahlen des jungen Paares scheint auch seiner Umgebung nicht zu entgehen. Ein Mann im Abteil, der sie darauf anspricht, gratuliert ihnen zu ihrer Cleverness, vor Mitte Oktober geheiratet zu haben. »Nichts als Liebe«, sagt Munio und strahlt stolz. Inmitten ihrer Hochzeitsnachbereitungen haben sie nämlich gar nicht mitbekommen, dass im Deutschen Reich seit zwei Wochen das »Gesetz zum Schutz der Erbgesundheit« erlassen wurde. Hätten sie nur ein wenig später geheiratet, wäre ein Gesundheitszeugnis erforderlich gewesen. Munio betrüben diese Dinge mehr als Gerta, deren Willen besonders stark ist.

Zwar sieht auch sie beruflich einer ungewissen Zukunft entgegen, aber viele junge Leute haben ihre Studien abbrechen müssen oder sind auf der Flucht in ein ungewisses Exil deutlich schlechter dran. Munio und sie erwartet im fernen Südafrika immerhin eine Familie, der sie sich verbunden fühlen.

Gerta ist ihrer Schwägerin Lola – wobei die Sterns den Namen wie »Lolla« aussprechen – nie zuvor begegnet, aber aus den Briefen, die sie seit Monaten austauschen, spricht die Stimme einer Frau, die ihr zur Freundin in der Ferne wird. Was kann einem in der Ferne, neben einer Familie, Besseres geschehen als Freundschaft? Das entspricht Gertas Haltung, und so ist es immer geblieben: »Dankbar sein für das, was man hat.«

Der ferne Ort, an den die jungen Eheleute ziehen wollen, liegt auch noch am Kap der Guten Hoffnung. Gerta hat Munio am Abend des Vortages im Zug erst darauf gebracht. Vor dem Einschlafen hatte Gerta ihren Kopf auf seine Schulter gelegt, und bevor die Müdigkeit sie einholte, hatte sie noch diesen einen Satz gesagt: »Munio – es ist das Kap der Guten Hoffnung, denk nur!« Und mit ihrem ganz eigenen Gerta-Kichern zerstreute sie immer all seine Zweifel. Er, der manchmal launischer ist als sie, liebt ihre Fantasie und ihre positive Haltung.

Als jüdischer Fußballer war es mit seiner Karriere stetig bergab gegangen. Auch wenn die österreichische Profiliga, hätte sie ohne jüdischen Sturm kämpfen müssen, wohl nie zur ersten europäischen Profiliga geworden wäre. Munio liebte seinen Beruf. Er hatte früh begriffen, dass er eine große Stärke hatte, eine Fähigkeit, auf die er sich konzentrierte. Sport war immer sein Leben gewesen. Daran hatte er gearbeitet und es auf diese Weise zur Meisterschaft gebracht. Ganz anders Gerta, die durch ihre Neugier und Offenheit für viele Berufe geeignet schien. Wie hatte sein Vater so schön gesagt, als er ihm zum ersten Mal von ihr erzählte? »Das Fräulein Lagodzinsky ist besonders klug, sie hat einen Beruf gewählt, für den sie keine Sprache braucht. Mit ihr steht dir die Welt offen, Munio.«

Dabei sprach Gerta sogar noch andere Sprachen. Als sie ihn nach Prag begleitet hatte, sprach sie plötzlich tschechisch. Englisch, Stenografie und Maschinenschreiben konnte sie im Übrigen auch.

Er hatte ihr dafür seine Weltgewandtheit voraus. Mit seinem Fußballclub war er bereits in verschiedene Länder gereist. Die

Vereinigten Staaten, in die er schon in jungen Jahren kam, hatten ihn in ihrer Größe überwältigt.

Munio hatte nicht vorgehabt, Wien zu verlassen. In Amerika stand die Fußballliga noch in den Kinderschuhen. Niemand interessierte sich in diesem fernen Land so recht für Fußball. Baseball war dort das Spiel der Stunde. Einige seiner kickenden Kameraden waren damals nicht mit zurück nach Wien gekommen und hatten es in Amerika zu Wohlstand gebracht.

Bevor die Idee mit seiner Schwester Lola aufkam, hatte Munio sich noch einmal erkundigt. Südafrika hatte eine eigene Soccer-Liga, also gab es eine Zukunft für ihn und seine Frau. Munio hatte immer wieder Angebote erhalten, für andere Vereine zu spielen, auch im Ausland. »Ihr könnt hier bleiben und sehr viel mehr verdienen.« Mit diesem Satz hatte ein amerikanischer Trainer, der gut Deutsch sprach, ihn bei seiner zweiten Fußballtournee in New York City abermals versucht abzuwerben.

Zwei Jahre lang hatte eine junge Frau namens Gerta ihn ausgebremst, die erste Frau in seinem Leben, die ihm einen Korb gegeben hatte. Zwei Jahre warb er um sie.

Wie schnell hatte sich das Wien seiner Jugend inzwischen jedoch politisch verändert. Munios Selbstverständnis war noch immer das des Fußballhelden, der überall erkannt wurde und dem man zugejubelt hatte. Das hatte sich vor einem halben Jahr so radikal geändert, wie Munio Stern es niemals für möglich gehalten hatte. Früher wollten die Menschen noch Autogramme mit ihm.

Hakoah Wien führte die erste österreichische Liga an und gewann regelmäßig Meisterschaften. Fußball war für ihn durch und durch jüdisch. Das hebräische »Hakoah« stand schließlich für »Kraft«. Wie gesagt, ohne Juden hätte es gar keine Fußballliga gegeben, und alle waren stolz darauf, auch die Nicht-Juden.

Hatten sie nach dem Begriff der Hakoah gefragt? Wohl kaum, denn es war eine Selbstverständlichkeit, dass der jüdische Sturm Österreichs Pokale schoss.

»Du machst unser Österreich erst zu dem, was es mir bedeutet!« Der Mann, der ihm mit einem Schulterschlag beim letzten Sieg seiner Mannschaft diesen Satz zugerufen hatte, wusste nicht, dass Moses Jude war. Hier ging es um den Sport, was hatte die Religion auf dem Spielfeld zu suchen? Doch dieser Mann trug eine kleine Nadel am Revers. Moses musste auf der Fahrt nach Hamburg an ihn denken. In vielen der Bahnhöfe, die ihr Zug passierte, wehten die Fahnen mit dem Symbol, das er an der Nadel seines Fans gesehen hatte. Auf der Nadel prangte das Hakenkreuz der Nationalsozialisten.

Die deutschen Vereine, gegen die sie bei internationalen Turnieren gespielt hatten, waren schon vor Jahren eingegangen. Jüdische Spieler waren von einem Tag auf den anderen nach Hitlers Machtergreifung verboten worden. Dieses Schicksal hatte seinen Verein erst vor Monaten ereilt. Die großdeutsche Fußballliga, zu der sie plötzlich gehörten, verbot nun auch in Österreich die jüdischen Vereine. Ganze Spielfelder blieben danach leer. Was war ein Fußballclub ohne jüdischen Sturm schon wert? Ein Teil seiner Mannschaftskameraden war erst kürzlich nach New York aufgebrochen. Die Amerikaner stellten ihnen Affidavits aus, eidesstattliche Bestätigungen, dass sie in Übersee für eine Arbeit gebraucht würden und daher ein Ausreiseantrag positiv beschieden werden müsse.

Munio war ein Familienmensch. Die Vorstellung, in Afrika, in der Nähe seiner Schwester, zu leben und seine Neffen aufwachsen zu sehen und die Eltern ans Kap der Guten Hoffnung nachkommen zu lassen, entsprach viel eher seinem Naturell. Munio brauchte es gemütlich. Und Gerta sollte dabei sein. Ob es in Südafrika wohl Kosmetikerinnen gab? Bestimmt nicht.

Der 30. Oktober 1938 ist ein Sonntag.

Hamburg wirkt ganz unberührt vom braunen Grauen. Es ist ein milder, schöner Herbsttag. Die Sonne besitzt noch Kraft, und die Luft in Hamburg ist kühl und frisch, als Munio und Gerta die Stadt erreichen, in der sie ihre Visa für Südafrika abholen sollen. Das Grindelviertel, in dem die Waldens wohnen, ist nur eine halbe Stunde vom Hauptbahnhof entfernt.

Die Menschen hier wirken unbeschwerter als in Wien, aber selbst am Hauptbahnhof schwebt über dem Eingangsportal ein riesiges Hakenkreuz. Weiß ist es und hängt in der Mitte des riesigen gläsernen Portals.

Ansonsten ist es in Deutschland im Vergleich zu Österreich richtig still. Gerta bemerkt es als Erste. Sie und Munio machen noch einen Umweg, als sie die Alster überqueren. An den Landungsbrücken sind riesige Wasserspiele, sie haben so viele Stunden im Zug gesessen, dass sie sich Zeit lassen und an der Alster entlangschreiten, bevor sie an der anderen Seite die Brücke Richtung Grindelviertel gehen. Sie sind den Waldens zum Nachmittagskaffee angekündigt. An der Alster herrscht am Sonntag das reinste Vergnügen und eine Stimmung, die sich sehr von dem unterscheidet, was sie in den letzten Monaten in Wien erlebt haben:

Tretboote und kleine Segelboote, deren weiße Stoffspitzen sich im Kontrast zum klaren blauen Himmel unter Hamburgs steifer Brise wölben, beleben das Wasser. Ein Leierkastenmann mit seiner lauten Orgelmelodie und Zeitungsjungen halten die Spaziergänger auf. Die Menschen lachen. Autos spucken Spaziergänger aus, am Jungfernstieg legen moderne Ausflugsdampfer an, deren Dächer aus Glas sind.

Direkt am Steg stehen lauter kleine Pavillons, in denen die Menschen mit hochgeschlagenen Kragen die letzten Sonnenstrahlen an diesem Nachmittag auf den Außenterrassen genießen.

Die Waldens heißen die frisch Vermählten kurz darauf willkommen. Sie haben zwei fast erwachsene Söhne und eine Tochter, Thea, benannt nach ihrer Mutter. Sie ist ungefähr in Sigis Alter. Herr Walden ist ein besonders eleganter Herr, Hanseat der alten Schule. Zweireiher und dunkler Zwirn, während die Auslagen seines Geschäftes im Souterrain neben den bescheiden blau-wollenen Gelüsten traditioneller Hamburger auch die modernen Herren ansprechen. In dieser Saison der letzte Schrei: Knickerbocker und Winter-Trenchcoats aus Gabardine mit Filzfutter.

Die Waldens zweifeln nicht daran, dass die Deutschnationalen noch ihr blaues Wunder erleben werden. Sie glauben, der braune Mob werde sich wieder dahin verziehen, wo er herkam, in die unteren Schichten. Schließlich geht es der Wirtschaft im Deutschen Reich zunehmend besser. Sie sehen das an ihrem eigenen Geschäft, das Herr Walden mit viel Fleiß zu einem der renommiertesten Hamburgs aufgebaut hat.

Die neue Kollektion findet derart reißenden Absatz, dass das Lager schon vor Beginn des Winters leer ist.

Shlomo Walden wirkt hanseatisch, aber das ist seiner perfekten Assimilation geschuldet. Walden ist das, was man heute einen »Selfmademan« nennen würde. Im östlichen Galizien geboren, wanderte er als einer der exzellentesten Handwerker seiner Region im Gewerbe der Herrenschneider nach Hamburg aus. Die rundliche Frau an seiner Seite, Eva Walden, eine geborene von der Wall aus Ostfriesland, Typ Naturgewalt mit norddeutschem Idiom, das noch zackiger und kürzer klingt als das Hamburgische. Eine Frau, die etwas Unerschütterliches hat und die Familie eisern zusammenhält, was mit drei Teenagern und dem Personal des Hauses eine große Herausforderung darstellt. Mittags, wenn das Ladengeschäft geschlossen hat, kommt Herr Walden zum Essen in die dritte Etage und legt sich nach der Mahlzeit noch ein halbes Stündchen aufs Ohr, bevor er sein Geschäft im unteren Bereich des Hauses wieder aufschließt, um es bis abends um halb acht zu betreiben.

Die Waldens sind am Tag vor der Ankunft der jungen Sterns noch in der großen Synagoge am Bornplatz gewesen. Sie sind eine fromme Familie und reagieren entsetzt auf Munios Schilderungen aus Wien. Immer mehr Gemeindemitglieder zieht es in diesen Jahren allerdings auch aus Hamburg fort. Das Viertel, in dem die Waldens wohnen, wird im Volksmund auch »Klein Jerusalem« genannt. Koschere Läden, hebräische Buchhandlungen und beschauliche Cafés, jüdisches Kleingewerbe und Gewerbe reihten sich hinter den mit Stuck verzierten hellen Häuserfassaden aneinander.

Dass Läden geplündert werden und Synagogen brennen wie in Wien, ist für die Waldens unvorstellbar. Hamburger sind einander zugetan. Einen Teil ihres Wohlstandes verdankt die Stadt schließlich prominenten jüdischen Kaufleuten. Da ist etwa Oscar Troplowitz, dem die Beiersdorf-Werke mit den berühmten Hautcremes gehören, Bankier Max Moritz Warburg oder die Errungenschaft des Reeders Albert Ballin, der hier die größte Schifffahrtslinie der Welt schuf, die Hamburg-Amerikanische Packetfahrt-Actien-Gesellschaft, und mit ihr das organisierte Reisen zur See. Ihre Wohnung im Haus in der Grindelallee 116 liegt im Zentrum des jüdischen Grindelviertels, das den Mittelpunkt der Gemeinde darstellt. Juden aus der Arbeiterklasse leben in Altona und Harburg, die reicheren drei Viertel der jüdischen Gemeinde leben direkt in den an Rotherbaum angrenzenden Vierteln in Eppendorf, Eimsbüttel und Harvestehude. Für den Herrenausstatter, der seinen eleganten Laden im Souterrain betreibt, liegt das Viertel perfekt. Dass die bürgerlichen Herren dort als »betucht« gelten dürfen, liegt auch an Waldens feinem Zwirn, denn er kleidet Bankiers, Anwälte und Geheimräte Hamburgs mit seinen feinen Stoffen ein.

Die Teenager des Hauses sind mit etwas ganz anderem beschäftigt: Im Eingang zum Haus der Grindelallee 116 befindet sich direkt neben Konfitüren und Backwaren Polak im Stockwerk unter dem Pianohaus Lorenz ein kleines Kassenhäuschen. Ein Geschäftseingang, an dem sich Welten trennen: Links geht es zum Atelier Walden, rechts zur Schlachterei Jäger, hinter dem gläsernen Kasten in der Mitte mit der kleinen dicken Dame darin, die die Eintrittskarten verkauft, geht es in die große, weite Welt des Zelluloid. Dahinter liegt das Kino, die Thalia-Lichtspiele, und Thea Walden schwärmt von dem Film, der nun schon in der fünften Woche darin gespielt wird und ein anderes, junges Deutschland ins Bewusstsein ihrer österreichischen Besucher bringt. Im fernen Potsdam-Babelsberg hat sich im Sommer des Jahres 1938 die »Deutsche Filmakademie« gegründet. Und der Schinken aus Zelluloid links der Schlachterei im Unterhaus repräsentiert diesen jungen deutschen Film: »Die vier Gesellen«, mit Ursula Herking, Hans Söhnker und einer unbekannten Schwedin namens Ingrid Bergman in den Hauptrollen. Thea hat ihn schon vier Mal gesehen. Dass Munio Stern, den sie schon seit Kindertagen kennt, eine echte Schauspielerin geheiratet hat, findet sie mindestens so aufregend wie die Produktion, die sich zum Dauerbrenner für das Kino am Eingang zu ihrem Haus entwickelt. Über dem Kassenhäuschen klebt an der Kinoreklame ein altes Schild. Es stammt noch aus der Depression, die Hamburg, das nautische Tor zur Welt, längst hinter sich gelassen hat: »Erwerbslose zahlen nur 60 Pfennig« steht darauf.

Kapitel 6

Am Ende des Monats November wird Gerta sich oft die Frage stellen, ob ihre Geschichte einen anderen Verlauf genommen hätte, wenn sie und Munio sich bei den Behörden als »ordentliche« Besucher der Familie Walden gemeldet hätten.

Sie wollten schließlich nur ein paar Tage bleiben, es handelte sich um einen erweiterten Familienbesuch, und ihre Erfahrung als Juden aus Wien hatte sie gelehrt, dass es besser war, an bestimmten Stellen auf der Hut zu sein. Hamburg hatte überdies viel harmloser gewirkt, trotz der Ressentiments, die es auch hier schon gegen Menschen ihrer Religion gab.

Vielleicht war es auch dem schönen sonnigen Spätherbst geschuldet, der sie ein wenig einlullte, als sei jeder Sonnenstrahl ein Versprechen: Hier wird euch das Glück geschenkt. Munio und sie hatten die ersten Tage bei den Waldens wie die Flitterwochen empfunden, die sie noch gar nicht gehabt hatten. Das Meer floss schließlich fast bis zur Eingangstür der Waldens. Wenn man die Grindelallee Richtung Jungfernstieg ging, konnte man das Meer sogar riechen. Gerta, die immer sehr elegant gekleidet war, liebte die Hamburger vom ersten Tag an. Die Herren mit den eckigen Hüten, die morgens in die Kanzleien gingen, wenn Moses und sie ihren täglichen Gang zum Jungfernstieg machten. Sie liebte es, neue Wege zu gehen, während Moses das

Gewohnte mochte. Die Herren Hamburgs trugen lederne Handschuhe, Stockschirme und kleine, flache Aktentaschen. Rund um den Jungfernstieg lagen ihre Kanzleien und Companien, und genau dort, wo sie am Tag ihrer Ankunft ihren kleinen Begrüßungsschlenker gemacht hatten, dort, wo der Jungfernstieg an die Innenstadt traf, wo die Ausflugsschiffe mit den gläsernen Dächern anlandeten, lag die »Konsularische Vertretung der Union von Südafrika«. Ein rot-braunes Sandsteingebäude mit weiten Eingangsbögen zwischen Pfeilern.

»Nein, Ihre Visa sind noch nicht eingetroffen«, war ihnen am ersten und am zweiten und auch am dritten Tag mitgeteilt worden. Das Konsulat war überlaufen, vor der Tür warteten Menschen, die Einlass erbaten, weil sich für sie genau hier, zwischen Stempeln, Akten und muffigem Kontorgeruch, die Hoffnung auf ein besseres Leben in der Ferne entschied.

Den fünften Tag hatten Gerta und Munio ausgelassen. Sie genossen den Familienanschluss bei den Waldens. Moses diskutierte mit den Söhnen des Hauses über Sport, die junge Thea hatte in Gerta eine Vertreterin der von ihr verehrten Welt des Entertainments ausgemacht und liebte es, wenn Gerta ihr Wiener Lieder vorsang. Wenn man in Gertas Gesellschaft war, kam selten schlechte Laune auf, und gute Botschaften gingen den Waldens langsam aus. Gleich zu Beginn des Monats November waren Stofflieferungen ausgeblieben. Das Tuch, das Walden sonst im regelmäßigen Lieferrhythmus erhielt, war an arische Händler gegangen. Sie hatten sogar exakt seine Bestellungen erhalten. Shlomo Walden war außer sich gewesen vor Wut darüber. Einen Teil seines geschäftlichen Kapitals bildeten die Schiffslieferungen mit edlem Tuch aus Genua. Seine Beziehungen zu den italienischen Händlern galten etwas in Hamburg. Niemand hier wurde von ihnen beliefert außer Shlomo. Die kleinen norditalienischen Webereien füllten seit zwei Jahrzehnten seine Lager auf und weil in diesem Jahr die Menschen wieder mehr Geld für gut gewebte Stoffe hatten, war zeitig nachgeordert worden.

An ihrem sechsten Tag, als Gerta und Munio aus der großen Haustür mit den beiden Flügeln auf die Grindelallee traten, sahen sie Herrn Walden wütend aus einem Taxi steigen. Seine gesamte Lieferung war soeben im Freihafen konfisziert worden.

Wieder hatte sie ihr Weg zum Jungfernstieg geführt. Munio und sie gewöhnten sich an einen bestimmten Tagesrhythmus. Nach dem Frühstück mit Frau Walden, wenn das Hausmädchen den Tisch abräumte, machten sie sich fein und gingen in die Stadt, jeden Tag mit neuer Hoffnung. Im Konsulat der südafrikanischen Union schien es keine Besonderheit zu sein, dass man auf Visa warten musste. Zwischendurch schickten sie zwei sehr teure Telegramme an Lola in Johannesburg. Vor einem Monat hatte sie das Geld angewiesen, danach waren die Visa in die diplomatischen Abteilungen gegangen. In Hamburg waren sie ein junges Paar unter vielen Verzweifelten.

»Uns geht es doch noch gut, Munio«, sagte Gerta und ergriff seine Hand. Auf der anderen Seite der großen Brücke an der Außenalster gab es ein Café mit Blick auf die Ausfahrt des hier endenden Flusslaufs. »Dahinten werden wir mit dem Schiff bald um die Ecke biegen in unser neues Leben«, unterbrach Gerta irgendwann ihr Schweigen und küsste Munio, als er ein wenig niedergeschlagen wirkte. Hier sah sie niemand, hier waren sie endlich mal allein, so wie auf ihren immer länger werdenden Spaziergängen einmal um die Außenalster herum.

Zur Not gab es immer noch das Lichtspielhaus. An Tagen, an denen die Waldens beschäftigt sind, stehlen Munio und Gerta sich gern ins Kino unten im Haus. Dort läuft gerade, als hätten sie das so beim Leben für sich bestellt, »Der Optimist« mit Victor de Kowa.

Es ist der achte Tag, den Gerta und Moses in Rotherbaum bei den Waldens leben. Heute sind sie erst am Nachmittag ins Konsulat der Südafrikaner gewandert, das im Hamburger Hof untergebracht ist. So heißt das rote Sandsteingebäude. In großen Lettern steht »Hamburger Hof« über den großzügigen Säulen am Eingang.

Als die jungen Wiener an diesem Nachmittag auf die Straße treten, ist etwas anders. Selbst die sonst so geschäftigen Hamburger, die meist ein festes Ziel vor Augen haben und viel weniger parlieren als die Menschen in Wien, bleiben verwundert stehen. »Mordanschlag auf deutschen Diplomaten in Paris, es war der jüdische Mob«, schreit einer der Zeitungsjungen am Jungfernstieg. Der papierne Stapel unter seinem Arm ist blitzschnell ausverkauft.

Noch etwas fällt auf in diesen Tagen in Hamburg. Immer mehr Uniformierte begegnen Gerta und Munio. Die Uniformhosen der Nationalsozialisten haben in Gertas Augen wegen des aufgebauschten Stoffes über dem Knie nicht nur wenig Stil, ihr bereitet die zunehmende Präsenz der Männer in Uniform Unbehagen.

Die Zeitungsjungen sollen auch am Tag darauf ihre lauten Schlagzeilen gegen die Wasserspiele am Jungfernstieg rufen und noch mehr verkaufen als zuvor. Der junge jüdische Herschel Grynszpan ist in Paris in die Botschaft des Deutschen Reiches marschiert und hat auf den Diplomaten Ernst Eduard vom Rath geschossen, der seinen Verletzungen erlegen ist. Joseph Goebbels ruft den »spontanen Volkszorn« aus, der damit freilich nicht mehr sehr spontan ist.

In derselben Nacht noch läuft im Hamburger Hauptquartier der Gestapo ein gelber Streifen aus dem Fernschreiber. Darauf die Botschaft aus Berlin: »Alle Juden sind festzunehmen.«

Im Grindelviertel ist alles noch ruhig am frühen Morgen des 9. November 1938. Gerta und Munio sind sehr früh aufgestanden und befinden sich im Gästetrakt der großen Jugendstilwohnung, während die Männer in den dunklen Uniformen an der Wohnungstür der Waldens klingeln und mit Gewalt Einlass begehren. Hamburgs Obersturmbannführer Sievers hat den Befehl erlassen, so viele männliche Juden wie möglich zu verhaften und zusammenzutreiben. Bevor Shlomo Walden seine Anzugjacke übergezogen hat, wie es sich für ihn gehört, wenn jemand an der Wohnungstür klingelt, haben die Geheimpolizisten das Hausmädchen zur Seite gestoßen, das ihnen öffnete, und Eva Waldens rundlich-ruhige Gesichtszüge entgleiten binnen Sekunden und sie stößt einen gellenden spitzen Schrei aus. Die Männer reden nicht viel. Aus den scharfkantigen Etuis an ihren Uniformgürteln ziehen sie Schlagstöcke und schlagen Shlomo Walden nieder. Seine beiden Söhne, die aus ihren Zimmern eilen, um dem Vater zu helfen, werden mit ihm verhaftet. Eva Walden rauft sich das Haar, ihre Tochter Thea bricht weinend zusammen. Eine Szene, wie sie sich an diesem Morgen in Hunderten bürgerlichen Haushalten Hamburgs abspielt. Das braune Geschwader und seine Anpeitscher haben schon viele Behausungen eingenommen, nun ziehen sie über die Grindelallee, wo sie in ein Haus nach dem anderen stürmen. Einige der Männer auf der Straße versuchen davonzurennen und werden festgenommen, andere springen über die Balkone auf die Straße und kommen dabei ums Leben. Die Männer der SA und der SS beeindruckt das nicht. Ganz im Gegenteil. Jeder, der sich selbst das Leben nimmt, bringt einen Platz mehr in ihrem Foltergefängnis Fuhlsbüttel. »So viele Juden, wie dort unterkommen können«, hatte der Befehl ihres Leiters gelautet. Achthundertneunundsiebzig werden es an diesem Abend sein.

Gerta ist gerade im Badezimmer im Gästetrakt, als sie die Geräusche aus der Vorderwohnung hört. Geistesgegenwärtig zieht sie Munio zu sich ins Badezimmer und dreht den Schlüssel von innen im Schloss um. Auf dem Flur nähert sich ein schnarrendes Geräusch. Lederstiefelabsätze mit entschiedenem Schritt werden auf dem darunter knarzenden Parkett lauter. Eine Faust schlägt gegen die Milchglasscheibe, durch die sich nur eine Gestalt auf Gertas Seite der Tür abzeichnet. Eine Männerstimme ruft: »Wer ist da?« Und Gerta, die schnell reagiert, antwortet: »Nur ich bin hier, warum?«

Munio hat sich in diesem Moment geistesgegenwärtig weggeduckt. Die Stiefel entfernen sich, doch Gertas Herz klopft so stark, dass sie es wie Erschütterungen an ihrer Schlagader am Hals spüren kann. Sie hat noch nie diesen Blick gesehen, den ihr Mann hat. Munio hat Angst und presst seinen Kopf an ihren Bauch. So steht Gerta Minuten verzweifelt da und traut sich nicht, die Tür zum Flur zu öffnen. Der braune Sturm ist schnell vorbei. Im Flur liegt eine verzweifelte Frau Walden und klopft mit den Fäusten gegen die Eingangstür.

Gerta und Munio gehen wieder zum Jungfernstieg 26. Weiter unten in der Mönckebergstraße haben die Gestapo-Männer viel mehr Unheil angerichtet als weiter nördlich im Grindelviertel. Das Geschäft der Waldens bleibt an diesem Tag unangetastet, aber die Hirschfelds und Robinsons in der Mönckebergstraße sind geplündert, die Schaufensterscheiben mit Steinen beworfen worden, durch den Alsterkanal vor den Geschäften schwimmen die nackten Schaufensterpuppen aus den Auslagen des einst edlen Modehauses Hirschfeld.

Die Zeitungen schreiben an diesem Tag von »Volkskundgebungen gegen den jüdischen Meuchelmord« und hetzen jene auf, die bis dahin keinen Zweifel daran hegten, dass ihre Nachbarn in erster Linie Hamburger seien, Hanseaten seit vielen Generationen, und dann vielleicht Händler und erst an dritter Stelle jüdisch. Goebbels' Propagandamaschine läuft sich warm und leistet ganze

Arbeit. Das Attentat, das Herschel Grynszpan in Paris verübt hatte, war die Übersprunghandlung eines Juden aus dem Osten gewesen, der seine Jugend in Deutschland verbracht und der wenige Tage zuvor erfahren hatte, dass seine Eltern und Geschwister aus Hannover zurück nach Polen deportiert worden waren.

Hatte vielleicht auch Herschel nur bei Freunden in Paris gewohnt und wartete auf ein Visum, ging wie sie jeden Tag in ein anderes Konsulat und wurde, wie Gerta und Munio, jeden Tag aus Neue enttäuscht, weil er seine Papiere nicht vervollständigen konnte?

»Wenn man ein Visum hat, lassen sie einen weiterfahren.«

Selbst die, die daran gezweifelt haben, dass sie als Juden gemeint sind, begreifen nun, dass die Uhr auf fünf vor zwölf steht. Die Schlange vor dem Konsulat im Hamburger Hof ist an diesem 9. November noch länger als in den Tagen zuvor. Manchmal entscheidet sich die eigene Existenz hier an nur einem Platz zwischen den Menschen in der Schlange. Ein junger Mann, dem Gerta und Munio beinahe täglich begegnet sind, dreht sich freudestrahlend um und reißt die Papiere, die er nun in den Händen hält, in die Luft. Dann wird er sehr ernst, zieht Munio am runden Revers seiner Jackettjacke und flüstert so deutlich, dass auch die etwas kleinere Gerta es hören kann: »Für uns Juden ist es hier vorbei. Haut ab, so schnell es geht. Wir sehen uns in Südafrika!«

Die Antwort wartet er nicht mehr ab, sondern eilt davon.

Für Gerta und Munio ist indessen wieder kein Visum angekommen. »Bitte kommen Sie morgen wieder, es dauert zurzeit alles etwas länger«, heißt es am Schalter der Konsulatsangestellten, auf den sie jeden Tag starren. Den Nachmittag verbringen sie heute nicht an der Alster, sondern bei Frau Walden und ihrer Tochter. Das Hausmädchen hat freibekommen, es liegt ein trauriger Schleier über dem Grindelviertel. Auch in Hamburg sind schon im Oktober siebzehntausend Juden, die ursprünglich aus Polen kamen, abgeschoben worden. Nur ist das Grindelviertel davon kaum berührt gewesen. Die Angestellten des Herrenausstatters Walden führen an diesem Tag das Geschäft, das ganz normal geöffnet hat.

Während Munio und Gerta grübeln und sich fragen, ob sie ihren Verwandten in Wien eine Nachricht telegrafieren sollen, hat in vielen anderen deutschen Städten schon an diesem Tag der fürchterlichste Sturm auf alle jüdischen Einrichtungen und Wohnungen stattgefunden.

In Hamburg soll es sich noch ein wenig verzögern. Frau Walden verbringt einen großen Teil des Tages mit Anrufen bei einflussreichen Freunden des Hauses. Vielleicht kommt ihr Mann wieder frei, wenn sie nur die richtigen Kontakte spielen lässt?

»Wir hatten Glück, Munio, viel Glück. Das, was heute früh passiert ist, das wiederholt sich nicht oft«, sagt Gerta zu ihrem Mann, bevor sie sich schlafen legt. Sie ist dankbar, dass sie mit dem Leben davongekommen sind, aber ihr ist auch klar, dass es höchste Zeit für das Eintreffen ihrer Visa wird. Das viele Geld hat Lola ja längst bezahlt. Es muss eine Frage von wenigen Tagen sein, bis sie ihre Tickets in ein anderes Leben erhalten sollen. Gerta ist an diesem Tag früher ins Bett gegangen als sonst. Sorgenvolle Gedanken wie diese sind ihr fremd. Heute hegt sie sie allerdings, aber die körperliche Erschöpfung ist größer, sie wird erst wach, nachdem sie schon zwei Stunden fest geschlafen hat. Es muss halb zwölf sein oder vielleicht bereits Mitternacht?

Wieder klingelt es an der Wohnungstür der Waldens. Tochter Thea öffnet in der Hoffnung, ihr Vater und ihre beiden Brüder kämen zurück, doch wieder sind es die quietschenden Lederstiefel, die sich diesmal entschiedener in den hölzernen Rahmen der Eingangstür zur Wohnung der Waldens stemmen.

Nun warten die Männer vom SA-Kommando nicht erst ab, was ihnen aus der Wohnung entgegnet wird. Sie stoßen Thea zur Seite und gehen direkt in den Gästetrakt.

Gerta wird davon geweckt, dass die Tür zu ihrem Schlafzimmer im hinteren Bereich der Wohnung aufgerissen wird. Bevor sie und Munio, der neben ihr aufschreckt und gleich aufrecht im Bett sitzt, die Nachttischlampe anknipsen können, hat ein Mann in brauner Uniform das Deckenlicht eingeschaltet. Das Erste, was Gerta sieht, ist die rote Binde mit dem Hakenkreuz an seinem ausgestreckten linken Arm, mit dem er die Tür aufhält, während mehrere Uniformierte an ihm vorbei ins Zimmer stürzen und Munio aus dem Bett ziehen. Der duckt sich weg, wirft sich rasch auf den Boden. »Wer ist er?«, ruft der Mann im Türrahmen, der seinen beiden SA-Gesellen an Munios Seite des Bettes zusieht.

Ein Schlagstock zischt von oben kommend auf den Nacken des Fußballers herab. Ein Geräusch, das Gerta von einer Sekunde zur anderen aus dem Bett springen lässt. Auf einem Stuhl neben ihr liegt ihr Morgenmantel aus leichter blauer Seide, den sie sich überzieht. Sie möchte nicht, dass die fremden Männer sie so in ihrem Nachthemd sehen, wie es nur Munio zusteht.

Zwei der Uniformierten ziehen ihren Mann auf der anderen Seite des Doppelbettes in Richtung Tür, aber Gerta lässt sie nicht so weit kommen. Sie springt quer durch den Raum und fällt vor ihnen auf die Knie.

»Bitte, bitte, lassen sie uns gehen, wir haben doch die Visa für Südafrika schon, wir fahren morgen weg.« Eine glatte Lüge, aber es ist ihr in diesem Moment egal. Die Vorstellung, dass man ihr in dieser Nacht in dieser fremden Stadt das Liebste nimmt, übersteigt ihren sonst so präsenten Geist.

Die beiden Männer, die Munios Arme in einem merkwürdigen Winkel festhalten, blicken auf, und da erst erkennt Gerta, dass der Mann, der in der Tür steht, ihr Anführer sein muss. Seine Abzeichen an den Schultern unterscheiden sich von den beiden anderen. Hinter ihm erscheint nun ein anderer Mann in Zivil in der Tür, der einen normalen Hut trägt, keine Uniformkappe wie die anderen. Den Blick, den der Uniformierte im Türeingang ihr zuwirft, wird Gerta bis ins hohe Alter nicht vergessen. Dieser angeekelte Blick eines Menschen, der alles, was ihm fremd ist, zutiefst verabscheut, der aber gleichzeitig zu rätseln scheint, was da für ein seltsames Wesen vor ihm auf den Knien liegt. Da ist vielleicht die Faszination, die von ihr als sehr schöner junger Frau ausgeht, eine Grundeleganz, die sie immer hat, aber auch eine Irritation, weil sich das, was sie sagt, nicht gleich einordnen lässt. Sie merkt, dass der Mann gehört hat: Sie kommt nicht aus Deutschland, es ist ein … anderes Deutsch. Der Wiener Akzent, wie Munio ihn hat, klingt bei Gerta nur als zweites Element durch. Ihr geschultes Schauspielerdeutsch, das richtig gerollte »r«, das eigenwillige Tempo, die andere Betonung, wie sie professionelle Sprecher damals noch beherrschen. Wie soll das ein Underdog aus einem Hamburger Vorort verstehen, einer, der es vielleicht gerade erst aus der Arbeitslosigkeit in die Hilfspolizei von Hitlers Gnaden geschafft hat?

Die SA, die Sturmabteilung, ist eine ehemalige Ordnertruppe der Nationalsozialistischen Partei. Ihre Männer wurden nur als Saalschutz bei der Randale früher Parteitage in der Weimarer Republik eingesetzt. Sie hat erst mit der Machtübernahme Hitlers aus Mangel an gut ausgebildeten, richtigen Polizisten den Status einer Hilfspolizei erhalten. Die SAler sind nichts mehr als eine Bürgerwehr, die von Hitler gewollt ist.

Ihren Ruf innerhalb des umkämpften Parteiapparates erhalten sich die in ihr Aktiven durch immer brutalere Aktionen, wie diese hier während der Reichspogromnacht, in dieser Wohnung. Rund um das Haus in der Grindelallee 116 findet nun das statt, was die braunen Machthaber schon in den Tagen zuvor als angeblichen Volkszorn entfacht haben.

Während Gerta vor dem SA-Führer auf die Knie fällt, der sie so seltsam anstarrt, brennen um sie herum die Häuser. Die Synagoge in der Bornstraße steht längst in Flammen, und gerade werden unten im Haus die Schaufenster zum Geschäft der Waldens eingeschlagen. Wenn diese Männer ihre Uniformen ablegen, sind sie alle wieder Beamte, Arbeiter und Feuerwehrleute, die sich hier nur zu einem »Sondereinsatz« in der Nacht zusammengerottet haben und während dieses sogenannten Einsatzes als vernünftige Kräfte einer ehemals intakten Volkswirtschaft ausfallen.

Sie würden die Brände löschen, statt sie selbst zu entfachen. Wer dieses Volk sein soll, das eine gemeinsame Volkswirtschaft führt? Bestimmt längst nicht mehr das Volk selbst, denn das Volk, das waren ja auch einmal die Menschen, die dieses Viertel aufbauten und zu blühendem Leben brachten, die Gebäck erfanden, das von Wien und Hamburg seinen Weg in die weite Welt nahm, Menschen, die das fertigten, was andere sieben Jahre später in Hamburg als letztes Hemd am Leib haben werden, und die für ihr Land Fußballturniere gewannen, wie Moses Stern es für Österreich tat.

Dieser Blick des SA-Führers auf Gerta, dieses irritierende Element, das sie auslöste, es sollte sie an diesem Abend noch einmal beschützen. Sie wandte diesen Blick nämlich nicht ab, wo andere vielleicht verstört zu Boden gestarrt hätten. Gerta Stern lag auf den Knien vor einem fremden Mann und hatte plötzlich keine Angst mehr, auch wenn sie ihr in dieser Nacht das Liebste nahmen und schon einen Tag später Munio Stern, einen der bekanntesten Fußballer von Wien, nach Sachsenhausen transportieren sollten. Gerta wandte den Blick nicht ab, auch nicht, als der Mann in der Tür ihr auf ihre Lüge mit den vermeintlichen Visa entgegnete: »Das glaube ich Ihnen nicht.«

Sie brach erst weinend zusammen, als die Männer schon gegangen waren, nachdem sie Munio Stern ernst ansahen und dann anordneten: »Ziehen Sie sich an, Sie kommen mit!« Als Munio fort war und Gerta auf den Knien lag und die Tränen ihr über das Gesicht liefen, betrat Frau Walden still den Raum, gefolgt von ihrer Tochter Thea. Sie hoben Gerta schweigend vom Boden auf und schlossen sie fest in die Arme. Nun war sie eine von ihnen.

Kapitel 7

Nicht weit vom Gestapo-Hauptquartier, der Zentrale der Geheimen Staatspolizei, liegt die Elbe. Ein Kanal, die »Kleine Alster«, verbindet diesen Ort der Stadt mit dem Hafen. Die Kleine Alster fließt durch die Altstadt und ergießt sich nicht weit von hier in den Binnenhafen. Genau dort, wo sich die Arme des Flusses in den riesigen Hafen hinein verzweigen, beginnt das sogenannte »Tor zur Welt«, doch so weit wie am 11. November 1938 waren die Welt da draußen und das, was sich im Innern des Gebäudes an der Stadthausbrücke zutrug, wohl nie zuvor voneinander entfernt.

Wie viele von hier aufgebrochen sind in die »Neue Welt«, mit nichts als Hoffnung und voller Zuversicht auf ein neues Leben. Die, die es bis hierher geschafft hatten und später in Nord- und Südamerika einen ganzen Kontinent durchquerten, hatten auf der Reise ihres Lebens, wenn sie Hamburg erreichten, oft schon einen halben Kontinent hinter sich gelassen. Dass Millionen Menschen von hier auf Passagierschiffen in den Westen aufbrachen, verdankte die Stadt einem ihrer berühmtesten Reeder, Albert Ballin. Es war eine immense logistische Herausforderung, die sich den Reedern stellte, denn die sogenannten »Auswandereragenturen« unterschieden sich stark. Manche von ihnen hatten aus heutiger Sicht eher den Charakter von Schleppern. Eine Systematik, all die Menschen zu beherbergen, die auf Schiffen nach Amerika wollten, existierte nicht. Es gab zwar Passagierschiffe, aber die waren den Wohlhabenden vorbehalten, die sich die Reise über den Atlantik ziemlich viel kosten ließen.

Ballin hatte die Idee, zusätzliche Decks auf Passagierschiffen einzuführen. Sie erst machten auch armen Leuten die Schiffspassagen möglich. Albert Ballin war selbst Sohn dänischer Einwanderer. Die tiefen Bedrängnisse, die Menschen auf dem Weg in eine ungewisse Zukunft erfahren, müssen ihm vertraut gewesen sein, denn sein Vater hatte nach der erfolgreichen Einwanderung bei einem spektakulären Großbrand in Hamburg, fast hundert Jahre bevor Gerta und Munio in die Stadt kamen, alles verloren, was die Familie mit ihren dreizehn Kindern besaß. Aus diesem Grund trat der jüngste Sohn der Familie Ballin, Albert, in jungen Jahren nach dem Tod des Vaters in die Firma der Eltern ein, eine Auswandereragentur. Albert arbeitete sich hoch und brachte die elterliche Firma in die Hamburg-Amerikanische Packetfahrt-Actien-Gesellschaft, kurz HAPAG, ein. Hier wurde er Angestellter und gestaltete die Form des Reisens ganz neu. Nachdem er das »Zwischendeck« auf Schiffen einführte, jene Etage, die eine Reiseklasse zusätzlich mit an Bord der Ozeandampfer brachte, nahm Ballin die nächste Innovation in Angriff: doppelte Antriebsschrauben, die die erste Schnelllinie Hamburg–New York der HAPAG möglich machten. Ballin schaffte es immer wieder, durch seine innovativen Ideen Konkurrenten auszustechen und das Geschäft mit der Passagierfahrt in die schwarzen Zahlen zu bringen. Sein Ehrgeiz muss so groß gewesen sein, dass in Hamburg vom »Ballinismus« die Rede war, wenn Neider und Konkurrenten vom neuen Generaldirektor der Hamburg – Amerikanischen Packetfahrt-Actien-Gesellschaft sprachen.

Sein Geschäftsgeist, diese Mischung aus Ehrgeiz und Clevernes bezog immer die Kundenwünsche mit ein. Ballin hatte es sich mit vielen seiner Konkurrenten schon zu Beginn seiner Karriere verdorben, weil er offen Werbung für die Schiffspassagen der HAPAG machte. Das war damals ziemlich ungeheuerlich und neu. Die Emailleschilder der alten Schiffslinien zeugen noch heute davon. Das, was damals unter Protest begann, machte Hamburg bis in unsere Zeit hinein zur Stadt der Werbeagenturen.

Ballins Auswandererhallen machten Sinn. Durch die russischen Pogrome zu Anfang des 20. Jahrhunderts kamen mehr und mehr Menschen aus Osteuropa in die Hafenstadt. Wer das alte Europa verließ, genehmigte sich hier noch einmal einen neuen Haarschnitt und die eine oder andere gute Mahlzeit, wollte sich waschen oder musste notgedrungen ein paar Nächte warten, bis die große Schiffspassage beginnen konnte. Damit waren auch medizinische Kontrollen verbunden, und in der Folge kam es zu Wartezeiten, die die Organisation einer Übersee-Reise für die Kunden erschwerten. Der Aufenthalt in der kleinen Auswandererstadt war dank Ballin schließlich im Ticketpreis der Schiffspassage enthalten. Durch seine Innovationen wurde die HAPAG in weniger als zehn Jahren zur größten Reederei der Welt. Als Generaldirektor erfand er nebenbei die modernen Kreuzfahrten. Dadurch, dass er – wie er das nannte – ein Hotel auf See betreiben wollte, waren die großen Passagierschiffe auf den Atlantiktouren auch in der Winterzeit ausgelastet. Nachdem der Bedarf an Schiffspassagen zunächst bei den armen Emigranten zu verzeichnen war, fragten bald die, die in der »Neuen Welt« reich geworden waren, nach Schiffsreisen, und damit begann das Geschäft mit den noblen Luxuslinern sich zu rechnen. In einer Flaute fügte der Generaldirektor die »Vergnügungs- und Bildungsreisen« auf den Kreuzfahrtschiffen ein. Etwas, das sich bis heute nicht verändert hat, auch wenn niemand mehr weiß, dass der Erfinder dieser Idee ein Hamburger mit jütländischen Vorfahren war. Und: Albert Ballin war Jude. Bis zu seinem Tod, zwanzig Jahre vor Gertas Ankunft, im Jahr 1918, hatte Ballin das Geschäft so gut bestellt, dass die Konkurrenz der größten Reederei der Welt – bis auf einen starken Mitbewerber – die Meere mehr oder weniger verlassen hatte. Nun gab es nur noch die HAPAG und den Norddeutschen Lloyd mit Büros in Bremen und Hamburg.

Munio und Gerta Stern hatten in Hamburg zunächst nicht die Stadt ihres Aufbruchs gesehen. Es war reiner Pragmatismus, der sie hierhergeführt hatte, weil das Quartier bei den befreundeten Waldens es ihnen ermöglichte, das Angenehme mit dem Notwendigen zu verbinden, um ihre Visa für Südafrika in Empfang zu nehmen. Sollte Hamburg nun das Ende ihrer Weggeschichte sein, ausgerechnet die Stadt, die für Millionen Menschen vor ihnen den Aufbruch in ein neues Leben bedeutet hatte?

Eva Walden und ihre fünfzehnjährige Tochter sind vollkommen betrübt, nachdem auch Munio in der Nacht verhaftet worden ist. Gerta fühlt sich zum ersten Mal in ihrem Leben vollkommen allein und verlassen.

So verlässt sie am Tag nach Munios Verhaftung sehr früh morgens die Wohnung der Waldens. Sie kann die Niedergeschlagenheit, die das Haus in der Grindelallee erfasst hat, und den dort herrschenden Kummer nicht länger ertragen. Gerta ist kein Mensch, der lange sitzt und abwartet. Sie ist eine Handelnde. Wohin haben sie Moses gebracht?

Als sie an diesem Morgen die Grindelallee in Richtung Alster entlanggeht, bietet sich ihr ein Bild der Verwüstung. Die koscheren Läden in der großzügigen Allee, die Lebensmittelgeschäfte, Cafés und jüdischen Händler haben an diesem Morgen geschlossen. Nur ein paar Geschäftsleute fegen die Scherben auf dem Gehweg zusammen und tragen ihre Waren vor die Tür, um im Laden aufzuräumen. Scherben, zersplittertes Holz, sogar einzelne Schuhe liegen auf der Straße. Nach der Zerstörung kamen die Plünderungen, die in den Tagen darauf in einigen Vierteln Hamburgs immer wieder aufflammen sollten.

Die Menschen, die Gerta am Rotherbaum an diesem Morgen begegnen, wirken niedergeschlagen, viele schauen betreten zu Boden.

Die wenigen orthodoxen Juden, die sie jetzt noch auf der Straße sieht, schauen aus Angst verschreckt zu Boden, die Nichtjüdischen, die ihren Blicken ausweichen, tun dies aus Scham über das, was auch in ihrem Namen in der Nacht zuvor geschehen war. Wenn man der späteren Geschichtsschreibung Glauben schenken kann, waren nicht viele Hamburger an den Gräueltaten beteiligt. Aber die, die sich im Namen ihres »Führers« durchsetzten, scheinen äußerst effektiv vorgegangen zu sein. Die Talmud-Tora-Schule hat an diesem Tag geschlossen, die Synagogen sind niedergebrannt. Nun haben die Novemberpogrome auch Hamburg im Griff. Die Geheime Staatspolizei betreibt hier ein eigenes, speziell gefürchtetes »Judenreferat«, von dem die Überwachung des Grindelviertels angeordnet wurde und das für die Deportation der Hamburger Juden zuständig war. Das Judenreferat ist besonders berüchtigt und verordnet sofortige Deportationen. Unter der Ägide der Abteilung wurden jüdische Hamburger schon wegen geringer Vergehen auf die Deportationslisten gesetzt.

Gerta muss sich, als sie an diesem Morgen die zwei Kilometer von der oberen Grindelallee hinab in die Innenstadt geht, erst einmal sammeln und ihre schreckliche Verzweiflung in den Griff bekommen. Sie ist eine Ausländerin, sie ist ohne ihre Familie und ohne Munios Familie allein in dieser fremden Stadt, in diesem fremden Land. Sie muss jetzt zu Höchstform auflaufen, wenn sie ihre Furchtlosigkeit zurückgewinnen und einen klaren Kopf behalten will. Wenn sie sich in diesem Moment bedrängen und einschüchtern lässt, haben die Nazis ihr Ziel erreicht, aber sie ist kein Opfer. Was sich da um sie herum zusammenbraut, begreift sie an diesem Morgen in der Grindelallee und ganz Rotherbaum endgültig.

Gerta wird in Hamburg Zeugin dessen, was die Nationalsozialisten in einem besonders perfiden mehrstufigen Plan in Gang setzen. Ihre Massenvernichtungsmaschinerie läuft gerade erst an. Tausend Männer Hamburgs sind in dieser Nacht, in der es auch Munio getroffen hat, verhaftet worden. Die meisten von ihnen Hamburger Juden und Kommunisten. Munio war nur zur falschen Zeit am falschen Ort gewesen. Das Glück, den nationalsozialistischen Jägern zu entkommen, war ihm kein zweites Mal beschieden, nachdem die Gestapo ihn schon einmal in der Grindelallee verschont hatte. Nicht alle Verhafteten sind in diesen Tagen gleich in die Lager gekommen, manche von ihnen sind schon auf dem Weg ins Gestapo-Hauptquartier gestorben, wurden in Fuhlsbüttel gefoltert, oder nahmen sich selbst aus purer Angst das Leben.

Hamburg ist längst Notstandsgebiet und die anschließende Liquidierung von tausendfünfhundert jüdischen Geschäften im Laufe des folgenden Monats spült den Verwaltern des Deutschen Reiches frisches Kapital in die Kassen. Die Nationalsozialisten haben sich durch die Aufrüstung stark verschuldet und erbeuten auf diese perfide Weise einen erheblichen Teil der Gelder.

Bis zum Ende der Woche, die der Reichspogromnacht in Deutschland folgt, landen einunddreißigtausend Männer in den Konzentrationslagern Buchenwald, Sachsenhausen und Dachau. Tausendfünfhundert Synagogen sind zerstört, Zehntausende Geschäfte werden enteignet.

DIE BÜHNE

Wo ist Jackie der Zweite?

Post der Filmbühne

48

Oben links: Gerta ist von klein auf ein äußerst aufgewecktes Kind.

Oben rechts: Mit nur neun Jahren wird sie in einem Talentwettbewerb unter Hunderten von Bewerbern als österreichisches Jackie-Coogan-Pendant ausgewählt.

Rechts: Gerta sieht Jackie, dem Kinderstar aus Charlie Chaplins Film »The Kid«, nicht nur zum Verwechseln ähnlich, sondern ist wie er ein schauspielerisches Naturtalent. Hier ein Originalfoto aus dem weltberühmten Stummfilm.

Gerta liebt die Schauspielerei, den Tanz und die Musik. Ihr Können zeigt sie nicht nur auf der Bühne, sondern auch auf privaten Familienfeiern wie hier im Jahr 1929.

Gerta 1936 im kroatischen Urlaubsort Abbazia (Opatija). Damals buhlt Gertas zukünftiger Ehemann Moses bereits um die Gunst der hübschen 21-Jährigen.

Links: Es dauert jedoch noch weitere zwei Jahre, bis Moses, der Fußballprofi, 1938 Gertas Herz erobern kann.

Unten: Moses (vordere Reihe, 2. v. l.) mit seinem Fußballverein Hakoah Wien im Jahr 1925.

Links: Am 8. Oktober 1938 ist Gertas und Moses' Glück perfekt: Sie heiraten nach traditionell jüdischem Zeremoniell in einem Wiener Keller, da die bereits angespannte Lage in ihrer Heimatstadt keine Trauung in der Synagoge mehr zulässt.

Unten: Wenig später reist das frisch verheiratete Ehepaar nach Hamburg. Beinahe täglich suchen Gerta und Moses die südafrikanische Botschaft am Jungfernstieg auf, um ihre rettenden Visa abzuholen. Damals ahnen sie noch nicht, dass sie das Schicksal auf einen ganz anderen Kontinent tragen würde.

Oben: Am 21. Dezember 1938 nimmt die »MS Cordillera« Gerta, Moses und Moses' Bruder Sigi mitten in der Nacht in Boulogne sur Mer an Bord. Ihr rettendes Ziel: Panama.

Unten: Am 11. Januar 1939 haben die drei endlich die Küste ihrer neuen Heimat vor Augen.

Oben: Eine der ersten beeindruckenden Impressionen für die Neuankömmlinge ist der Panamakanal, durch den sich bereits damals täglich bis zu zwanzig Ozeanriesen schlängeln.

Darunter: Zunächst schlagen die Sterns ihre Zelte in der Hafenstadt Cristóbal auf. Doch schon bald ziehen sie weiter nach Juan Díaz am Rande Panama Citys.

Rechts: Bei ihrer Ankunft in Panama haben die Sterns gerade einmal drei Dollar in der Tasche. Doch sie arbeiten unermüdlich und fassen Fuß in ihrer neuen Heimat. In der Anfangszeit ist es vor allem Gerta, die die Sterns mit ihrer Ausbildung zur Kosmetikerin über Wasser hält. 1939 eröffnet sie sogar ein eigenes Kosmetikstudio, das in der Kanalzone schnell in aller Munde ist.

Attractive Gerta Stern Of Panama Enjoys Work As Beauty Specialist

By ARLINE ANDERSON
Panama American Women's Editor

Petite, dark-eyed Greta Stern of Panama City is well known to many women in Panama and the Canal Zone, for this attractive, Viennese-born girl makes beauty her business and is a specialist in skin care and make-up.

Carrying a bag bulging with the answers to most skin problems, Gerta travels many miles each day giving beauty treatments to her clients in their homes. She keeps up-to-date with the latest developments in her work and can produce an impressive collection of electric gadgets, (including a face-iron) several kinds of masks and creams to suit all types of skins.

With a slight accent that lends charm to her English, she tells of happy childhood days in Vienna and of her early love for music and dancing which she studied through the years. And she has never lost her enthusiasm for she still studies ballet at a school of dancing in Panama "for exercise and relaxation only, for although I'm good, I'm not good enough."

Gerta's decision to be a beauty specialist came when, at the age of 14, her mother took her to a "Cosmetic Salon." After two months of treatment her skin was clear of blemishes and her mind was made up about her choice of a career.

Following her graduation from High School she became a student at the world-famous Pessl School in Vienna where she studied for two years.

"There was more work and less glamor attached to this career than I had imagined at 14," she says with a grin, "but I was

Mrs. Gerta Stern, well known beautician in Panama [and] the Canal Zone.

Austria and Mr. Stern was imprisoned in a concentration camp.

Gerta then joined the thousands of people who were frantically trying to obtain visas to other countries.

With a hoplessness born of past disappointments, she answered the rumor that there may be a few visas available to Panama. A few weeks later, through her own ingenuity, the help of friends and a fair share of luck, her husband was released from the concentration camp and they set sail for a new country and freedom.

In January of 1939 a refugee

kit and several custom[...] tween times she studied [...] and brushed up the Engl[...] lerrned at school.

At the same time Mr[...] borrowed capital to start [...] ry business and his wife [...] secretary, in fact, his c[...] office staff.

A year later, through [...] fluence of friends in P[...] Gerta's mother arrived [...] ma from Vienna. She reig[...] the kitchen in the Stern [...] ment on Tivoli Avenue [...] lights visitors with her d[...] European dishes and ca[...]

Gerta took up where s[...] off in her work with a [...] thusiasm and made a s[...]

Mit ihrer offenen Art und ihrem ansteckenden Lachen gewinnt Gerta nicht nur die Herzen ihrer Kundinnen …

… sondern findet auch schnell neue Freundinnen. Hier Gerta (hintere Reihe, 3. v. r.) mit den Frauen vom jüdischen Freundschaftszirkel in Panama City.

Während Gerta als Kosmetikerin arbeitet, eröffnet Moses ein erfolgreiches Juweliergeschäft in Panama City. Hier die Visitenkarte von Moses' Laden in der Avenida Central.

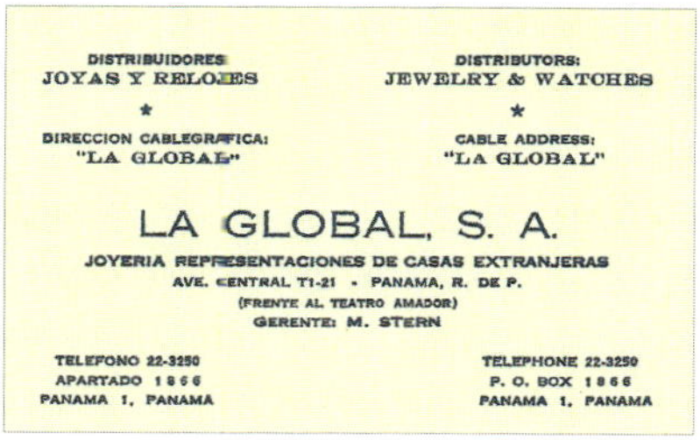

Doch Moses' Leidenschaft, der Fußball, lässt ihn nicht los. Vor allem das Training mit Kindern und Jugendlichen aus den Armenvierteln Panamas liegt ihm am Herzen. Einige seiner Schützlinge führt er später sogar mit der Nationalmannschaft bis zum Copa América.

Die Sterns fühlen sich angekommen in ihrer neuen Heimat. Hier Gerta und Moses im Jahr 1947.

Gerta liebt die farbenfrohe *Pollera*, die traditionelle Tracht der Frauen in Panama.

Durch Zufall entdeckt Moses den jungen Maler Isaac Benitéz am Strand von Panama City und beginnt, ihn zu fördern. Dank Moses' Unterstützung avanciert Benitéz zu einem der größten Maler Panamas. Hier ein Porträt der jungen Gerta Stern aus der Feder des Maestro.

Oben: 1947 treffen sich die Sterns nach langer Zeit der Trennung in New York: Neben Gerta (vorne links) und Moses (hinten links) konnten auch Moses' Schwester Lola (hinten Mitte) und Bruder Sigi (hinten rechts) rechtzeitig vor den Nationalsozialisten fliehen. Hier mit Sigis Ehefrau Thea (vorne rechts).

Links: Gerta (Mitte) genießt die unbeschwerten Momente mit ihrer Schwägerin Thea (links) und ihrer Cousine Adi Steinitz (rechts), die in New York lebt.

1958 kommt Gertas und Moses' Tochter Terry Ermita Stern zur Welt. Die glücklichen Eltern sind sich sicher: So etwas Schönes haben sie noch nie gesehen.

Ihren hundertsten Geburtstag feiert Gerta eine Woche lang mit Gästen aus zwölf Nationen in Bad Hofgastein. Begeistert lauscht die Jubilarin den Festreden … und stimmt spontan in die Arie von Diana Duran aus Panama ein.

Gerta mit ihrer Biografin Anne Siegel beim Festtagsmenü und auf einem Erinnerungsfoto mit Familie und Freunden.

Die wohl quicklebendigste Hundertjährige der Welt und eine wahre Grande Dame: Gerta Stern im Jahr 2015.

Die jüdischen Bürger verlieren binnen weniger Tage ihre soziokulturelle Basis. Ihre Geschäfte, Schulen und Synagogen sind zerstört.

Stufe zwei leitet die brutale Behandlung an Leib und Seele ein. Wer nicht verhaftet wurde, versucht so schnell wie möglich, sein Leben zu retten und das Land zu verlassen. Viele beginnen ihre Verstecke vorzubereiten, die sie später erst beziehen. Im Jahr 1938 bricht auch Lotte von Hamburg nach Holland auf, die später eine der besten Freundinnen Gertas in Panama wird. Lotte ist damals vierzehn Jahre alt, und ihre wohlhabende Familie setzt das Mädchen allein in einen Zug nach Amsterdam, um Gold und Juwelen aus dem Besitz der Familie bei Freunden in den Niederlanden zu verstecken. Ein Gesetz im Rahmen der Reichspogrome verbietet jüdischen Bürgern den Besitz von Gold, Edelsteinen und Wertpapieren bald darauf. Lotte hat unter ihrer Kleidung mit Heftpflastern und in ihren Schuhen lauter Edelsteine, Diamanten und Gold versteckt und sitzt allein im Zug nach Holland, während die ersten Arisierungsaktionen in Hamburg auch ihre Familie treffen. In Holland werden zwei Boote in Rotterdam und Amsterdam vorbereitet, um sich für die Jahre danach ein Not-Versteck herzurichten. Lotte und ihre Familie werden das Versteck selbst nicht brauchen, ihr Großvater wird es später nutzen, während der Teenager, dem ich Jahrzehnte später den Kontakt zu Gerta verdanke, nach der Juwelen-Verbringung wohlbehalten nach Hamburg zurückkehrt und erst im Jahr darauf ihre Heimat in Richtung Panama verlässt. Die Wertgegenstände ihrer Familie waren auf immer in Holland verloren. Vielleicht kamen Teile davon später auf dubiosem Weg zurück in die Hansestadt, denn ein Teil der Beute, die im später besetzten Holland aus »unbewachtem jüdischen Eigentum« stammte, wurde mit Frachtern nach Hamburg gebracht und dort versteigert. Die »Aktion 3«, wie sie sich nannte, war nichts anderes als die massenhafte Versteigerung jüdischen Eigentums. So liefen in Hamburg Frauen im Pelz umher, die sie sich zuvor nicht leisten konnten. Die Anzeigen, die diese Auktionen annoncierten, wiesen klar darauf hin, dass es sich um »nichtarischen Besitz« handelte. Die Akribie der nationalsozialistischen Paragrafenreiter machte nicht einmal davor halt, die Vorbesitzer auf den Quittungen, die jeder Käufer für das erworbene Gut erhielt, auch genau zu benennen.

Es waren damals vor allem die ehemals Kaisertreuen, die assimilierten Deutschen jüdischen Glaubens, die von der antisemitischen Stimmung, die nun vollends um sich griff, überrascht wurden. Es ist erstaunlich, wie sich in dieser Zeit gesetzte sprachliche Standards bis heute halten.

So ist oft von »den Deutschen« und »den Juden« die Rede. Dabei schließt sich eben dies ja gar nicht aus. »Hitler hat mich erst zum Juden gemacht«, sagte ein alter Freund, der wie Gerta ins Exil gehen musste. Er war von jüdischer Herkunft, gleichzeitig auch christlich getauft, seine Familie hatte seit Jahrzehnten keine Synagoge mehr von innen gesehen. Auch sie waren Kaisertreue, aber durch die Nürnberger Gesetze, die die Rassenlehre zur Grundlage des brutalen Hitler-Regimes machten, war er plötzlich Jude.

An jenem Tag, einem Freitag, schreibt die *New York Times* im fernen New York, das bis jetzt noch regelmäßig Passagierschiffe aus Hamburg erreichen: »Eine Welle der Zerstörung, der Plünderung und Brandstiftung, wie man sie in Deutschland seit dem Dreißigjährigen Krieg und in Europa seit der Bolschewistischen Revolution nicht erlebt hat, überflutete Großdeutschland.«

Auch in den Konsulaten und Botschaften ist das Personal in Alarmbereitschaft. Vor ihren Türen und Toren werden die Schlangen Ausreisewilliger aus dem Deutschen Reich nun noch länger. Selbst wer keine Verwandten oder Geschäftsfreunde im Ausland hatte, die für ihn bürgten, versuchte einfach nur, sein Leben zu retten.

Diesen Druck hatte die NS-Führung bewusst aufgebaut, damit die ökonomische Enteignung der jüdischen Deutschen noch leichter vonstattengehen konnte. Der Raubzug hat gerade erst begonnen. Die Novemberpogrome beschleunigen das, was von nun an »arisiert« werden soll. Wer das Land verlässt, verliert dabei automatisch seine Besitztümer im Deutschen Reich. Wer »verkauft«, bekommt nur einen Bruchteil der Werte ausbezahlt.

Erstaunlich ist, was Historiker erst 2013 offen zu thematisieren wagen: Die Brandversicherer des Jahres 1938 während der Reichspogrome haben offensichtlich die entstandenen Schäden nie abgewickelt und ausbezahlt, obwohl viele jüdische Ladenbesitzer hohe Policen besaßen. Feuerwehren rückten in diesen Nächten rund um den 9. November nicht zum Löschen aus. Es ist erstaunlich, wie wenig diese Aspekte trotz einer engagierten Generation heutiger Historiker debattiert werden.

Viele der Spuren sind verwischt, und viele der Zeitzeugen wurden zum Schweigen gebracht. Sie verloren ihr Leben oder sie waren derart traumatisiert, dass sie nie wieder über das sprachen, was ihnen in dieser Zeit widerfuhr. Das, was in deutschen Firmen an Akten darüber hätte erzählen können, fiel in den späteren Kriegsjahren oft den Bombenangriffen zum Opfer. Viele Zeitzeugen schwiegen ebenfalls. Im Hinblick auf alte Aktien, Möbel, Klaviere und Bücher tat man sich noch schwerer, aber im neuen Jahrtausend, beim Auffinden von Raubkunst, wird der Gerechtigkeit gelegentlich ein Stück Genüge getan. Kunstwerke sind leichter identifizierbar, und noch immer streiten sich die internationalen Gerichte darüber, ob Kaufquittungen unter Zwang als Eigentumsübertragungen an Nationalsozialisten dem Recht entsprechen oder nicht.

Nicht jeder Diplomat im Deutschen Reich besitzt in den Tagen der Novemberpogrome die Courage des kolumbianischen Botschafters Jaime Jaramillo Arango, der an diesem Tag seiner Regierung telegrafiert: »Dies ist die größte Demonstration von Vandalismus unserer modernen Zeiten.« Arango hat selbst mit ansehen müssen, wie enthemmt die Schläger von Hitlers Gnaden in den Tagen zuvor in Berlin wüteten.

Nach den Plünderungen und der massenhaften Flucht sollte das, was sich noch an jüdischem Eigentum in Deutschland befand, »arisiert« werden. Nach der Eliminierung vieler Menschen jüdischen Glaubens aus dem Berufs- und Wirtschaftsleben stand nun die Verteilung ihrer Besitztümer an. Die Schrecken, die das nationalsozialistische Regime von diesem November an verbreitete, waren so gewollt, denn sie trieben viele Menschen dazu, das Land freiwillig zu verlassen. Aus einem besonders perfiden Gedanken der Effizienz sparte die NSDAP damit in der ersten Stufe der Arisierung jede Menge Kräfte, denn wer konnte, machte es wie Gerta und Munio und bemühte sich nach Kräften um die Aufnahme an einem anderen Ort der Welt.

Nur ein Teil des Besitzes derer, die freiwillig gingen, wurde bezahlt. Wer unter Zwang deportiert wurde, dessen Besitz wurde automatisch konfisziert.

Würde man sich heute auf die Spur der Waldens begeben, die bis auf ein Familienmitglied die fürchterlichen Jahre, die folgten, nicht überleben sollten, wäre es entscheidend herauszufinden, wer damals schon den Faden zu ihrem Hab und Gut spann und das teure Tuch aus Italien im Hamburger Hafen abfing, das für Shlomo Walden bestimmt war, kurz bevor die Pogrome in Gang gesetzt wurden. Vielleicht wäre es dann leicht herauszufinden, wo die Besitztümer der Waldens nach dem Krieg landeten. Wer erhielt ihr Auto? Wer übernahm die Wohnung und das Geschäft? Wem wurde die Konzession übereignet, die Stoffe weiter in Italien zu beziehen, das ein halbes Jahr später unter Mussolini ein militärisches Bündnis mit dem Deutschen Reich einging?

Von alldem aber ahnt niemand etwas am Morgen des 11. November. Die wirtschaftliche Arisierung wurde effektiv betrieben. Schon am Tag darauf, am 12. November, trat die »Verordnung zur Ausschaltung der Juden aus dem deutschen Wirtschaftsleben« rechtlich in Kraft. Das Führen eines Handelsbetriebes war jüdischen Bürgern danach nicht mehr erlaubt. Leitende Angestellte konnten nun ohne Abfindung entlassen werden.

Exakt drei Wochen später hatten die braunen Machthaber die nächste »Verordnung über den Einsatz des jüdischen Vermögens« erlassen. Von diesem Tag an wurden jüdische Familien zum Verkauf ihres Eigentums gezwungen, und die Verfügung über ihre Ersparnisse wurde ihnen ebenfalls entzogen.

Was in den Wochen vor den Novemberpogromen als erhöhte Steuerabgaben mit einer zusätzlichen Vermögensabgabe jüdisch-deutscher Bürger begann und dem Wirtschaftsministerium 1,2 Milliarden Mark zusätzlich in den Reichssäckel spülte, wurde noch als »Sonstige Einnahmen« verbucht. Wie hoch die tatsächlichen Werte waren, die im Zuge der Arisierung erbeutet wurden, kann bis heute nicht verifiziert werden. Die Akten, die das Reichsministerium für Finanzen darüber sogar sehr akribisch führte, gelangten nach dem Krieg in die Hände der Alliierten und waren dreißig Jahre unter Verschluss.

Als sie 1988 nach dem Ablauf der Übernahme in die Bundesrepublik zurückkamen, wurden sie sofort wieder gesperrt – diesmal für weitere achtzig Jahre. Die Begründung: Steuergeheimnis!

Eine Erklärung für die Verschleierung mag auch damit zusammenhängen, dass die Reichsbeamten, die für die Arisierung zuständig waren, später, nach dem Zweiten Weltkrieg, auch für die Restitutionen verantwortlich sein sollten.

Gerta ist an diesem düsteren Tag im November des Jahres 1938 von der beschädigten Grindelallee abgebogen, sie geht an backsteinernen Häuserfassaden der Alsterterrassen vorbei, den Mittelweg kreuzend gelangt sie an einem anderen Punkt an die Alster. Noch in Rotherbaum erfährt sie von Passanten, die aufgeregt in einer Gruppe zusammenstehen, dass alle Inhaftierten ins Gestapo-Hauptquartier gebracht worden sind.

Dort vermutet sie auch Munio – warum soll sie nicht wenigstens versuchen, ihn frei zu bekommen? Fünftausend Schritte sind es bis zum Konsulat der Südafrikanischen Union, wo ihre Visa wieder nicht aufgetaucht sind. Von dort sind es noch einmal tausendzweihundert bis zum Hauptquartier der Geheimen Staatspolizei. In der Mönckebergstraße, wo an den Tagen zuvor noch die Auslagen der feinen jüdischen Modegeschäfte zu sehen waren, herrscht gähnende Leere. Einige der Schaufenster sind zertrümmert, die Regale sind geplündert. An einem Geschäft, dessen gläserne Front noch intakt ist, hängt ein großes Plakat mit der Aufschrift: »Deutsche! Wehrt Euch, kauft nicht bei Juden.«

Der Sitz der Geheimen Staatspolizei wirkt einschüchternd. Vor dem Eingang des vierstöckigen Eckgebäudes hat sich eine lange Schlange gebildet. Frauen, deren Männer dort inhaftiert sind, skandieren laut, man möge die Väter ihrer Kinder freilassen. Wie zum Beweis haben viele von ihnen ihre Kinder dabei. Es ist ein schauerlicher Anblick – aufgebrachte, verzweifelte Mütter und weinende Kinder. Die optische Schranke, die die Gestapo dem kleinen Protest-Trupp auferlegt hat, verfehlt ihre Wirkung nicht: »Juden ist der Eintritt verboten« steht auf einem Schild vor dem Eingang.

Es herrscht reges Treiben an diesem Tag, immer wieder verlassen Transporte aus einer großen Tür zur Seitenstraße das Hauptquartier. Das Eckgebäude an der Stadthausbrücke wirkt auf sie wie eine uneinnehmbare Festung.

Gerta würde sich nie so zeigen wie die verzweifelten Frauen vor dem Gestapo-Hauptquartier. Sich als Opfer geben? Niemals würde sie sich selbst so demütigen und ihren Schmerz anderen zeigen, auch wenn ihre Beherrschung immer wieder zu wanken beginnt. Wer schreit, kann nicht klar denken, und ihr Weg sieht anders aus. Aus einem gegenüberliegenden Café beobachtet die junge Wienerin in Ruhe, wer in das Gebäude hineingeht und wer wieder herauskommt.

Schließlich fasst sie einen Plan. In der Mönckebergstraße ist sie an der kanadischen Botschaft vorbeigekommen. Am Glockengießerwall residierten die Brasilianer, während Peru, Indien und Schweden direkt unten an der Alster lagen. Warum sollte nicht ein anderes Land sie aufnehmen, wenn die Südafrikanische Union schon nicht dazu in der Lage ist, ihre Einreise zu organisieren?

Die junge Frau, die elegant gekleidet, mit Hut und Pelzkragen, von Tür zu Tür geht, spürt ihre Füße. Die Ledersohlen ihrer Schuhe klingen dumpf auf dem Hamburger Kopfsteinpflaster an der Alster. Ihre Knöchel schmerzen. Und doch weiß Gerta, dass sie keine Zeit verlieren darf.

Mit dem Mut der Verzweifelten beginnt sie Haus für Haus rund um die Alster zu sondieren. Wo sind Botschaften? Wo kann ich klingeln? Welches sind die Konsulate, die bei der Auswahl ihrer Neubürger anders vorgehen können als Südafrika, die mehr Freiheit haben? Gibt es Länder, die auch ohne Visum noch für Menschen wie sie erreichbar sind? Sie muss einfach alles versuchen, um Hamburg möglichst schnell wieder zu verlassen. Ohne Munio, das hat sie sich geschworen, wird sie indessen nicht gehen.

Wenn sie erst einmal Visa für sie und den jungen Sigi hat, so redet sie sich ein, wird sie Moses auch aus dem Gestapo-Hauptquartier frei bekommen. Meter um Meter, die sie nun rund um den Jungfernstieg und die Außenalster durch Hamburgs Innenstadt marschiert, verfestigt sich eine Idee, die ihr im Laufe des Tages gekommen ist. Gerta hat den ganzen Tag draußen verbracht. Sie genießt die frische Luft, zwischen all den konsularischen Vertretungen in Hamburgs Innenstadt hat sie endlich Zeit, in Ruhe nachzudenken, ohne sich von dem Aufruhr im Haus der Waldens anstecken zu lassen. Sie muss Ruhe bewahren, auch wenn sie am liebsten laut schreien würde. Die Sonne strahlt so warm und mild. Es ist ein Rekordherbst, der wegen seiner hohen Temperaturen in Hamburgs Geschichte eingehen wird.

Am Abend führt Gertas Weg wieder am Neuen Wall entlang. An der Ecke zur Stadthausbrücke ist der weinende Trupp der Frauen verschwunden. Im Schutz der Dunkelheit steht in sicherer Entfernung nun Gerta Stern, die sich ihren klaren Kopf bewahrt. Hinter diesen Mauern muss Munio sein.

Am Tag darauf setzt Gerta Stern ihre Mission, Hamburg bald zu verlassen, fort. Die Stadt wird ihr mit jedem Tag vertrauter. Auf der Grindelallee liegen keine Scherben mehr, aber viele Geschäfte sind noch geschlossen. Der Schock in der jüdischen Gemeinde sitzt tief. Selbst der Zeitungsladen an der Ecke zum Grindelhof ist über Nacht kleiner geworden, denn alle jüdischen Zeitungen sind von einem Tag auf den anderen verboten.

Gerta schöpft mittlerweile eine gewisse Stabilität aus ihrem Alleinsein. Auf sich kann sie sich verlassen, also versucht sie alles, was in ihrer Macht steht. Ihre kurze Verzagtheit ist an diesem Tag einer Kraft gewichen, die mit jedem Schritt in Richtung Alster größer wird. Die konsularischen Vertretungen liegen ihr hier wieder zu Füßen, sie erstrecken sich auf denkbar kleinem Raum, den sie sich nun an der anderen Seite der Außenalster zum Jungfernstieg hin erschließt. Wäre doch die Welt tatsächlich so gut erreichbar wie in diesen Straßenzügen rund um den Jungfernstieg an diesem Novembertag. Hier sind die üblichen Grenzen der Länder aufgehoben, denn Cuba (so die alte Schriftform 1938) liegt nur noch ein paar Villen von der Schweiz entfernt, die gleichzeitig Liechtenstein vertritt. Die Vereinigten Staaten von Mexiko residieren nahe Peru und Ägypten, nur eine Seitenstraße weiter liegen Frankreich und Großbritannien. Gerta klingelt an diesem Tag, an dem Hamburg noch immer im Ausnahmezustand den Atem anzuhalten scheint, an jeder Tür. Manche Konsulate haben ganz geschlossen, dann klingelt sie noch einmal. Wann immer ihr überhaupt jemand die Tür öffnet, heißt es »Tut uns leid, wir nehmen keine Juden mehr auf«. Dann notiert sie sich das auf einer Liste und geht in die Seitenstraßen, auf der anderen Seite der Gebäude am Jungfernstieg liegen weitere Botschaften. Zwei Mal schlagen ihr Konsule sogar missmutig die Tür vor der Nase zu.

Spanien und Persien wird sie auf dem Heimweg in die Grindelallee aufsuchen, denn sie liegen weiter vom Wasser entfernt am Mittelweg. An manchen Botschaftstüren herrscht große Diskretion. Dort sind nur kupferne Klingelknöpfe angebracht. Die Schilder fehlen ganz oder wurden abmontiert. Da sie Tür an Tür liegen, kann Gerta nicht viel falsch machen im Rettungs-Monopoly. Sie hat nach fast zwei Tagen den Punkt erreicht, an dem ihr egal ist, wo sie und Munio landen werden. Als fantasiebegabtes Wesen stellt sie sich oft vor, wie es sein wird, wenn sie nun am Konsulat der Argentinischen Republik klingelt und in Buenos Aires landen sollte, an einem Ort, an den sie nie vorhatte zu reisen.

Aber Argentinien hat an diesem Tag ganz geschlossen. Aus der frisch gewonnenen Routine heraus drückt sie den Messingknopf am Nachbargebäude, dessen Portal aus Sandstein besonders elegant wirkt, ein typischer Botschaftseingang. Bevor sich Gerta Stern überlegen kann, was sie sagen wird, öffnet sich die Tür über einen Mechanismus, sie tritt in eine großes, kühles Entree, und ein Mann kommt ihr im Halbdunkel des Abends entgegen. Erst als sie schon einige Schritte freundlich auf ihn zugegangen ist, erkennt sie seine Anzugjacke, auf der ein Hakenkreuz angebracht ist. Gerta gefriert in diesem Moment das Blut in den Adern. Bevor sie sich umdrehen und davonrennen kann, lächelt der Mittvierziger mit dem bedrohlichen Zeichen an der Uniform sie an und sagt: »Haben Sie keine Angst, sind Sie Jüdin?«

Gerta, die von sich selbst behauptet, dass sie als ausgebildete Schauspielerin ihr Leben lang perfekt lügen konnte, wenn sie nur wollte, versagt in diesem Moment zum ersten Mal im Leben. Sie ist überrumpelt und stammelt wahrheitsgemäß: »Ja, das bin ich.« Dass sie ein Konsulat suche, den Satz bringt sie noch heraus. Dann schnürt sich ihr die Kehle zu, so fassungslos ist sie über sich selbst. Bevor sie sich dafür innerlich verdammen kann, dass sie an der falschen Tür klingelte, macht der Fremde eine einladende Handbewegung.

»Dann kommen Sie herein und haben Sie keine Angst.« Gerta Stern ist in diesem Moment ziemlich sicher, dass ihr letztes Stündlein geschlagen hat.

Kapitel 8

Seeleute sind abergläubisch. Aus diesem Grund geschieht es immer wieder, dass Schiffe, die einmal großen Schaden erlitten haben, unter einem anderen Namen neu eingesetzt werden. Die »General von Steuben« war ein solches Schiff. Es war ursprünglich unter dem Namen »München« vom Stapel gelaufen. Der Norddeutsche Lloyd hatte sie nach einem Brand an Bord in New York, bei dem ein Bordelektriker und ein Feuerwehrmann ums Leben gekommen waren, dann aber umbenannt. Denn derlei Vorfälle genügen, um Seeleute davon abzuhalten, auf einem Schiff anzuheuern. Die Reederei entschloss sich dazu, aus der ehemaligen »München« aus Gründen der Verbundenheit mit den USA die »General von Steuben« zu machen. Benannt nach dem berühmten General Friedrich von Steuben, einem gebürtigen Deutschen, der zum Helden des amerikanischen Unabhängigkeitskrieges wurde.

Das Schiff nach einem amerikanischen Kriegshelden zu benennen erwies sich im Nachhinein als nicht sehr clever, denn die Reederei hatte die Rechnung ohne die Herrschenden gemacht, denen schon bald darauf die deutsch-amerikanische Freundschaft ein Dorn im Auge sein würde.

Die »General von Steuben« war eines der populärsten Schiffe in den Neunzehnhundertdreißigerjahren. Sie war das einzige

Schiff auf den Atlantikfahrten, das in strahlendem Weiß gestrichen war. Das verlieh ihr eine ganz eigene Eleganz. Im Jahr ihrer Umbenennung galt sie im Vergleich zu den inzwischen gängigeren, wesentlich schnelleren Schiffen längst als elegante »old Lady«. Das Kreuzfahrtschiff wurde aus diesem Grund vor allem für Touren in die Arktis und zum Polarkreis eingesetzt.

Deutschlands Nordlandfahrer waren begeistert, das Schiff war stets bis auf die letzte Kajüte ausgebucht. Als die Reederei mit Hauptsitz in Bremen im November 1938 beschloss, die »General von Steuben« schlicht in »Steuben« umzubenennen, fiel die Wahl auf eine Hamburger Werft.

Die Schönheitskorrektur an der White Lady war keine große Sache, doch ausgerechnet in diesem Herbst streikten die Werftarbeiter in Hamburg. Sie waren als »Rote« berüchtigt, und viele ihrer Anführer, die sich in der Sozialdemokratie oder in den kommunistischen Gruppen und Parteien engagieren, gerieten in der Zeit der Pogrome erneut ins Visier der Staatspolizei.

Bei der Pogromjagd auf Juden kassierte die Gestapo gleichzeitig alle diejenigen mit ein, die sich aktiv gegen die Ideologie der Nationalsozialisten auflehnten. Für die engagierten Werftarbeiter war dies ein Grund zu streiken, immer wieder legten sie aus Protest die Arbeit nieder, so auch in jenem Jahr. Dadurch, dass die Auftragsbücher der Werften besonders voll waren, herrschte dort personell eine ständige Unterbesetzung. Jeder wurde gebraucht, damit die Rüstungsproduktion mit großen Schritten vorangehen konnte.

Die Nationalsozialisten bekamen das, was sie ein »rotes Nest« nannten, lange nicht unter Kontrolle. Erst Jahre später sollte sich die Situation ändern, weil Zwangsarbeiter die Lücken füllten, die durch die Verhaftungen von Kommunisten auf den Werften entstanden. Bis dahin waren viele aus dem Arbeiter-Widerstand Hamburgs in den Gefängnissen der Gestapo und in den Konzentrationslagern gelandet. Die Nationalsozialisten taten sich lange schwer mit der Beherrschung der vielen Zweige des Werftarbeiter-Netzwerkes. Bei kleinen Streiks wie diesem, die immer wieder stattfinden, blieb den braunen Machthabern nichts anderes übrig, als das zu akzeptieren. Hier wurden die Rüstungsinvestitionen der neuen Regierung in stählerne Riesen zur Verteidigung des Reiches umgesetzt, wurden in diesen Monaten Marinekreuzer und U-Boote gebaut. Der Gestapo waren die Werftarbeiter ein Dorn im Auge. Im Hauptquartier an der Stadthausbrücke existierte ein geheimes Dokument, in dem die Gestapo drei Viertel aller Werftarbeiter als politisch Linke ausgemacht haben wollte.

Dass die einfache Umbenennung der »Steuben« vom Streik betroffen war, brachte den Betrieb des Schiffes auf unbestimmte Zeit zum Erliegen. Der Norddeutsche Lloyd machte die Angelegenheit deshalb zur Chefsache und schickte seinen neuen Vorstand Otto Dettmers für ein paar Wochen von Bremen nach Hamburg, um die Arbeiten an dem Schiff zu beaufsichtigen. Dettmers, ein Seerechtler mit Sitz in Bremen, hatte ohnehin in Hamburg zu tun, denn es standen Verhandlungen mit der Partnerorganisation von der amerikanischen Ostküste an. Die vier Amerikaner, die dafür angereist waren, residierten im Hamburger Hotel Vier Jahreszeiten. So arbeitete Dettmers im Herbst des Jahres 1938 für längere Zeit im Hamburger Büro der Reederei. Norddeutscher Lloyd und HAPAG waren damals noch zwei getrennte Firmen, die erst später fusionieren, doch die Büros lagen fast Tür an Tür.

Gerta Stern war schon den ganzen Tag unterwegs gewesen, bevor sie in dem großen Gebäude Einlass fand, das sie zunächst für eine Botschaft gehalten hat. Das Erste, was ihr auffällt, ist die Ruhe in dem großzügigen Haus. Die Stadt draußen ist lauter als je zuvor.

Himmel, Luft, Straßen, Plätze, Ufer, alles liegt wie unter einem ständig größer werdenden Klangspektrum. Alles klingt ganz anders als noch vor den Pogromen, liegt akustisch zwischen betretenem Schweigen, lautem Wehklagen, brutalem Anschreien, der Stille, mit der Menschen sich vor Angst fast lautlos in Hauseingänge drücken, und dem Klang von Schüssen und unter der Feuersbrunst der in der Nacht explodierenden Scheiben. Hier, im Gebäude der HAPAG hingegen herrscht wohltuende Stille.

Die junge Wienerin braucht einen Moment, um sich zu sammeln und zu begreifen, dass womöglich doch nicht ihr letztes Stündlein geschlagen hat, als der Mann mit dem Nazi-Abzeichen an der Jacke ihr seine Freundschaft und Hilfe angeboten hat. Dieser erste Moment, als er aus dem Dunkel der Eingangshalle auf sie zugetreten war, hat sie fürchterlich erschreckt. Was sie wünsche, hat er sie gefragt. Und er hat sie wissen lassen, sie brauche keine Angst zu haben. »Bitte nehmen Sie mich als Freund. Wenn Sie Sorgen haben, kommen Sie zu mir.« Mit einer Handbewegung auf das Abzeichen an seiner Jacke fügte er hinzu: »Wir sind nicht alle, was wir scheinen.«

Gerta ist vollkommen überrumpelt von der Freundlichkeit dieses Menschen, der im blauen Wollanzug vor ihr sitzt. Was hatte das Abzeichen auf seiner Jacke zu bedeuten? Der Mann, der von nun an ihr Vertrauter wird, macht ihr klar, dass ihn dieses Abzeichen am Revers schützt, dass er in seiner Position dazu gezwungen sei, es zu tragen. Deshalb müsse er indessen nicht handeln wie ein Nationalsozialist. Nach den Tagen, die hinter ihr liegen, ist er der erste Mensch, dem sie sich endlich anvertraut. Sie erzählt ihm ihre ganze Geschichte. Gerta trägt das Herz auf der Zunge. Seltsamerweise vertraut sie ihm und erzählt und erzählt, beschreibt ihren Kummer über Munios Verhaftung, ihre verzweifelte Odyssee der vergangenen Tage, die sie von Konsulat zu Konsulat trieb, immer auf der Suche nach einem Visum, um das Land so schnell wie möglich verlassen zu können. Sie hat mit niemandem mehr geredet, auch im Haus der Waldens nicht, um die nun nervenschwache und selbst so belastete Eva Walden nicht noch mehr zu beanspruchen.

Sie erzählt dem Mann im Büro der Reederei sogar, wie sie heißt. Gerta, Gerta Stern. Und sie ist klug genug, um zu wissen, dass die Gefahr, sich in diesem Moment dem größtmöglichen Risiko auszuliefern, genauso groß ist, wie die Möglichkeit, dass auch unter einer Jacke mit einem vermeintlichen Nazi-Emblem ausnahmsweise ein feiner Mensch stecken kann.

»Für Sie bin ich Herr Otto«, entgegnet der Fremde. Herr Otto arbeitet hier in führender Position. Neben der eigenwilligen Freundschaftsofferte hat der Mann, der sich »Herr Otto« nennt, etwas zu bieten, das Gerta begehrt: »Waren Sie schon im Konsulat Panamas? Das ist nebenan ein Stockwerk höher.« Noch am selben Abend wird Gerta im panamaischen Konsulat in der Ferdinandstraße 54 vorsprechen. Es ist, als geschehe ein Wunder. Für die junge Jüdin aus Wien soll es der erste Lichtblick nach vielen anstrengenden und düsteren Tagen in Hamburg sein. Panama nimmt sogar noch offiziell Exilanten auf.

Wie hatte Herr Otto so treffend gesagt? »Das weiß nur kaum jemand.«

Im Konsulat des Staates Panama sitzt ein Herr Gassen. Die Visa kann Gerta ohne weitere Probleme bei ihm beantragen. Nur eines hat sie in ihrer ersten Freude nicht bedacht: Natürlich will auch dieser Staat für die Einwanderungslizenz Geld kassieren. Ohne Cash, bedeutet ihr der panamaische Diplomat, könne er keine Dokumente ausstellen. Explizit verlangt er Dollars. Dollars? Durften Juden die überhaupt noch besitzen? Zumindest waren sie schwerer zu bekommen als alles andere.

Gerta erklärt Gassen, sie habe eine wohlhabende Schwägerin in Südafrika, die könne das Geld überweisen. Inzwischen geht es schließlich um ihr Leben und um das von Sigi und Munio. Sie hat Angst, dass ihr Geliebter zu Tode kommt, wenn sie noch länger damit wartet, ihre gemeinsame Flucht aus Deutschland einzuleiten. Doch der Vertreter Panamas winkt ab. Herr Gassen kann nur Dollars als Bargeld akzeptieren, die österreichischen Schillinge, die Gerta bei sich trägt, betragen nur einen Bruchteil dessen, was sie benötigt, um an die begehrten Unterlagen zu kommen. Er lehnt sie sowieso ab. Lola aus Südafrika muss aushelfen. Gerta wird ihr abermals telegrafieren.

Gerta begibt sich von nun an regelmäßig zu Herrn Otto in die Ferdinandstraße. Wann immer sie zweifelt, Fragen hat und seine Hilfe braucht, ist sie bei ihrem heimlichen Helfer willkommen. Jeden Abend geht sie zurück in die Grindelallee, in der sich nach und nach die Wohnungen leeren. Die abschreckende Politik der Nationalsozialisten hat bewirkt, dass immer mehr jüdische Gemeindemitglieder aus Rotherbaum fortziehen und vollkommen aus dem Straßenbild verschwinden. Es hat etwas Gespenstisches, aber Gerta hat inzwischen einen Plan. Frau Walden und ihrer Tochter Thea kann sie davon nichts erzählen. Die beiden würden es nicht nur nicht verstehen, sie hoffen immer noch darauf, dass Shlomo Walden und die beiden Söhne entlassen und irgendwann wieder vor der Tür stehen werden.

Die Gespräche, die sie in diesen Tagen mit Herrn Otto von der Reederei beginnt, entlasten Gertas Seele. Sie ist ohnehin ein Mensch, der die Dinge am liebsten geradeheraus anspricht. Kurz stellt sie sich auch die Frage, ob der Mann, der vielleicht doppelt so alt wie sie sein mag, unlautere Absichten haben könnte. Schließlich ist sie eine attraktive junge Frau, doch Herr Otto ist ein Familienvater und hat sehr gute Manieren. Es geht ihm um etwas anderes. Er hört ihr aufmerksam zu und wird bei der ersten Begegnung zu ihrem Komplizen.

Inzwischen hat sich in Hamburg herumgesprochen, wohin die internierten Männer gebracht worden sind. Gerta hört zum ersten Mal von Orten, die sich später ins kollektive deutsche Gedächtnis einbrennen werden. Manchmal sind das kleine Orte, die nur deshalb eine Bedeutung finden, weil die Ingenieure des Hitler'schen Mordapparates riesige Tötungsfabriken in die sonst ausgestorbene Landschaft setzten. Sachsenhausen, das sich fünfunddreißig Kilometer nordöstlich von Berlin, nahe Oranienburg, befindet, ist so ein Ort.

Es ist noch gar nicht lange her, dass die Menschen Munio Stern, dem erfolgreichen Fußballer, zu Füßen lagen. Nun sind es Füße, von denen er getreten wird. Da, wo Gertas Mann in diesen Tagen ist, treffen Stiefelabsätze auf Haut, Knochen splittern, Gewehrkolben gehen auf die Köpfe von Gefangenen nieder, die sich mit ihren bloßen Händen zu schützen versuchen. In einem systematisch gesteuerten Lagersystem wie diesem zählt der einzelne Mensch nicht mehr. Er ist herabgestuft zur ausbeutbaren Masse, die nach den perfiden Effizienzberechnungen des NS-Regimes so lange an Leib und Leben ausgebeutet wird, bis ein Maximum aus letzten Häuflein Haut und Knochen herausgeschunden ist. In dem Konzentrationslager, das nach einem architektonischen »Idealplan«, also möglichst effizient, errichtet worden ist, stellen die meisten Gefangenen hier Ziegel her. Sie bilden damit die Grundlage für die Bauten, die der oberste Reichsplaner Albert Speer ersinnt. Dies zu wissen lässt einen ganz neuen Blick auf die Meisterwerke des angeblichen Architektur-Genies zu.

Munio wird noch in der Nacht seiner Verhaftung von Hamburg aus nach Sachsenhausen transportiert. Er ist einer von sechstausend männlichen Gefangenen, die an diesem einzigen Tag aus Norddeutschland an die Havel gebracht werden.

Als Moses, alias Munio Stern, in Sachsenhausen eintrifft, ist das Lager noch nicht lange in Betrieb.

Im Laufe der Jahrzehnte haben wir, die Nachgeborenen, die fassungslos zu begreifen versuchten, warum dies alles geschehen konnte, uns mit bestimmten Dingen, wie der industriellen »Verarbeitung« allen Materials, das die zu Tode gekommenen Menschen »lieferten«, gewöhnen müssen. Wir kennen die Bilder riesiger Haufen von Brillen und Zahngold, von Schuhen und Mänteln. Fassungslos haben wir auf Lampenschirme gestarrt im Wissen, dass sie aus menschlicher Haut hergestellt worden waren.

Von alldem hat Gerta nichts mitbekommen. Wohl aber von der Abstumpfung, die dazu führte und die mit jedem Tag ihres Besuches in Deutschland zunahm. Die Verrohung griff um sich, weil das brutale Vorgehen mehr und mehr zur Routine wurde. Die Menschen, die am »Endsieg« mitwirkten, schienen jede Moral verloren zu haben.

Als Munio verhaftet wurde, steckte die Mordmaschinerie noch in ihren Anfängen. Aus den sechstausend Männern, die im November 1938 in Sachsenhausen eingeliefert wurden, sollten zweihunderttausend werden. Bei der Befreiung des Lagers fanden die Alliierten im sandigen Terrain Brandenburgs noch sechzigtausend verbliebene, halb verhungerte Gestalten in dem Lager vor. Neben den jüdischen Gefangenen waren viele der Untergebrachten hier sogenannte »Asoziale«, Homosexuelle und Widerstandskämpfer.

Zu dem, was wir heute nur schwer begreifen können, gehört auch, dass Sachsenhausen ein Ausbildungslager für KZ-Wachleute war. Ja, man konnte das Töten hier an so zweifelhaften Instrumenten wie der Genickschussanlage lernen. Die installierte der Lagerleiter im Frühjahr 1939, um die Massenerschießungen zu »rationalisieren«. Munio Stern wurde gleich in den ersten Tagen seiner Haft fürchterlich verprügelt.

In diesen Tagen kommt der Mut seiner Frau ins Spiel.

Gerta kommt und geht jetzt regelmäßig in Herrn Ottos Büro. Er ist es auch, dem sie ihren Plan zur Befreiung ihres Mannes vorträgt. Sie will ins Gestapo-Hauptquartier marschieren.

Lola hat in der Zwischenzeit aus Südafrika geschrieben und ihrer Schwägerin klargemacht, dass sie bei aller Liebe zu ihren Brüdern (Sigi wartet ja noch vollkommen ahnungslos in Wien) nicht noch einmal siebenhundertfünfzig Dollar nach Hamburg schicken kann, die dort in irgendwelchen dunklen Kanälen zu versickern drohen, wie nun schon einmal mit dem Geld geschehen, das nie im Konsulat der Union von Südafrika in Hamburg ankam.

»Sorry, aber ich schicke nicht abermals Dollars nach Deutschland, habe 3 Visa direkt an die Regierung Panamas gesandt auf die Namen Sigmund, Moses und Gerta Stern. Sag dies dem Konsulat«, kabelt ihr Lola aus Johannesburg.

Nun hat Gerta zwei Probleme mehr, der Konsul von Panama will das Geld nicht nur in Cash, er will es gleich, und zwar in Hamburg haben.

Eine Woche nach Munios Verhaftung teilt Gerta Herrn Otto, mit dem sie nun auch immer wieder telefoniert, bei einem ihrer Besuche mit, dass sie darüber nachgedacht hat und glaubt, dass es nur eine einzige Chance gibt, ihren geliebten Mann wieder frei zu bekommen. Gerta hat den Dialog so in Erinnerung:

»Herr Otto, ich will etwas machen.«

»Was wollen Sie denn machen?«

»Ich will versuchen, persönlich in dieses Gestapo-Hauptquartier zu gehen. Ich sehe da am Abend um halb acht, acht immer noch Licht.«

Herr Otto ist entsetzt. Er warnt Gerta, sagt, sie selbst werde noch verhaftet, vergewaltigt und wahrscheinlich auch noch in ein KZ gesteckt werden, wenn sie tatsächlich etwas derart Unvernünftiges unternehmen würde. Die junge Wienerin ist indessen so hartnäckig dabei, ihren Plan zu verwirklichen, dass es ihrem norddeutschen Verbündeten nicht gelingt, sie an ihrem Vorhaben zu hindern. Gerta spürt ihren tief sitzenden Instinkt, eine innere Stimme, der sie folgen will. Sie verfügt schließlich noch über ein Handwerk, auf das sie viele Jahre nicht mehr zurückgegriffen hat und das ihre wahre Begabung ist – ihr Schauspiel. »Ich war einmal eine Schauspielerin und ich weiß, dass ich es noch immer kann«, sagt sie, »es ist meine einzige Chance, sonst komme ich nie fort aus diesem Land.«

Herrn Otto muss das Blut in den Adern gefroren sein. Seine junge österreichische Freundin zeichnet sich vor allem durch eines aus: Willensstärke. Sie von ihrem Plan abzubringen erweist sich als vollkommen aussichtslos. An diesem Abend will sie »tätig werden«, die Zeit drängt, jeder weitere Tag, an dem Munio in Gefangenschaft ist, bringt sein Leben nur mehr in Gefahr.

Also trifft Herr Otto eine Verabredung mit ihr und er wird dabei ein wenig verzweifelt gewesen sein: Wenn sie sich bis zum anderen Tag um 12 Uhr mittags nicht bei ihm gemeldet hat, wird er seinen »Einfluss geltend machen« und sie »raushauen«.

Es ist inzwischen sehr kalt geworden in Hamburg. Gerta hat sich daran gewöhnt, die Wäsche, die sie nur für ein langes Wochenende mitgenommen hatte, zwischendurch zu waschen. Gerta muss als Kind und Jugendliche etwas sehr Verspieltes gehabt haben und selbst die alte Dame hat weiterhin etwas Mädchenhaftes. Damals aber, in diesen düsteren Momenten in Hamburg, als die äußere Kälte plötzlich zu dem passte, was sie Tag für Tag an nazistischer Abgestumpftheit erfahren musste, wurde sie mit einem Mal erwachsen. Gerta war dreiundzwanzig Jahre alt. Sie hatte einen Sporthelden geheiratet. Wenige Männer hatten solche Schultern wie Munio, an die man sich anlehnen, in denen man förmlich versinken konnte. Sie vermisste ihren

Mann unendlich. Sie setzte alles auf eine Karte. Ein Plan B existierte nicht.

An einem Mittwochabend durchschreitet Gerta Stern abends mit sehr entschiedenen Schritten den Eingang des Gestapo-Hauptquartiers. Sie ist an diesem Tag nicht so elegant gekleidet wie sonst. Ihr Äußeres wirkt sogar vielmehr ein bisschen wirr. Gerta gibt in dieser Situation ein ganz anderes Wesen, legt einen leicht linkischen Blick auf und klopft an der Stube des wachhabenden Polizisten, der ihr öffnet.

»Was wünschen Sie?«, fragt der Uniformierte streng.

Gerta hat schon früh Sprechunterricht bekommen, und wie bereits erwähnt spricht sie das Hochdeutsch, das damals die Radiosprecher perfekt beherrschten, mit gerolltem »r« an der richtigen Stelle, gekonntem Atemholen und perfekter Betonung. Davon ist in diesem Moment jedoch nichts zu merken. »Lossn's mi eini!«, ruft sie dem Gestapo-Mann entgegen. Es ist der Dialekt der »Taxler«, wie die Wiener die Taxifahrer nennen. Die Sprache der Underdogs in ihrer Heimat, die sie als guter »Aff« beherrscht, aber sonst nie anwendet. Gerta hat nun die drängende, fordernde Energie der Straßenkinder Wiens und bedient sich des Wienerischen, von dem kein Hochdeutsch Sprechender auch nur ein Wort versteht. Sie ist dabei ein bisschen dreist, wie ein Taxifahrer, dem jemand sein geliebtes Fahrzeug verstellt oder angekratzt hat. Sie ist ja auch angekratzt.

Der erste Gestapo-Polizist weiß nicht recht wie er damit umgehen soll. Bevor er etwas sagen kann, wiederholt Gerta ihr »Lossn's mi eini!«. Sie spielt ihre Rolle ein bisschen kokett und weiterhin ein bisschen wirr und verrückt. Sie rückt ihrem Gegenüber mit einer gewissen übergriffigen Energie auf die Pelle, ohne dass es einzuschätzen vermag, um wen oder was es hier eigentlich genau gehen könnte. So wird sie von Gestapo-Mann zu Gestapo-Mann gereicht. Sieben Mal, acht Mal passiert ihr das. Jedes Mal zieht sie ihre Rolle perfekt durch. Ihr darf kein Fünkchen Klugheit anzumerken sein, ihr Gegenüber darf keinen Schimmer davon haben, dass hier womöglich bewusst ein Trick gespielt wird.

»Können Sie nicht Deutsch sprechen, gnädige Frau?« Die Hamburger Gestapo-Leute fragen zwar nach, behandeln sie aber mit einer Höflichkeit, mit der sie nicht gerechnet hat.

»Jo, wenn ich Doitsch räden könnt'!«

Wieder wird Gerta zum nächsten Vorgesetzten weitergereicht, bis sie sie alle derart meschugge im Kopf gemacht hat, dass die sich keinen anderen Rat mehr wissen, als sie dem zu übergeben, den Gerta fordert: »Loost mi zum Chäf!« Als die Männer das nicht gleich verstehen, fügt sie mit leicht dümmlichem Blick hinzu: »Zum großen Chef!« Gerta geht förmlich in ihrer Rolle auf. Endlich darf sie wieder spielen. Der Begriff »großer Chef« erscheint auch den etwas verwirrten Gestapo-Leuten klar. Sie holen irgendwann aus purer Verstörung tatsächlich ihren Vorgesetzten.

Es ist viel Glück dabei, dass Gertas Camouflage nicht von einer Sekunde zur anderen auffliegt. »Sie haben einfach vergessen, dass ich eine Jüdin bin«, sagt sie darüber. »Sie sahen in mir so etwas wie ein seltsames exotisches Wesen, wie ein fremdes Tier.«

So frech, das Schild »Juden ist der Eintritt verboten« schlicht zu übergehen, waren wohl nur wenige. Gerta ist respektlos, sie spielt gerade die Rolle ihres Lebens. Zu ihrer eigenen Überraschung sind am berüchtigten »Ort des Terrors«, wie das Gestapo-Hauptquartier im Hamburger Volksmund damals hieß, alle erstaunlich höflich zu ihr. Seit die Polizei-Organisation hier fünftausend Hamburger Kommunisten inhaftiert hat und folterte, gilt sie in der Stadt als besonders brutal.

Letztlich landet Gerta bei Günther Kuhl, dem neuen Leiter der Geheimen Staatspolizei. Er hat das Amt erst vor Kurzem von einem berüchtigten, als sehr brutal geltenden Vorgänger übernommen. Auch Kuhl ist ausgesprochen höflich zu Gerta. »Bitte, versuchen Sie es auf Deutsch, gnädige Frau«, sagt der nationalsozialistische Jurist nonchalant.

»Wenn i Deutsch könnt', würd i mit eana Deutsch reden«, erwidert Gerta und setzt nun wahllos alle englischen Floskeln ein, die ihr aus den Briefen von Lola an das Konsulat in Erinnerung geblieben sind. Sie selbst spricht ziemlich gut Englisch, schließlich war sie einmal Jackie Coogans Schauspiel-Double in Wien und hat schon als Kind von Hollywood geträumt, doch sie hat ihren Auftritt nicht präzise vorbereitet, sondern ist als das Mensch gewordene Desaster hier ins Hauptquartier der Gestapo marschiert, ohne einen konkreten Plan zu haben. Sie hat die Figur, die sie jetzt spielt, spontan aus sich hervorgezaubert, ein Drehbuch dazu gibt es nicht, sie improvisiert aufs Geratewohl.

Kuhl ist ein studierter Jurist, aber Englisch ist damals in Deutschland keine gängige Fremdsprache. Gerade die Juristen haben humanistische Gymnasien besucht und sind in Griechisch, Latein sowie Französisch bewandert. Englisch gilt als eine moderne Sprache, die nicht in den wilhelminischen Fächerkanon passte.

»We will certainly help you« und *»be patient«* und *»we have the money«* und auch *»we have a lawyer«* lässt Gerta ein paar Versatzstücke vom Stapel. Die Schauspielerin aus Leidenschaft steigert sich voller Inbrunst in ihre diffuse Rolle. Gerta hat sich weit vorgewagt. Das hier kann sie ihr Leben kosten, wenn sie auffliegt, und mit ihr wären dann nicht nur Munio, sondern auch die ganze Familie Stern in Wien in großer Gefahr.

»Ich kann Sie leider nicht verstehen, ich möchte Sie jedoch gerne verstehen, versuchen Sie es mit Deutsch.«

Nun schmettert Gerta im Zuge ihres sagenhaft verwirrenden Vortrags heraus: »I konn kei Deutsch, ober i konn Deutsch schroibn, des konn i!« Und Kuhl bittet sie in der Tat, ihm aufzuschreiben, was sie wolle. Sorgfältig notiert sie in ihrer feinen, präzisen Schrift auf einen Block, den er ihr reicht, dass sie und ihr Mann nur auf der Durchreise seien, für die nächsten Tage Tickets nach Johannesburg hätten, nicht aus Hamburg stammten und nur ihre Visa hier abgeholt hätten.

Kuhl starrt sie einen Moment lang ungläubig an.

Es ist Mittwochabend. Kuhl hat längst Dienstschluss. Die Behörde ist inzwischen fast leer, lediglich die Bereitschaftspolizisten befinden sich noch in dem riesigen Bau. Sein Blick ist durchdringend, prüfend. Gerta hält ihm mit einem absonderlichen, leicht irren Blick der Wiener Unterklassenschwalbe, die sie vorgibt zu sein, stand.

Wer weiß, was geschehen wäre, hätte diesen Gestapo-Posten immer noch Kuhls als brutal verschriener Vorgänger, ein gewisser Claus Göttsche, innegehabt. Göttsche, der für seine effektive Jagd auf die Kommunisten Hamburgs berüchtigt war, ist der Erfinder der sogenannten »Endlösung« und hat als »Judenbeauftragter« die Deportationen eingeführt. Er war es auch, der die Idee hatte, sie als Umsiedelungen zu tarnen, um Tausende jüdischer Familien zum Verlassen ihrer Wohnungen zu bewegen. Ihm war damit eine Karriere in einem der Berliner Ministerien gewiss, weshalb er erst kurz zuvor von dem Stuhl abbeordert worden war, auf dem nun Kommandant Kuhl vor Gerta sitzt.

Die hat nicht nur Glück, sie vertraut auch zutiefst auf ihr Glück.

Nachdem sie sich einen Moment schweigend angesehen haben, sagt der Regierungsassessor in die Stille hinein: »Es tut mir leid, dass Sie nicht Deutsch sprechen.«

»Mir tuat's a leid«, schießt es aus Gerta heraus.

Kuhl öffnet die rechte Schreibtischschublade, nimmt ein Blatt mit seinem Briefkopf heraus, dreht seinen Füllfederhalter auf und schreibt ein paar Sätze auf. Auf einem anderen Blatt notiert er Munios Namen und sein Geburtsdatum und legt es auf die Seite seines hölzernen Schreibtisches. Dann reicht er Gerta das soeben Geschriebene. »Sie werden am Sonntag angerufen werden. Dabei erfahren Sie, wann der Zug mit Ihrem Mann darin in Hamburg ankommt und wo Sie ihn abholen können. Ich werde veranlassen, ihn dann freizulassen.«

Kapitel 9

Kann man sich auf das »Böse« verlassen? Es scheint, als hätten nationalsozialistische Machthaber, Rädchendreher und Funktionsträger einerseits keinerlei Skrupel, Menschen brutal zu töten, andererseits hatten einige von ihnen neben allen anderen Eigenschaften und Einstellungen einen Ehrbegriff, der sonderbare Formen der Zuverlässigkeit jüdischen Mitbürgern gegenüber zuließ. So hielt der Leiter der Hamburger Gestapo in Bezug auf Munios Freilassung sein Wort.

Genau wie Günther Kuhl, der fast auf den Tag genau zehn Jahre später als Kriegsverbrecher zum Tode verurteilt werden sollte, es im Gestapo Hauptquartier versprochen hat, erhält Gerta am Sonntag darauf einen Anruf. Es ist der 20. November 1938 und es ist Munio, der soeben entlassen wurde. »Ich bin frei«, stammelt er und kündigt an, sein Zug werde schon am Nachmittag Hamburg-Altona erreichen.

Gerta hatte es am Tag nach ihrem sagenhaften Schauspiel bei der Gestapo vor Freude fast vergessen, sich bei Herrn Otto in der Reederei zu melden. Schließlich wollte er sie aus den Mühlen der Gestapo befreien, falls sie sich nicht bis zum Mittag des anderen Tages bei ihm zurückmeldete.

Sie ruft ihn gleich am anderen Morgen an. Gerta ist ein bisschen stolz darauf, dass ihr Trick funktioniert hat, aber noch immer fehlen ihr die Devisen, um die Visa für sich und die beiden anderen Sterns zu zahlen. Noch etwas hat sie vernachlässigen müssen, um erst Munios Rettung einzuleiten: die Organisation ihrer Reise nach Panama.

In Hamburg an Bord eines Schiffes gehen? Selbst das ist für sie jetzt unmöglich geworden, es würde ihren Komplizen in zu große Gefahr bringen. Überdies sind alle Schiffe ausgebucht, denn wer kann, rettet sich. Das Passagiergeschäft in diesen Monaten gegen Ende des Jahres 1938 floriert. Schließlich wird die Situation für die jüdischstämmigen Deutschen von Tag zu Tag fürchterlicher. Heinrich Himmler, der Polizeichef des Deutschen Reiches, hat jetzt allen Juden offiziell den Führerschein entzogen.

Gerta ist tröstlicherweise nicht allein mit ihren Problemen. In der Zentrale der Schifffahrtsgesellschaft bereitet ihr Vertrauter bereits den Weg für sie und Munio vor. Auch wenn Herr Otto eine Jacke mit den Insignien der Nationalsozialisten darauf trägt – er riskiert selbst sein Leben, wenn er Juden hilft, egal, wie etabliert er auf seiner Position im nationalsozialistischen Hamburg sein mag.

Die Stimmung im Hause Walden ist noch immer niederschmetternd. Eva Walden hat sich inzwischen in ihr Schicksal gefügt, aber sie gerät in große Unruhe, als sie erfährt, dass Gerta einfach frech ins Gestapo-Hauptquartier marschierte. Gerta hat abgewartet und geschwiegen, bis Munios Anruf kam. Wie sollte sie schließlich wissen, ob der »Chef« der Gestapo tatsächlich Wort halten würde? Erst am Sonntag, nach Munios Anruf, rückt sie mit der Wahrheit heraus und erzählt Frau Walden von ihrer waghalsigen Aktion Abende zuvor im Gestapo-Hauptquartier. Ihre Gastgeberin ist schockiert. Sie wirft Gerta vor, sich nicht gleichzeitig für die Freilassung Shlomos und der Söhne der Waldens eingesetzt zu haben. Oder könnte sie nicht noch einmal zu Kuhl gehen und weitere Freilassungen fordern? Eva Walden wirft diesen Vorschlag voller Verzweiflung in die Waagschale.

»Ich wusste jedoch, das klappt nur einmal, ein einziges Mal im Leben«, sagt Gerta. Es macht ihr das Herz schwer, aber sie hat sich entschieden und sie weiß, dass ein neuer Versuch lebensbedrohlich wäre.

Gerta Stern ist ein Mensch, der voller Freude ist, wenn es anderen gut geht, sie ist eine Person, die die Lebensfreude so tief in sich zu tragen scheint, dass sie ein eigenes Maß an Mitgefühl auch im Positiven daraus zieht, wenn andere sich wohlfühlen. Der Umstand, nicht auch die Männer der Waldens retten zu können, hat sie noch lange beschäftigt, aber sie nie an ihrer eigenen abenteuerlichen Aktion und ihrer Maskerade zweifeln lassen.

Ich weiß nicht, ob das damals auch schon so war, aber nachdem ich viel Zeit mit der inzwischen alten Dame verbracht habe und mich oft fragte, wie sie mit ihren hundert Jahren noch eine solch überbordende Vitalität an den Tag legen kann, wird mir klar, dass ich Gerta in der intensiven Zeit, die wir miteinander verbrachten, nie ein böses Wort über einen anderen Menschen habe sagen hören. Auch ihr Leben in Panama war von Höhen und Tiefen gekennzeichnet, und es hätte gewiss Gründe gegeben, über andere zu lästern oder sie zu verurteilen, aber Gerta, die erst nach den Wirren der Hamburger Tage im Jahr 1938 eine gläubige, ihre Religion praktizierende Frau wurde, ist anders. Sie sollte später in Panama zudem in eine lebhafte, äußerst originelle Frauen-Clique geraten und gute Freundschaften in einem international gemischten Zirkel über Jahrzehnte haben. Auch dort wären alle Voraussetzungen für Streitigkeiten unter den Frauen gegeben gewesen, aber mit der gesammelten Akribie einer neugierigen Biografin traf ich mich sogar heimlich mit Menschen, von denen ich mir erhoffte, dass sie mir ein paar Einblicke in Gertas »Abgründe« ermöglichen könnten. Schließlich wären im mittelamerikanischen Setting später andere Zwistigkeiten denkbar gewesen, weil sich längst nicht nur die jüdischen Opfer dort ansiedelten, sondern auch Menschen mit faschistischem Familienhintergrund, mit denen sie auch zu tun hatte. Gerta fordert ihre Mitmenschen immer wieder zu Diskussionen auf, weil sie es liebt, im besten Sinne für Erkenntnisse zu streiten, aber Boshaftigkeiten scheinen ihr schon damals in Hamburg ferngelegen zu haben. Deshalb muss der Konflikt mit Eva Walden für sie beinahe unerträglich gewesen sein, denn sie hätte ihr so gern geholfen. Da sie wusste, dass sie mit einer Wiederholung des Versuchs ihrer aller Leben in Gefahr gebracht hätte, blieb sie indessen dabei: »So etwas funktioniert nur einmal!«

In Hamburg-Altona ereignet sich an diesem Sonntagnachmittag im November des Jahres 1938 ein bewegender Moment in Gertas Leben. Eva Walden und ihre Tochter begleiten sie zum Altonaer Bahnhof. Die Bahnsteige an den beiden Gleisen des Kopfbahnhofs sind relativ leer an diesem Nachmittag. Unweit von Gerta, Eva und Tochter Walden entfernt steht nur eine einzige Frau, die auf denselben Zug wartet, eine Schwedin, wie sich herausstellt. Am Seitenportal neben dem Gleis ist sie eben einem teuren Automobil entstiegen. Auch diese Frau ist eine elegante Erscheinung. Die Wartenden sprechen nur kurz miteinander. Sie sind zu aufgeregt. Auf die Minute pünktlich hält der Zug, der aus Richtung Berlin kommt, am Gleis.

Zunächst steigt der Mann aus, auf den die Schwedin wartet. Die beiden begrüßen sich innig, entfernen sich aber eilig von dem Bahnsteig. Dann folgt ihm mit ein bisschen Verzögerung Munio aus dem Innern des Zuges. Er ist – ganz untypisch für diesen athletischen Profisportler – noch ein wenig wackelig auf den Beinen, aber sichtlich bemüht, Haltung zu bewahren, als er über die Stufen des Zuges auf den Bahnsteig balanciert.

Moses – Munio Stern – sieht fürchterlich aus und fällt Gerta regelrecht in die Arme. Er ist schrecklich zugerichtet, so haben sie ihn im KZ Sachsenhausen verprügelt, aber Munio kann trotz der Blessuren auf Gerta gestützt halbwegs aufrecht gehen.

Das Erste, was er zur Begrüßung sagt, ist der Satz: »Ich wusste, ich habe eine tüchtige Frau geheiratet.« Als sie einander festhalten, fragt er noch in die Umarmung hinein: »Und? Wann fahren wir?«

Munio hat bei seiner Entlassung die Auflage erhalten, das Land innerhalb von vierundzwanzig Stunden zu verlassen, sonst riskiert er, umgehend ins nächste Konzentrationslager gebracht zu werden.

»Dahin gehe ich nicht wieder zurück. Wenn du mir nicht hilfst, bring ich mich um.« Etwas derart Verstörendes hat er noch nie zu Gerta gesagt, die sich vollkommen überwältigt und erschrocken darum bemüht, die Nerven und einen klaren Kopf zu bewahren. Das junge Ehepaar Stern sucht an diesem Sonntag verzweifelt nach einer Lösung aus dieser ausweglosen Situation.

Munio ist wie ein panisches Tier, das nur noch, von einem anhaltenden Angstimpuls getrieben, davonrennen möchte. Erst jetzt erfährt er, welchem Trick er seine Freilassung wirklich zu verdanken hat.

Mit ihm ist an diesem Tag nur dieser eine andere Mann aus dem Konzentrationslager Sachsenhausen entlassen worden. Der hatte, wie er Munio unterwegs erzählt hat, »schwedischen Schutz« erhalten und ist nach seiner Freilassung zusammen mit der eleganten Frau, die ihn auf dem Bahnsteig erwartete, wahrscheinlich längst unterwegs nach Schweden. Auch wenn Munio und Gerta nie erfahren haben, wer er war, ist ziemlich sicher, dass dieser Mann, der mit Munio an diesem Tag von Sachsenhausen nach Hamburg gelangt, einer der Geretteten ist, die von den schwedischen Gemeinden in Deutschland in letzter Minute aus den Konzentrationslagern befreit werden konnten. Darüber ist nur sehr wenig bekannt. Drei im Deutschen Reich tätige schwedische Pfarrer steuerten die konzertierten Rettungsaktionen über ihre Gemeinden der schwedisch-lutherischen Kirche.

Gerta war nicht die Einzige, die ihr Leben aufs Spiel setzte, indem sie forsch in die Hauptverwaltung der Gestapo marschierte.

Einer der drei Pfarrer, die im Untergrund wirkten, war Birger Forell. Er verschaffte sich tatsächlich am selben Tag wie Gerta in Hamburg, quasi in einem verrückten Parallel-Leben gut dreihundert Kilometer weiter östlich, Einlass ins Gestapo-Hauptquartier von Berlin. Dort irritierte der unerschrockene Geistliche die perplexen Geheimpolizisten mit einer ähnlichen Räuberpistole, wie Gerta sie in Hamburg spielte: Später ließ sich rekonstruieren, dass Forell seinen Fuß mit aller Gewalt in die Tür stellte, als man ihm an diesem Abend zunächst keinen Einlass ins Gestapo-Hauptquartier von Berlin gewährte. Dann hielt der Geistliche ein gefälschtes Dokument in die Höhe, das ihn angeblich als Diplomaten auswies. Als er erst einmal (die Nerven aller Anwesenden ähnlich strapazierend wie Gerta in Hamburg) zum dortigen Gestapo-Chef vorgedrungen war, drohte er lautstark mit diplomatischen Konsequenzen für die Gestapo-Leute, zudem mit der schwedischen Presse, wenn man nicht am selben Abend einen wichtigen Gefangenen in Sachsenhausen freiließe.

Auch in Berlin gab der genervte Gestapo-Chef schließlich nach, und auch hier wurde auf seine schriftliche Anweisung hin eine sofortige Freilassung in Sachsenhausen veranlasst. Im Fall des Retters, des schwedischen Pastors, ging es um einen sehr prominenten Gefangenen: den jüdischen AEG-Ingenieur Erich Philippi, der mit einer Schwedin verheiratet war. Philippis Frau war Mitglied der schwedisch-lutherischen Gemeinde in Deutschland. Es ist durchaus denkbar, dass es sich bei dem zweiten Paar an diesem Sonntag am Altonaer Bahnhof um das Ehepaar Philippi handelte. Möglich, dass der jüdische Ingenieur von den Schweden (die noch eine ganze Reihe jüdischer Gefangener retteten) zu seinem eigenen Schutz direkt nach Hamburg geschickt wurde. Von hier waren die Fährwege nach Schweden schneller erreichbar, und auch wenn sich von Hamburg aus die Macht der Gestapo inzwischen über den ganzen Norden hinweg erstreckte, wäre eine solche »Heimkehr« aus dem Konzentrationslager direkt in der Reichshauptstadt Berlin eher noch viel auffälliger gewesen und hätte Philippis Retter womöglich auffliegen lassen können. Ihn von Sachsenhausen nach Hamburg zu bringen wäre also weit klüger gewesen, auch um die Reichshauptstadt zu meiden, in der Geheimpolizei, hohe Politik und Militärs viel präsenter waren.

In Hamburg herrschte längst keine Ruhe mehr. Der Begriff »Reichspogromnacht«, der später in die deutsche Geschichtsschreibung einging, mag für den massiven Sturm auf Synagogen und jüdische Geschäfte im ganzen Land gelten, für Hamburg und für viele andere Orte trifft er so nicht zu, denn die Pogromstimmung herrschte hier einen ganzen Monat lang. In der neueren Geschichtsschreibung ist deshalb auch vom »Novemberpogrom« die Rede, weil die konzertierten Aktionen gegen die rund halbe Million jüdischer Bürger in Deutschland nicht enden wollten und andere Oppositionelle bei diesen Gewaltaktionen gleich mit einkassiert werden sollten. Keller und Hinterzimmer, in denen sich Menschen versteckten, wurden durchsucht und aufgebrochen, doppelte Wände in Wohnungen zerstört und Gartenhäuser und Bootskajüten, in denen Kommunisten, Juden und Widerständler sich versteckt hielten, von der Gestapo gestürmt.

Munio muss Hamburg verlassen, denn hier ist sein Leben in Gefahr. Aber es gibt da auch noch das Versprechen, das Gerta und er seinen Eltern gaben. Sie werden Europa nicht ohne Sigmund, Munios jüngeren Bruder, verlassen, und der wartet noch immer in Wien auf sie. Gerta nimmt an diesem Sonntag Munio nach seiner Entlassung ein Versprechen ab. Er muss ihr vertrauen, dass sie alles regeln wird, und soll einfach Ruhe bewahren. Dann schickt sie ihn zurück nach Wien. Dort haben sie so viele Verbindungen, dass es leichter ist, ihn in ein sicheres Versteck zu bringen, bis sie sich wieder aus Hamburg meldet.

An einen Abschied von ihrer eigenen Familie denkt Gerta längst nicht mehr, sie hat nur das bei sich, was sie für ein verlängertes Wochenende nach Hamburg mitnahm, weder persönlichen Schmuck noch Fotos oder Dinge, die wichtig wären, wenn man sich für lange Zeit von seiner Heimat verabschiedet. Sie hat Wien in dem Glauben verlassen, in einigen Tagen zurückzukehren.

Mit dieser Notlösung kann wenigstens Munio seinen Eltern auf Wiedersehen sagen und seinen jüngeren Bruder mitbringen. Gerta gibt ihrem Mann, der unter dem Eindruck seiner Haftzeit noch immer etwas benommen ist, genaue Anweisungen: »Versteck dich, wohne nicht zu Hause, ich werde alles für uns in die Wege leiten, überlass mir alles, ich teile dir rechtzeitig mit, wann du wo sein musst. Ich werde uns aus Europa heraus und in Sicherheit bringen. Das verspreche ich dir.«

Sie will das, was sie begonnen hat, vernünftig zu Ende bringen und zweifelt keine Sekunde daran, dass es ihr nach allem, was bereits hinter ihnen liegt, auch gelingen kann.

Im Jahr 1938 waren die Frauen eigentlich diejenigen, die ihren Männern folgten, aber Munio ergibt sich, er ist ohnehin noch zu schwach, und bricht am selben Tag mit dem nächsten Zug nach Wien auf, denn das Verdikt, Deutschland binnen vierundzwanzig Stunden zu verlassen, sitzt ihm im Nacken und er nimmt es sehr ernst. Er wird diese Auflage früh genug bewusst noch einmal brechen müssen, wenn er je wieder mit seiner Frau vereint sein will, denn die bleibt nun bis auf Weiteres in Deutschland zurück. Allein.

Moses ist inzwischen wieder in Sicherheit, während jüdisches Leben in Deutschland nur noch auf des Messers Schneide stattfindet. Unendliche Tage des Wartens vergehen, da erhält Gerta Anfang Dezember einen Anruf von Herrn Otto. Er bittet sie zu sich in sein Büro, denn er hat eine Lösung gefunden, um sowohl das Visum für Panama als auch eine Schiffsreise zu organisieren. Aber Gerta muss vorher noch einmal aktiv werden, kündigt er ihr per Telefon am Morgen an. Wieder ist ihr Geschick gefragt.

Gerta ist nun schon über einen Monat in Hamburg und nach dem langen Warten und den neuen Informationen derart aufgeregt, dass sie an diesem Tag den direkten Weg über die Grindelallee zum Dammtor hinunter zum Jungfernstieg nimmt.

Der Zeitungskiosk an der Ecke zum Grindelhof hat seinen Betrieb inzwischen wieder aufgenommen, mit irritierenden Schlagzeilen auf den Titelblättern: »Hitlers Orden! Das Mutterkreuz für alle Frauen, die dem Führer vier Kinder schenken« steht da oder »Die Antwort an das Judenpack«. Der Laden ist längst arisiert. Von denen, die das Geschäft aufgebaut haben, fehlt jede Spur.

Vier Schiffe werden bis Ende des Monats Dezember in Richtung Panama auslaufen. Gertas Schwägerin Lola hat das Geld, das ihre beiden Brüder und Gerta für ihre Visa benötigen, längst über die Chase Manhattan Bank an die Regierung Panamas geschickt. Siebenhundertfünfzig Dollar sind nun von Johannesburg aus unterwegs in ein Land, in dem der Stern der aktuellen Regierung im Sinken begriffen ist. Panama hat entgegen einer Depesche, die die lateinamerikanischen Länder auf der Konferenz von Évian (zur Rettung der jüdischen Flüchtlinge aus dem Deutschen Reich) verfasst hatten, nur für ein paar Wochen seine Grenzen für verzweifelte Neuankömmlinge geöffnet. Wieder einmal war Gerta das Glück hold, denn es lag für eine sehr kurze Übergangszeit im Ermessen der jeweiligen Konsule von Panama, wen sie noch ins Land lassen. In ihrem Fall sollte sogar auf die hundertfünfzig Dollar verzichtet werden, die jeder panamaische Neubürger aus Europa als Startgeld mitbringen musste.

Als Gerta an diesem Mittwoch das sie rettende Schiff betritt, haben sie und Munio je zehn Reichsmark (umgerechnet drei Dollar) in der Tasche (Munio und Gerta sind zwar keine Deutschen, aber auch sie trifft durch die Abreise von Deutschland aus in die Emigration das Schicksal aller deutsch-jüdischen Auswanderer des Jahres 1938: Pro Person darf jeder nur zehn Reichsmark mitnehmen, wenn sie das immer brauner werdende Reich verlassen. Umgerechnet sind das jene drei Dollar.) Herr Ottos Plan ist ziemlich genial, aber die Chance seines Gelingens hängt abermals von Gertas künstlerischer Ader ab, sie soll nämlich wieder ein wenig tricksen, um an die nötigen Dollars zu kommen, die das panamaische Konsulat in der Ferdinandstraße benötigt.

Die Schiffe, die Hamburg im Dezember des Jahres 1938 auf der berüchtigten Südamerika-Route verlassen, sind drei Frachtschiffe und ein Passagierschiff. Der Norddeutsche Lloyd hat den Dampfer »Isar«, der neben seiner Fracht fünfzehn Menschen zusätzlich aufnehmen kann, aber der hat Hamburg gerade verlassen. Die »Monserrate« der Lloyd Gesellschaft sticht am 22. Dezember in See und kann achtundzwanzig Passagiere zusätzlich aufnehmen, die Passage birgt aber ein hohes Risiko, weil Munio, Sigi und Gerta erneut in Gefahr geraten würden, wenn das Schiff noch einmal in Bremen und in Antwerpen anlegt, bevor sie die lange Route über den Atlantik antreten können.

Die HAPAG hat zwei Schiffe, die ebenfalls noch im Dezember ablegen – die »Vancouver«, ein Frachter, der fast baugleich mit der »Monserrate« ist. Beide Schiffe legen aber erst in der letzten Dezemberwoche ab, und jeder Tag, den die jungen Wiener Europa früher verlassen, ist kostbar. Schon jetzt darf Gerta nicht einfach an Bord der Schiffe gehen, weil es ihr als Jüdin im Reich inzwischen offiziell verboten ist.

Und dann ist da noch die »MS Cordillera«, ein sehr modernes und elegantes Passagierschiff, um die hundertfünfzig Meter lang und erst fünf Jahre zuvor von der HAPAG im »Westindien-Dienst« eingeweiht. Dieses großzügige Schiff ist nun auf der Mittelamerika-Route unterwegs und kann neben den hundertfünfundneunzig Mann Besatzung weitere rund vierhundert Gäste aufnehmen.

Die »Cordillera« soll am Samstag darauf, also drei Tage später, im Hamburger Hafen auslaufen. Mit an Bord werden rund hundert lateinamerikanische rumänischstämmige Juden aus Kolumbien sein. Sie hatten sich ein paar Wochen in Europa aufgehalten, um ihre Familien in Rumänien zu besuchen. Im Vergleich zum Deutschen Reich ist in Rumänien zu dieser Zeit die Lage für die Juden gemäßigt. Die Passagiere der »Cordillera« sind wohlhabende Kaufleute aus Bogotá und Medellín. »Wenn es Ihnen gelingt, unter diesen Menschen einen zu finden, der ihnen das Geld für Ihr Visum bis nach Panama leiht, könnte es funktionieren«, schlägt Herr Otto Gerta vor. Die drei Schiffspassagen bis nach Panama schenkt er den Sterns und sein Trick klingt genial, aber

Gerta ist gleich klar, dass sie strategisch vorgehen muss. »Ich darf Sie nicht offiziell an Bord lassen, aber am Samstagmorgen haben wir die Gelegenheit, dass Sie unerkannt zu diesen Leuten auf das Schiff können und auch wieder herunter. Wir würden Sie ein paar Tage später in Frankreich an Bord nehmen.« In Frankreich gibt es keinen planmäßigen Stopp für das Schiff, sondern nur in Antwerpen, und unter der Mannschaft soll auf keinen Fall Unruhe entstehen. Es sind immerhin hundertfünfundneunzig Mann Besatzung an Bord. Darunter könnten Verräter sein, und die Spur zum Helfer nach Hamburg ließe sich zu leicht verfolgen. Man werde jedoch inoffizielle Wege finden, sie an Bord zu bringen.

Herr Otto empfiehlt Gerta, sie solle die Bestätigung der Chase Manhattan Bank, die sie von Lola erhalten hat, mit an Bord nehmen. Sie müssen schließlich jemanden finden, der ihr, einem wildfremden Menschen, siebenhundertfünfzig Dollar leiht. Sie braucht einen Beweis dafür, dass das Geld in Panama liegen wird, wenn das Schiff ein paar Wochen später in Cristóbal anlegt, denn die Reisenden werden von dort aus weiter nach Süden reisen, und längst sind die Zeiten angebrochen, in denen selbst zuvor ehrliche Exilanten aus purer Not zu Betrügern werden bei dem Versuch, ihre Haut zu retten.

Am Samstag steht Gerta überpünktlich am Kai, an dem die »Cordillera« liegt. Sie ist sich, als sie das riesige Passagierschiff betritt, keineswegs sicher, ob sie es tatsächlich ein paar Tage später in Frankreich besteigen wird, aber die Vorstellung, dass dieses Schiff sie in ihre Zukunft bringen *könnte,* verleiht ihr enorm viel Mut.

Für die junge Wienerin steht schon vor Betreten des Passagierdampfers fest, dass sie keine Frau und keinen jungen Mann fragen wird. Oder, um es mit Gertas Worten zu sagen: »Er muss nicht schön sein, er muss gutmütig ausschauen.«

Gerta geht an diesem Morgen des 17. Dezember schon kurz vor acht Uhr an Bord. Sie nimmt sich Zeit, schaut sich in Ruhe die gut hundert Leute an, die kurz vor ihr das Schiff betreten haben und sich orientieren. Am späten Nachmittag sollen sie auslaufen. Gerta möchte durch ihre Anwesenheit niemanden auf »falsche Gedanken« bringen. Schließlich kann es falsch verstanden werden, wenn eine junge Frau allein an Bord geht und nach so viel Geld fragt. »Bitte? Sprechen Sie Deutsch?«, lautet ihre Frage. Sie spricht gezielt einen älteren, in der Tat gutmütig ausschauenden Herrn an, einen orthodoxen Juden. Und so trifft Gerta Herrn Rosenberg, der zu einem weiteren Glücksfall bei der Rettung ihres Lebens werden soll.

»I räd Jiddisch«, antwortet der alte Herr, wobei das aus Sicht einer Dreiundzwanzigjährigen relativ gewesen sein mag. Vielleicht war er in seinen Fünfzigern, und die dunkle Kleidung der Orthodoxen machte ihn noch ein wenig älter.

Gerta ist reichlich verdutzt. Jiddisch kann sie nicht sprechen, aber sie hat diese uralte Sprache der aschkenasischen Juden schon oft gehört, und weil sie ein sagenhaft erfindungsreiches Wesen ist und auch mit Sprachen kreativ umzugehen weiß, antwortet sie ihm schlagfertig: »I sprech a verdrehtes Jiddisch.«

Herrn Rosenbergs Vertrauen scheint sie bereits gewonnen zu haben, denn er fragt gleich zurück: »Was kann ich tun für euch?«

Gerta muss schon wieder eine Rolle spielen, aber dieses Mal muss sie nicht lügen. Der Herr sieht so gütig aus und er ist wie sie jüdisch. Sie erzählt ihm in ihrem selbst kreierten, verdrehten Jiddisch von ihrem Mann, der im KZ war, und dass dieses Schiff für sie die einzige Möglichkeit sei, von Deutschland fortzukommen: »Ich könnt mit diesem Schiff wegfahren«, sagt sie, und sie ist so fröhlich, weil dieser Mann ihr vielleicht helfen könnte, dass sie ihm nicht nur das Beweisstück, die Quittung der Chase Manhattan Bank, zeigt. Sie singt auch ein jiddisches Lied. Als habe es dessen als Beweis noch bedurft, sagt Rosenberg: »Ja, ma muss helfe.«

Wieder hat Gerta ihr Schicksal in die Hand genommen. Sie hat mir nie erzählt, wie sie sich gefühlt haben muss, als Herr Rosenberg sie zum Konsulat begleitet und dort die siebenhundertfünfzig Dollar persönlich bezahlt hat, aber sicher wird auch eine Träne der Erleichterung geflossen sein. Mister Rosenberg, der ziemlich gut Spanisch und ziemlich gut Jiddisch sprach, ermöglicht Gerta die Flucht in ein neues Leben. Ein seltsamer Gedanke, dass er einer Fremden in dieser Weise geholfen hat, er muss ein tiefes Vertrauen in diese junge Frau gehabt haben, das später abermals auf die Probe gestellt wird. »Ma muss helfe.« Man muss helfen. Was könnte die Welt für ein Ort sein, wenn alle so dächten!

Gerta macht sich glücklich auf den Weg und beeilt sich, denn Herr Otto wartet schon auf sie. Das Geld für die Schiffstickets hat sie zum Teil in Schillingen beglichen, das dritte Ticket für Sigi zahlt sie mit Lebensmittelmarken. Nun kann Munio mit Sigi nach Hamburg kommen.

Ein paar Stunden später sitzt Gerta überglücklich im Büro ihres heimlichen Helfers, bei Herrn Otto. Vor lauter Aufregung glaubt Gerta, etwas im Plan von Herrn Otto verpasst zu haben, und sie fragt: »Das Schiff fährt aber doch jetzt weg? Und wie kommen wir an Bord?« In wenigen Stunden wird die »Cordillera« in Hamburg ablegen.

»In der Nacht von Dienstag auf Mittwoch werden wir die ›Cordillera‹ vor der Küste der Bretagne stoppen«, erklärt Herr Otto.

»Machen Sie sich keine Sorgen, das Schiff legt erst in ein paar Tagen ungeplant dort an. Sie müssen mit dem Zug bis nach Boulogne-sur-Mer fahren. Ich werde Ihnen einen Plan anfertigen, damit Sie den Kai finden, an dem Sie sich postieren müssen. An dieser Stelle wird nachts um Punkt halb zwei ein Ruderboot anlegen und Sie aufnehmen. Das bringt Sie, Ihren Mann und den Jungen im Dunkel der Nacht an Bord. Vertrauen Sie mir, Gerta. Sie werden auf genau dem Schiff landen, auf dem Sie heute schon waren. Eine Kabine für Sie und Ihren Mann ist reserviert. Sigmund muss sich mit einem größeren Schlafsaal unter Deck begnügen, dort schläft die Jugend. Sie können jetzt dem Schiff bequem mit dem Zug hinterherfahren. Und einen Passagier dort kennen Sie ja bereits.«

Kapitel 10

»Wer nicht den Mut hat, die Küste aus den Augen zu verlieren, kann keine neuen Ozeane entdecken«, hat André Gide einmal gesagt.

Viele der Emigranten der Dreißiger- und Vierzigerjahre waren nicht von Natur aus so mutig, sich jeden Tag neuen Herausforderungen in der Fremde zu stellen. Diese Fähigkeit war wie ein Muskel, der allenfalls angelegt war, den sie aber nicht trainiert hatten – der sich aber mit viel Anstrengung aufbauen ließ.

In Gerta Sterns Fall trat erst mit ihrer Ankunft auf der »Cordillera« eine vorübergehende, gewisse Verzagtheit zutage. Fast zwei Monate hatte Gerta sich zusammengerissen und für alle anderen gesorgt, den Druck, an dem andere womöglich zerbrochen wären, ertrug sie während dieser ganzen Zeit ohne Einbruch, und bis auf Herrn Otto, dessen Nachnamen sie nicht einmal kannte, konnte sie ihre Bedenken mit keiner Menschenseele teilen. Sogar ihre Camouflage-Aktion im Gestapo-Hauptquartier hatte sie vollkommen angstfrei und handwerklich lupenrein als großen Auftritt einer ehemaligen Schauspielerin hingelegt. Nach all dem, was sie in den vergangenen zwei Monaten bewältigt hatte, setzte ihre Verzagtheit und Ermüdung, die sich in Form von Misstrauen äußerte, ausgerechnet in dem Moment ein, als sie an Bord der »Cordillera« gingen.

Nachdem Munio und Sigmund aus Wien in Hamburg eingetroffen waren, fuhren sie direkt nach Boulogne. Am Hafen warteten sie bis zum Einbruch der Dunkelheit. Herr Ottos Plan funktionierte meisterhaft bis ins Detail. Alles hatte so geklappt, wie ihr Lebensretter es ausgetüftelt hatte. Die Gruppe der Mitwisser war klein.

Während sie am Hafenbecken stehen, fällt Gerta an diesem Abend der Mann auf, der sie immer wieder anstarrt. Er scheint Deutscher zu sein. Als das Ruderboot kommt, um sie auf den Ozeanliner zu bringen, wird der Fremde mit ins Boot genommen. Gerta ist ihm gegenüber von Anfang an misstrauisch.

Die »Cordillera« ist groß und elegant. Sie hat mehrere Säle, diese Art des Reisens ist viel komfortabler als die Sterns es sich ausgemalt haben. Die »Cordillera« ist eines der schnellen Doppelschrauben-Motorschiffe, die vor allem Pendlern zwischen den Kontinenten vor dem großen Boom im Flugverkehr einen denkbar hohen Komfort bieten. Herr Rosenberg begrüßt Gerta fröhlich, als sie mit den beiden Männern in ihrer Begleitung und dem seltsamen Fremden an Bord geht.

Der Fremde trägt eine Schreibmaschine bei sich, und Gerta ist zum ersten Mal in ihrem Leben derart misstrauisch, dass sie Munio sogar bittet, nicht zu laut mit ihr zu reden. Die beiden gehen dazu über, nur noch flüsternd miteinander zu kommunizieren. Immer wieder taucht der Fremde mit der Schreibmaschine in ihrer Nähe auf. Gerta und Munio haben die einfachste Schiffsfahrt gebucht, die sie bekommen konnten. »Der ist ein Spion«, verdächtigt ihn die sonst so positive junge Wienerin und steigert sich in ihre Projektionen hinein. Hat der nicht sogar so etwas wie ein kleines Mikrofon in der Hand, als er die Kajüte betrat, um fröhlich auf Deutsch zu parlieren und sie ein wenig auszufragen? Tatsächlich passiert ihnen nichts, der Mann fährt später mit der »Cordillera« weiter in Richtung Südamerika, und

Gerta hat nie erfahren, wer er wirklich war. Nun, womöglich nichts als ein ebenfalls entwurzelter Schriftsteller, der ins Exil ging und der von Gertas Charme angezogen wurde und schlicht ihre Gegenwart genoss. Denn Gerta ist selbst in tristen Momenten noch ziemlich geistreich.

»Der hat anfangs keine Ruhe gegeben«, erzählt sie über den fremden Mann, der da stets ihre Nähe gesucht hatte. Vielleicht gefiel ihm nur die Gesellschaft der drei Sterns, die ein bisschen ungewöhnlicher waren als manch andere Passagiere? Immer wieder schaffte er es, vor allem Munio in Gespräche zu verwickeln.

Gertas Furcht vor dem vermeintlichen Detektiv legt sich erst, als sie sich den Tropen nähern. Der Wind wurde plötzlich weich, und mit der Luft veränderten sich auch die Temperaturen. Es muss irgendwo zwischen den karibischen Inseln sein, als Gerta endlich innerlich loslassen kann. Die Sterne, die das Schiff nachts regelrecht umschließen, wenn sich die vielen Millionen Lichter am Firmament bis hinab auf das Meer zu senken scheinen, wirken besänftigend auf sie.

Das Einzige, was sie vermisst: Mutti. Ihre stille, etwas zurückgenommene Mutter, die sie in Europa zurücklassen musste. Gerta und sie haben kein leichtes Verhältnis zueinander gehabt, wie es scheint. Nicht etwa, weil es oft Streit gegeben hätte, sondern weil sie so grundverschieden waren. Nachdem Gertas Vater früh gestorben war, hatte sie sich mehr um ihre Mutter gekümmert, als es vielleicht normal gewesen wäre. Und: Gerta scheint als Kind aus Rücksicht auf die schwere Situation, der ihre verwitwete Mutter ausgesetzt war, ein sehr gehorsames Kind gewesen zu sein. Das muss für einen derart agilen kleinen Wildfang eine große Herausforderung gewesen sein.

Sofie Lagodzinsky suchte sogar die Berufsausbildung, Kosmetikerin, für ihre Tochter Gerta aus, die nichts lieber geblieben wäre als Schauspielerin. Mit diesem Beruf wirst du überall zurechtkommen, ohne eine fremde Sprache zu beherrschen, erklärte sie ihrer Tochter. Wie deutlich sie damit recht behalten sollte.

In Panama angekommen, muss Gerta feststellen, dass sie im Emigrantenheim sogar die einzige Frau ist, die überhaupt eine Ausbildung beziehungsweise, wie sie es sagt, »einen Beruf hat«. Sie hat in der ersten Zeit nach ihrer Ankunft die beiden Männer, mit denen sie in dieses fremde Land reiste, mit ernährt. Gerta wird in Panama sehr erfolgreich. Hätte man ihr dies am 11. Januar 1939 erzählt, als sie in Panama eintrafen, hätte sie vielleicht verständnislos den Kopf geschüttelt über diesen Satz, zumal da zunächst einmal ja noch die Schulden waren, die sie bei Herrn Rosenberg hatte, dem alten orthodoxen Herrn aus Bogotá in Kolumbien. Dem Mann, der nur Jiddisch sprach und Spanisch und mit dem sich Gerta und Munio nur auf sehr eingeschränkte Weise unterhalten konnten.

Als sie in Cristóbal ankommen, dem Hafen unweit einer Freihandelszone namens Colón (noch heute das alte Piratennest, das es immer war), steigt, wie vereinbart, Herr Rosenberg mit ihnen aus. Sie haben es geschafft.

Gerta hat alles vorbereitet, sie hat ja die Quittung der Chase Manhattan Bank, die sie bei sich trägt. Darauf ist das Geld ihrer Schwägerin Lola aus Johannesburg ausgewiesen, das bereits in Panama liegt. Mit Herrn Rosenberg, der die Summe für sie in Hamburg in bar bezahlte, geht sie nun direkt zur Chase Manhattan Bank in Cristóbal. Rosenberg scheint auf der Reise mit der »Cordillera« doch immer wieder Zweifel an Gertas und Munios Ehrlichkeit bekommen zu haben. Der rumänischstämmige Kolumbianer erschien Gerta auf dem Weg nach Panama an Bord oft ein bisschen grüblerisch. Als sie in Panama angekommen vor dem Bankschalter stehen, muss Gerta plötzlich feststellen, dass die panamaische Regierung das Geld doppelt einkassiert hat, also nicht nur ihre Zahlung, die sie in Hamburg beim Konsulat geleistet haben, sondern auch die direkte Überweisung des Geldes aus Südafrika. Sie ist entsetzt, denn dies bedeutet, dass Herr Rosenberg nun unverrichteter Dinge nach Hause, nach Bogotá, zurückreisen muss. Er beweist abermals eine übermäßige Geduld und gibt Gerta seine Visitenkarte. Wenn sie das Geld zusammenhat, soll sie ihn in Bogotá anrufen, wo er als Kaufmann lebt. Auf der Atlantiküberfahrt hat er sie und Munio ein bisschen besser studieren können. Sie seien gute Menschen, das wisse er nun, sagt er zu Gerta und besteigt das Schiff Richtung Kolumbien. Munio und Gerta ist das alles schrecklich unangenehm, denn auf diese Weise starten sie ihr neues Leben in Mittelamerika mit Schulden.

Aber immerhin sind Munio, Gerta und Sigi nun endlich an dem Ort eingetroffen, der ihnen eine neue Heimat bietet. Dass sie ihre Visa noch bekamen, ist ein weiterer Glücksfall in Gertas Geschichte. Nur wenig später hätte die Zeit nicht mehr gereicht.

Auf der Konferenz von Évian hatten sich im Sommer zuvor zweiunddreißig Staaten der Welt beraten. Die Konferenz auf Initiative des amerikanischen Präsidenten Roosevelt sollte der Rettung der in Österreich und Deutschland lebenden Juden vor den Nationalsozialisten dienen. Das Ziel der Konferenz in dem beschaulichen französischen Alpenort war deshalb ein gemeinsames Flüchtlingsprogramm. Die gemeinsamen Beratungen scheiterten allerdings nach neun Tagen. Unter anderem kam es zum Streit darüber, inwieweit Deutschland an den Beratungen teilnehmen durfte. Die Verhandlungsteilnehmer der Reichsregierung unternahmen auf der Konferenz immer wieder Versuche, das zwischenstaatliche Komitee der zweiunddreißig Nationen zu manipulieren. Viele der Staaten litten unter einem Fachkräftemangel und wollten sofort Einwanderer aufnehmen, andere legten die Hürden für Emigranten sehr hoch, indem sie ein beträchtliches »Vorzeigegeld« verlangten. Das erschien absurd, denn wie sollte das gehen, wenn Deutschland wiederum von seinen jüdischen Bürgern verlangte, dass sie nicht mehr als zehn Reichsmark ins Ausland mitnahmen.

Hinzu kam ein rechtliches Instrument, das den widerlichen Namen »Reichsfluchtsteuer« hatte. Als habe sich je ein Exilant freiwillig außer Landes begeben. Nun sollten die Menschen für die sie drangsalierenden Auflagen der Regierung auch noch Steuern zusätzlich zahlen. In der Reichsfluchtsteuer waren noch nicht einmal die Sondersteuern enthalten, die zusätzlich auf neu angeschaffte Gegenstände bezahlt werden mussten. Sie betrugen 300 Prozent des Anschaffungswertes. Wer gesunde Beine und ein bisschen Grips besaß, rannte davon, so schnell es ging. Die Reichsregierung forcierte auch damit ihr Ziel, jüdisches Eigentum einfach zu okkupieren und zu »arisieren«. Für wenig Geld wurden ganze Hausstände inklusive Inventar und Kunstgegenständen weiterveräußert.

In Évian scheiterte die Einigung. Es kam hinter den Kulissen zum Eklat zwischen den Geberländern. Ausgerechnet die Lateinamerikaner begehrten gegen die deutschen Vorgaben auf. Die Reichsabgesandten verlangten von ihnen zusätzlich wirtschaftliche Vergünstigungen und wollten für alle Aufnahmestaaten ein Verrechnungsabkommen festlegen. Seltsam, aber es gab keine jüdischen Teilnehmer bei der Konferenz.

Vieles will uns aus dem Abstand der Jahrzehnte so praktisch schwarz-weiß erscheinen: Auf der einen Seite die bösen Nazis und auf der anderen die guten Exilländer. Die Grautöne dazwischen scheinen sich im Laufe der Jahre verloren zu haben. Vielleicht ist auch Hollywood mit daran schuld, dass die Welt von damals aus heutiger Sicht ein bisschen mehr nach »Inglourious Bastards« aussieht, als sie es tatsächlich war. Natürlich gab es viele Helden und engagierte Retter wie in dem Tarantino-Film und es gab sogar Menschen in Nazi-Uniformen, die – wie Gerta Sterns Beispiel beweist – verdeckt Menschenleben retteten. Doch nicht zuletzt die Konferenz von Évian diente als Beweis, dass Antisemitismus weiter verbreitet war als nur im Deutschen Reich. So sollen die Schweden zur Vereinfachung der Einwanderung in Skandinavien eigentlich die Idee gehabt haben, ein »J« in die Pässe jüdischer Bürger zu stempeln. In England gingen derweil die Gewerkschafter auf die Straße und demonstrierten gegen jüdische Einwanderer, weil sie sich vor dem Lohndumping durch die billigeren eingewanderten Arbeitskräfte fürchteten. In Évian selbst wurde sogar in einem Protokoll festgehalten, dass Südafrika die Visabearbeitungen bewusst verzögerte, um so die Zahlen der jüdischen Einwanderer knapp zu halten. Davon freilich ahnten Gerta und Munio nichts, als sie wochenlang auf die Bearbeitung warten mussten.

Die antisemitischen Stimmungen erstreckten sich bis nach Mittelamerika. In einer Verlautbarung der Länder Costa Rica, Honduras, Nicaragua und Panama hieß es: »Wir wollen weder Händler noch Intellektuelle. Die Juden bringen die Sozialstruktur unserer Länder durcheinander.« Eine interessante Feststellung, wenn man sich vor diesem Hintergrund klarmacht, dass Gerta Stern bald die erste Kosmetikerin von Panama werden sollte.

Panamas Gesandter Francisco Villalaz brachte, vielleicht aus Wut über die desaströse Konferenz in Frankreich, Ende Oktober 1938 in der direkten Folge von Évian eine Depesche in Umlauf, nach der »aufgrund der Vereinbarungen von Évian die jüdische Einwanderung jetzt vollkommen gesperrt ist«. Zuvor hatten Einwanderer, um nach Panama ins Exil gehen zu können, noch besagtes Vorzeigegeld von hundertfünfzig Dollar aufbringen müssen. Selbst das zählt nun nicht mehr. Diese Depesche von Villalaz scheint das Konsulat in Hamburg aber erst viel später erreicht zu haben. Wäre sie direkt umgesetzt worden, wäre den Sterns dieser Weg versperrt gewesen.

Oder sollte auch da Herr Otto seine Finger im Spiel gehabt haben?

Der äußerst schmale Staat zwischen Atlantik und Pazifik feiert pünktlich zur Ankunft der drei Sterns gerade mit großem Pomp sein fünfundzwanzigjähriges Kanal-Jubiläum. Wieder einmal lief eine Regierung dort Gefahr, abgewählt zu werden. Ein Klassiker in dem Staat, bis heute. Wer, wie die Sterns, gerade einer Diktatur entkommen ist, sieht die unterschiedlichen Parteiströmungen, die sich zuweilen unter dem Gescheppere von Revolutionen und Skandalen gegenseitig ablösen, unterdessen vielleicht nicht ganz so kritisch.

Ihre Zukunft ist ungewiss, aber das, was hinter ihnen liegt, hat ihnen mehr Angst bereitet als das vollkommen unbekannte Panama. Dunkle Wolken lagen über Europa, das Deutsche Reich, das immer rigider wurde, hatte mit Kriegswaffen so sehr aufgerüstet, dass es nur eine Frage der Zeit war, wann es dort unter einem unberechenbaren Adolf Hitler zum großen Knall und damit zum Krieg kommen würde.

Cristóbal ist ein kleines Nest am Rande der Freihandelszone von Colón. Hier blüht der Handel mit Waren, die in der abgeschlossenen Zone für den Export umgepackt werden. Panama lebt hauptsächlich von Dienstleistungen. Rund 80 Prozent des Bruttoinlandsproduktes entstehen auf diesem Sektor. Dazu zählen die Einnahmen aus dem Kanal genauso wie der Bankensektor, der damals noch im Aufbau ist. Ein etwas eigenwilliges Geschäft ist die lukrative Vergabe von Flaggen aus Panama. Das bedeutet, dass Panama offiziell eine der größten Handelsflotten der Welt betreibt, selbst aber keine Schiffe besitzt. Reedereien aus aller Welt kaufen hier eine günstige Flaggenlizenz, indem sie einen offiziellen Sitz im Land anmelden. Dies ist eine frühe Form der später bekannten Briefkastenfirmen. Ein klassisch panamaisches Geschäft.

Vielleicht liegt es an den Nachfahren der ersten Freibeuter hier, aber viele Geschäfte in Panama haben bis heute etwas Kapriziöses und zeigen eine eigenwillige Form der Kreativität. Die Sache mit den Flaggen ist international rechtlich unbedenklich. Nachdem das System in Panama erfunden wurde, machen andere Länder, wie Liberia oder Antigua, heute weitaus größere Geschäfte mit den Flaggen. So fließt ein Teil der Steuerersparnis, die die Flaggenkäufer haben, für die reine Dienstleistung und Verwaltung nach Panama. Die wichtigsten landwirtschaftlichen Produkte des Landes sind Bananen, Garnelen und Rohrzucker.

Auf dem Schiff nach Panama hat ihnen jemand von einem deutschstämmigen Juden erzählt, der hier leben soll. Also durchqueren Gerta und Munio mit Sigi im Schlepptau das Land gleich an einem der ersten Tage und besuchen den Mann. Er lebt auf der Avenida Central, mitten in Panama City. Schnell steht der Entschluss, dauerhaft von der Karibikseite in die Hauptstadt auf der Pazifikseite zu wechseln, um sich dort anzusiedeln, ganz einfach, weil es dort mehr Verdienstmöglichkeiten gibt.

Es dauert nicht lange, bis Gerta und Munio zusammen mit Sigmund in ein Holzhaus für Emigranten ziehen, in das sie die reformierte jüdische Gemeinde Kol Shearith vermittelt. Vierzig Exilanten leben hier zu Beginn des Jahres 1939. Sie alle stammen aus Europa und haben noch keine Arbeit in Panama. Die Gemeinschaft ist wie eine europäische Großfamilie inmitten des exotischen Exterieurs von Panama. Gertas Glück: Es gibt eine begabte europäische Köchin unter den Bewohnern von El Sitio in Juan Díaz bei Panama City. Strom gibt es dort nicht. Die Menschen hier kommen aus Deutschland, der Tschechoslowakei und Österreich. Eine sehr typische Geschichte, die sie erzählt, geht so: Gerta geht eines Morgens durch das Haus und begegnet einer Frau aus Wien, die sie von dort kennt. Sie erkennt sie aber nicht am Gang oder an der Kleidung, sondern auf den ersten Blick – im wahrsten Sinne des Wortes, weil sie stark schielt. Gerta beschreibt Ereignisse wie diese mit einem für sie typischen, fröhlichen Satz: »Ich wusste, so einen Blick gibt es nur einmal auf der Welt!«, ohne diesen Blick auch nur im Geringsten zu bewerten oder sich gar darüber lustig zu machen.

Die ersten Monate sind klimatisch etwas angenehmer für die Neuankömmlinge in der fremden Umgebung. Im Januar herrscht noch das milde, trockene Klima, die Regenzeit, die oft sehr anstrengend ist, weil es wie aus Kübeln gießt und mit ihr die Hitze kommt, setzt erst am Ende des Frühjahrs ein. Die reformierte jüdische Gemeinde kümmert sich intensiv um die Emigranten.

Die Menschen, die sich hier engagieren, haben für die Flüchtlinge Kleider gesammelt und betreuen die teils noch verstörten Menschen, die ja gerade ihre Heimat und ihr Hab und Gut verloren haben, auch spirituell und sozial sehr gut.

Anfang der Neunzehnhundertvierzigerjahre leben rund tausend jüdische Menschen in Panama. Ungefähr zwei Drittel von ihnen sind sephardische Juden aus Israel, Syrien, Griechenland und der Türkei. Das andere Drittel setzt sich aus Einwanderern aus den Niederlanden und Polen zusammen. Sie bilden die Grundlage für ein heute sehr buntes jüdisches Leben mit sechs Synagogen in Panama City, darunter inzwischen auch viele aus Israel und den USA eingewanderte Orthodoxe. Heute ist Panama ein bisschen wie Klein-Israel im besten Sinne, so vielfältig ist die jüdische Kultur. Manches erinnert an Jerusalem, etwa freitags abends in bestimmten Vierteln von Panama City. Denn hier sieht man Menschen, die mit einer verheißungsvollen Eile noch schnell die letzten Besorgungen vor dem Beginn des Sabbats machen. Der beginnt, wenn die ersten Sterne am Himmel erscheinen, und da in Panama die Nacht schlagartig hereinbricht und es sehr schnell dunkel wird, ist die Vorfreude, die den Menschen vor der abendlichen Feier im Rahmen der Familie anzumerken ist, immer auch mit etwas mehr Hektik als an anderen Orten verbunden. Schließlich bleibt woanders auch strengen jüdischen Gläubigen die langsame Dämmerung, um es noch pünktlich mit dem frischen Shabbes-Brot unter dem Arm nach Hause zu schaffen.

Mit den europäischen Neubewohnern von Panama entsteht eine ganz neue Logistik (und es sollte nicht bei den vierzig Menschen in Juan Díaz allein bleiben, die aus purer Not einwanderten), und das jüdische Gemeindeleben blüht neu auf. Eine jüdische Bibliothek, ein Krankenhaus und die erste gute Schule nehmen ihren Anfang in diesen Jahren. Munio wird später eine Zeit lang sogar Panama im jüdischen Weltkongress vertreten und reist viel für die Gemeinde.

Wieder ist es Gertas Kreativität, die ihr Leben in eine ungeplante Richtung bringt. Sigi und Munio arbeiten zu dieser Zeit noch nicht. Profifußball war nahezu unbekannt in Panama. Es gibt zwar ein drittklassiges Fußballteam, aber richtiges Interesse an Fußball hat hier kaum jemand. Auch käme im Panama Ende der Dreißigerjahre wohl kein Mensch darauf, dass man mit Fußball tatsächlich Geld verdienen könnte. Weder gibt es eine Trainerszene noch eine ernsthafte Talentauswahl oder ambitionierte Jugendkicker. Um es klar zu sagen: Fußball ist damals etwas für ein paar Außenseiter, und Munio, der als Ingenieur nicht gefragt ist, muss sich erst einmal orientieren. Was gut ist, denn er sondiert das Leben in Panama so, dass er ein spannendes, eigenes

Geschäftsfeld findet, den Juwelenhandel. Manchmal frage ich mich, was Munio Stern wohl für eine Stimme hatte. Ich habe Gerta so viel über ihre Liebe zu ihm gefragt, wir haben viel dabei gelacht, denn er muss einen sagenhaften Humor gehabt haben, und ich glaube, er war sehr charmant und hatte einen Schlag bei den Frauen, was wiederum für das Geschäft gut war, denn an Gertas und seiner Ehe gab es nichts zu rütteln. Die Probe, die ihre Partnerschaft zu Beginn ihrer Ehe durch seine Verhaftung und die Zeit im Konzentrationslager erlebte, hat eine Nähe zwischen ihnen entstehen lassen, die in den Paarkonstellationen in unserer modernen Zeit wahrscheinlich kaum mehr denkbar ist. Es fällt zudem auf, dass das Rollenverständnis dieser Ehe sehr modern war, denn Gerta hatte nicht nur viel Freiraum, sie war ja zu Beginn der Zeit in Panama auch die Haupternährerin der kleinen Familie.

Gerta lernte damals durch die Gemeinde, in der sie gelandet waren, sehr früh amerikanische Jüdinnen kennen, darunter eine Lehrerin aus der Kanalzone, der jemand erzählt hatte, es gebe da eine Kosmetikerin. Und das war genau das, was den Frauen der US-Offiziere in der Kanalzone fehlte. Diese Gattinnen lebten hier wie unter einer Glasglocke und sehr privilegiert. Normale Panamaer hatten zwar Zugang zu der sechzehn Kilometer breiten Zone, aber sie wurden wie Bürger zweiter Klasse dort behandelt. Sie durften sich das riesige Projekt anschauen, aber sie waren keine »Zonians«, wie die Amerikaner sich selbst nannten. Weder durften die Panamaer die hier angesiedelten amerikanischen Kinos noch die Shopping Malls besuchen. In der Kanalzone herrschte amerikanisches Recht. Wer sich hier als Bürger Panamas etwas zuschulden kommen ließ, wurde von einem US-Gericht dafür verurteilt.

Wer sich als US-Bürger hingegen für die Kanalzone verpflichtete, die die US-Amerikaner zu Anfang des Jahrhunderts für zehn Millionen Dollar Pacht im Jahr den Panamaern »abgekauft« hatten, erhielt jede Menge Sondervergünstigungen und Annehmlichkeiten. Die Einkommen hier waren steuerfrei, zusätzlich wurden Auslandszuschläge gezahlt. Jede und jeder dort Tätige erhielt für Amerikaner geradezu spektakuläre sieben Wochen Urlaub samt Freiflügen in die Heimat. Die Privilegierten wohnten in sehr schicken Häusern im Kolonialstil mit allem Komfort, und im Lohn enthalten waren auch die Hausangestellten und Gärtner, die das alles pflegten.

Präsident Roosevelt hatte mit der Sonderwirtschaftszone, die er hier errichtete, die Grundlage für ein sattes Leben einiger weniger gelegt, denn die Einnahmen behielten natürlich auch die späten Kolonialherren aus dem reichen Norden. Alle US-Militärinterventionen in Latein- und Südamerika wurden angeblich von Stützpunkten in Panama gesteuert. Durch den Kanal waren zudem Puerto Rico oder Kuba auch von der pazifischen Seite aus schnell erreichbar.

In diese Welt der amerikanischen Beamten kam nun Gerta. Sie war die erste Kosmetikerin im Land, und ihr Englisch war perfekt. Als clevere Geschäftsfrau hatte sie aber noch eine Zusatzidee, die von Anfang an ziemlich gut funktionierte: Sie gab Kurse für die Frauen in der Kanalzone, *lectures,* wie das damals hieß. Dazu gehörten Gesichtspflege, Kosmetik und die persönliche Betreuung wichtiger Frauen aus Gesellschaft und Politik. Für Gerta brachen nun ihre Boomjahre an. Sie verdiente sehr schnell so gut, dass sie, Sigi und Munio das Haus der Exilanten als Erste verließen, denn sie galten nicht länger als bedürftig. Gerta arbeitete unermüdlich.

Ihre Fähigkeiten aus Handwerk, gutem Entertainment bei den Kunden und auch dem Knüpfen wichtiger Verbindungen bildeten in diesen Jahren die Grundlage für ihr Unternehmen, das noch heute besteht. Sie fand zum Beispiel einen polnisch-jüdischen Einwanderer, der in Panama City einen Betrieb führte, der ebenso boomte, wie es Gertas noch junges Unternehmen tat: Er stellte in einem kleinen Labor Brillantine für Herren her. Die Frisuren der Männer wurden mit dem frühen »Haargel« geglättet, und der alte Herr Bern sprach perfekt Deutsch. Gerta sollte in diesen Jahren erst Spanisch lernen. Für den Einkauf von Zutaten fehlten ihr die Vokabeln. Bei dem gütigen Brillantine-Produzenten im Labor rührte Gerta ihre ersten eigenen Cremes und Lotionen an, die in der Kanalzone reißenden Absatz fanden.

Auch Schwager Sigi verschlug es – was bei einigen der männlichen Exilanten der Fall war – zu den Amerikanern. Sigmund Stern, der sich später in Florida ansiedelte, heuerte damals als Soldat der amerikanischen Army an. Neben dem Wunsch, eine vernünftige Aufgabe zu erfüllen und mit seiner Armeezugehörigkeit die begehrte amerikanische Staatsangehörigkeit zu erhalten, war dies seine Form des antifaschistischen Widerstands. Diese Aufgabe sollte ihn schneller nach Wien zurückbringen, als er es sich erträumte.

Sigmund und Munio litten still darunter, dass der Kontakt zu ihren Eltern abgerissen war. Die alten Sterns hatten sich versteckt in der Hoffnung, den Internierungen der Nationalsozialisten auf diese Weise zu entkommen. Ihre beiden Söhne waren voller Sorge, was mit ihnen geschehen war, und malten sich die schlimmsten Dinge aus. Sie hatten sich, als der Zeitpunkt noch ideal gewesen wäre, geweigert, ebenfalls nach Panama zu kommen, denn die Vorstellung, ihr geliebtes Wien zu verlassen, muss für die alten Sterns überaus beängstigend gewesen sein.

Gertas Mutter Sofie hingegen folgte ihrer Tochter mit dem letzten Schiff aus Genua. Sie wollte nicht länger in Wien bleiben, zumal bereits viele Familienangehörige ins Ausland geflüchtet waren und sie bei aller Unterschiedlichkeit ihre Tochter schrecklich vermisste.

Gerta, die nun viel unterwegs war und ständig mit Überlandbussen in die Kanalzone fuhr, um ihre Kurse für die amerikanischen Kundinnen zu geben, holte sie in Cristóbal am Hafen ab. Voller Vorfreude stand sie an diesem Tag überpünktlich am Anleger, nicht ahnend, dass ihre Mutter die halbe mit ihr auf dem Schiff reisende Emigrantenschar (die meisten fuhren weiter nach Kolumbien, Paraguay und Argentinien) verrückt gemacht hatte. Mutter Sofie hatte wohl zu dieser Zeit ein wenig schwache Nerven, denn hinter ihr lag eine fürchterliche Zeit der Schikane in Wien. Als das Schiff einlief, glaubte Gerta, ihren Ohren nicht zu trauen: Da standen zig Leute an der Reling und riefen laut skandierend ihren Namen im Stakkato: »Ger-ta-Stern, Ger-ta-Stern!«

Ihre Mutter hatte nämlich auf den letzten Seemeilen aus einer Mischung von Angst und Aufregung von nichts anderem mehr gesprochen, als dass ihre Tochter ein »ganz unpünktlicher Mensch« sei und dass sie bestimmt nicht rechtzeitig am Anleger wäre, um sie abzuholen. In einer verbalen Selbstbedauerungs-Orgie hatte Sofie sich ausgemalt, wie schrecklich es sein würde, wenn sie nun allein von Bord gehen müsse und niemand sie in dem fremden Hafen abholen komme. Als sie dann ein befreiendes »Da ist sie ja!« rief, schlossen sich die erleichterten Mit-Passagiere mit ihren Ger-ta-Stern-Rufen an. Was für ein verrückter Moment in beider Leben, bevor sie einander endlich wieder in die Arme schließen konnten.

Mutter Lagodzinsky hatte nicht nur sich selbst mitgebracht, sondern auch beste Schusterarbeit aus Wien. Ein findiger Mensch in der Heimat hatte geheime Fächer in ihre Schuhsohlen eingebaut, sodass sie beträchtliche Teile des Familienschmucks bei sich trug. Natürlich hatte sie die Schuhe auf der gesamten Überfahrt anbehalten. Sicher ist sicher.

Kapitel 11

»*You are really something special*«, pflegen Gertas neue amerikanische Kundinnen aus der Kanalzone ihr zu sagen. Seit ihre Mutter in Panama lebt, ist Gerta Stern endlich wieder rundum glücklich. Ihr wichtigstes Stück Wien ist ihr auf den neuen Kontinent, in die neue Heimat gefolgt. Panama ist ein verrückter Ort, die Politik nie ganz stabil, die Menschen dort sind auch nicht frei von rassistischen Gedanken, nur dass Gerta hier als jüdische weiße Wienerin zur Abwechslung weiter oben auf der Skala gelandet ist. Mit den schlaflosen Nächten ist es für Gerta jedenfalls erst einmal vorbei, nachdem ihre Mutter aus dem vom Krieg umtosten Europa in Panama angekommen ist.

Gerta bemüht sich auch noch einmal verstärkt um eine Lösung für ihre Schwiegereltern. Es hilft, dass sie inzwischen hohe Militärs, beziehungsweise deren Frauen unter ihren Kunden hat. Mit jedem neuen Gemeindemitglied, das es noch immer aus der alten Heimat kommend zu ihnen nach Panama schafft, erreichen sie neue bestürzende Nachrichten aus Europa. Aber der Kontakt zu Munios Eltern, die sich nach wie vor trotz widrigster Umstände nicht zu einem Verlassen ihrer Heimat entschließen können, ist von Tag zu Tag schwieriger, kaum noch möglich.

Gertas neues Leben gewinnt unterdessen zunehmend an Konturen und sie selbst an Standfestigkeit. »Panama war ein

Dorf, als ich ankam«, sagt Gerta. Soll heißen: Jeder kennt jeden, und das hilft, eine neue Gemeinschaft zu formen, denn der junge Staat verändert sich in diesen Jahren sehr rasch und erlebt einen ökonomischen Aufschwung, allerdings wird die Stimmung der katholischen Panameños und der Indigenen gegen die Amerikaner in der Kanalzone immer schlechter. Mit dem Beginn des Zweiten Weltkrieges bauen die Amerikaner in Panama ihre Flugbasen aus. Für Gerta Stern bedeutet das mehr Kundinnen in den schicken Vororten rund um Fort Clayton in der Kanalzone.

Vom Rest der Welt ziemlich unbemerkt besuchen in diesen Jahren spätere Generäle und Junta-Chefs Süd- und Mittelamerikas die Militärakademie in der PCZ, der Panama Canal Zone, unter ihnen so zweifelhafte Herrscher wie der spätere bolivianische Diktator Hugo Banzer Suárez oder Efraín Ríos Montt, der in Guatemala eine Schreckensherrschaft führte. Ebenso Omar Efraín Torrijos Herrera, besser bekannt als »Torrijos«, der während der Jahre 1968 bis 1981 Führer der Militärjunta von Panama war und das Land in eine politische Zeit der Düsternis stürzte.

In der Kanalzone, in Balboa, wurden in diesen Jahren auch Exil-Kubaner gegen Castro militärisch geschult und jene Männer ausgebildet, die die Legende Ché Guevara in Bolivien kaltblütig ermordeten.

Von diesen Machenschaften bekommen die panamaischen Bürger wenig mit, Gerta erfährt allerdings immer recht viel, denn mal ehrlich: Die Kosmetikerin ist schließlich eine Vertrauensperson wie der Friseur oder der Hausarzt. Aber Gerta kann verlässlich schweigen, auch wenn sie es in einigen Fällen schon vorher wusste, wenn es wieder einmal einen Umsturz im Land geben sollte.

Sie findet schnell eine Gruppe von Freundinnen in Panama City. Es sind alles Jüdinnen, international gemischt – Amerikanerinnen, eine Spanierin, ihre deutsche Freundin Lotte aus Hamburg und eine weitere Deutsche, die Gerta und Lotte nach Panama holen, nachdem ihr fürchterliches Leid in Israel geschehen ist. Lotte heiratet einen der Männer aus der Emigrantenunterkunft, Charlie, der wie Munio und Gerta aus Wien stammt, aber wesentlich älter als sie ist. Sie gehen in dieselbe Gemeinde, und Gerta nimmt Gottesdienste zum ersten Mal in ihrem Leben wirklich ernst. Sie sagt von sich, sie sei kein sonderlich gläubiger Mensch, das sei sie nie gewesen. Im Gegensatz zu den Sterns ist sie ja nicht religiös aufgewachsen. Sie glaube zwar an Gott, ihr eigenes Leben sei ja der Beweis dafür, dass man »vom lieben Herrgott beschützt ist«, wie sie es ausdrückt, aber in Panama hat sie zum ersten Mal das Bedürfnis, regelmäßig in die Synagoge zu gehen. Hier sitzen die Männer noch traditionell im unteren Bereich und die Frauen getrennt von ihnen auf der Empore. Dass sie jeden Samstag dort ist, hat auch mit ihrem Dank der Gemeinde gegenüber zu tun, die ihnen in der ersten Zeit ein Dach über dem Kopf, etwas anzuziehen und so etwas wie einen Familienersatz geboten hat.

Gerta hat sich in all den Jahren auch immer um die Emigrantinnen gekümmert, die es nicht so gut getroffen hatten wie sie, für die das Exil ein Abgeschnittensein vom Gewohnten bedeutete und die alles verloren hatten, ihre Familien, ihren Familienbesitz und auch ihren Stolz. Gerta hat nie darüber gesprochen, auch mit mir nicht, aber als neugierige Biografin hatte ich, wie bereits gestanden, ein paar heimliche Treffen arrangiert, von denen sie nichts wusste. Es hat mich erstaunt, so gut wie keine Abgründe zu finden. Aber genau dies halte ich für eines der Geheimnisse ihres langen Lebens. Sie ist ein sehr dankbarer Mensch. Vom alten Herrn Bern, der sie damals in ihren Anfangsjahren unterstützt hat, erzählte sie mir einmal, dass seine Söhne, die in Panama zu Millionären wurden, gar nicht die ganze Einwanderungsgeschichte ihres Vaters, des Brillantine-Produzenten, kannten. Der war als mittelloser polnisch-jüdischer Einwanderer lange vor den Emigranten aus Polen hierhergekommen. Gerta löst so etwas dann auch ganz Gerta-like. Weil sie Herrn Bern über den Tod hinaus dankbar ist, gehört es zu ihren festen Ritualen, bei Friedhofsbesuchen regelmäßig an seinem Grab vorbeizuschauen und Steinchen auf seinen Grabstein zu legen, den Gruß der noch Lebenden an die Verstorbenen. Dabei war ihr aufgefallen, dass seine Söhne seltener zu kommen schienen als sie. Also ließ sie sich einen Termin bei einem von ihnen geben, einem Star-Architekten, der heute sehr prominent ist in Panama. Der wichtige Mann war es gewohnt, dass Menschen etwas von ihm wollen, wenn sie um einen Termin bitten, und deshalb ziemlich erstaunt, dass Gerta ihm vielmehr etwas bringen wollte, nämlich die Geschichte seiner Familie väterlicherseits.

»Und ich kann wirklich nichts für sie tun?«, beendete er nach einiger Zeit dankbar das Gespräch. Und in dem Moment kam die Gerta'sche Cleverness ins Spiel, die in ihren Feinheiten so überraschend ist, dass man als jüngerer Mensch nur von ihr lernen kann. Ihr fiel spontan dann doch etwas ein. Habe er nicht dieses schicke Luxushotel an der Avenida Balboa gebaut? Ja, bestätigte der Architekt ihre Vermutung. Und dann stellte Gerta die entscheidende Frage: »Sagen Sie, die sollen da so einen wundervollen Swimmingpool haben … Denken Sie, ich dürfte da mal hinein?«

Seitdem hat Gerta eine Dauerkarte.

Aber noch einmal zurück in die späten Dreißiger- und frühen Vierzigerjahre des heute so dynamischen Panama City. Dort, wo inzwischen die Luxushotels in den Himmel schießen, dort, wo der Pazifik auf belebten Stränden anbrandet, führte damals nur eine schmale Straße am endlosen Sandstreifen entlang, und dort, wo heute ständig Stau ist und die Jachten vor der Küste kreuzen und die privaten Helikopter über den Häuptern der Menschen in ihren schicken Autos kreisen, befanden sich die ersten Häuser mit ein paar Stockwerken gerade im Bau. Die Zeit der Beamten und Ingenieure mit Tropenhelm war kurz zuvor zu Ende gegangen, und in Europa tobte der Zweite Weltkrieg.

Gerta und Munio hatten, noch ehe ihre Mutter Sofie nach Panama kam, eine große Wohnung gefunden, und Gerta erlaubte sich einen Luxus, den sie seit Kindertagen kannte und den sie sich ab jetzt, wie sie es ausdrückt, »für den Rest meines Lebens« gönnte: Personal. Sie stellte zwei »Mädchen« ein. Bis heute nennt sie sie so, auch wenn ihre »Mädchen« inzwischen selbst in die Jahre gekommen sind und Großmütter wurden. Für die Angestellten gibt es einen eigenen kleinen Trakt in der Wohnung.

Moses, der den Profifußball so liebt und als Ingenieur, zumal er noch kein gutes Spanisch beherrscht, nicht gefragt ist, macht sich schließlich mit viel Ehrgeiz daran, dem Fußball in Panama europäische Strukturen zu verleihen, die die Landesliga auf ein ganz neues Niveau heben sollen. Munio wird Fußballmanager. Als Gerta sich einmal fürchterlich darüber aufregt, dass er ständig mit seinem Club unterwegs ist, antwortet er lächelnd, so kenne er sie ja gar nicht: »Elf Männer, von denen du etwas weißt, sind bestimmt besser als eine Frau, von der du nichts weißt.« Danach legt Gerta mehr Verständnis an den Tag und regt sich nicht mehr über sein großes Engagement und das häufige abendliche Fußballtraining auf.

Munios Bemühungen um die Professionalisierung der hiesigen Mannschaft tragen Früchte. 1951 holen die kickenden Panamaer, die »Selección de fútbol de Panamá«, unter Munios Ägide den ersten Internationalen Preis, den Central American Cup in Gold. Sechs weitere werden folgen. Moses macht die Mannschaft fit für den Copa América und sein Leben als Fußballmanager ist dem, das er früher als Spieler in Wien lebte, jetzt sehr ähnlich. Er reist mit der Mannschaft zu internationalen Spielen und genießt ihre Erfolge. Nicht nur im Fußball ist Munio Stern nun wieder aktiv.

Munio hat lange suchen müssen, um beruflich in Panama Fuß zu fassen. Er hat zwar besagtes Ingenieursstudium, aber das ist in Panama nicht sehr gefragt. Und der Fußball, dem er sich verschrieben hat, wirft in Panama noch längst nicht genug ab, um von einem Managergehalt in einer Profiliga leben zu können. Trotz der ersten Erfolge kann zu damaliger Zeit, zumal in Mittelamerika, mit Fußball niemand wirklich ganz große Sprünge machen.

Munio, der über einen exzellenten Geschmack verfügt und ein sehr stilvoller Mann ist, hilft eines Tages spontan im Geschäft eines befreundeten Schmuckhändlers aus, der ihn aus lauter Not gebeten hat einzuspringen, und dabei stellt sich der charmante Wiener so geschickt an, dass er als Verkaufstalent mit Stil und Geschmack durch einen reinen Zufall seiner neuen Berufung begegnet. Zunächst arbeitet er mit einem Partner zusammen, der viel Erfahrung im Business hat, dann macht er sich selbstständig mit »LA Global« an der Avenida Central, fast genau an jenem Ort, an dem sie Jahre zuvor in Panama City angekommen sind.

Munio liebt seinen Juwelenhandel und wird ein erfolgreicher Geschäftsmann. Er hat acht Angestellte, und das Gold- und Juwelengeschäft passt zudem sehr gut zu Gertas Tätigkeit. Manchmal sind es dieselben Kundinnen, die zunächst zu Gerta kommen und dann bei Moses einkaufen gehen, darunter auch Präsidentengattinnen. Die beiden ergänzen sich jetzt auch beruflich sehr gut.

Moses liebt am Handel mit Edelsteinen und Gold auch den Aspekt, dass seine Geschäftspartner im alten Europa sitzen und er nicht auf Spanisch mit den Einkäufern verhandeln muss. Sein

Spanisch wird immer besser, aber für Geschäfte fühlt er sich auf europäischem Terrain deutlich sicherer. So kehrt er früh zurück nach Europa und hat oft an der Diamantenbörse in Antwerpen zu tun, kauft Gold in Italien ein und ist dabei ganz in seinem Element.

Nach Wien kehrt Moses erst spät zurück, wohl auch, weil für ihn über der geliebten Heimatstadt ein schwerer Schatten schwebt. Gerta hatte nicht lockergelassen, bis sie nach der erfolgreichen Ankunft ihrer Mutter doch noch in allerletzter Minute Visa für die alten Sterns bekommen hatte, um sie aus Wien zu sich nach Panama zu holen. Eigentlich war das zu diesem Zeitpunkt gar nicht mehr möglich, aber Gerta kannte inzwischen auch in Panama die richtigen Leute und sie war nie dreist, wohl aber entschieden, wenn sie etwas wollte, weil ein Mensch in Not ist. »Wenn es darum geht, Leben zu retten, darf man das!«

So lange haben Munios und Sigis Eltern gezögert. Immer wieder haben die Söhne ihnen Briefe geschrieben, hat Lola sich aus Südafrika eingeschaltet. Dann endlich hat Gerta die Visa für sie. Munios Mutter soll zur Tarnung zeitversetzt vor ihrem Mann starten, der ihr kurz darauf folgen soll. Die alte Frau Stern jedoch weigert sich, ohne ihn das Haus zu verlassen, und so vergehen entscheidende Stunden, die sie gebraucht hätten, um im letzten Moment ihrer Verhaftung zu entgehen und nach Panama entkommen zu können. Es ist schlicht eine fatale Ironie des Schicksals, mit dem Visum in der Hand ins Konzentrationslager zu kommen. Munios und Sigmunds Eltern werden beide dort ermordet.

Sigmund, der als amerikanischer Soldat zurück nach Europa kommt, schlägt sich, sechs Jahre nachdem er die Stadt verlassen hat, kämpfend bis nach Wien durch. Die amerikanischen Truppen haben fast sechstausend Soldaten verloren, bis sie im April

1945 vor den Toren Wiens stehen. Die österreichischen NS-Truppen sind besonders zäh und widerstandsfähig und liefern sich wochenlange Straßenkämpfe mit den Soldaten der Alliierten. Erst am 1. September 1945 nehmen die Amerikaner den ihnen zugeteilten Sektor ein und nähern sich dem siebten Bezirk. Sigis Kommandeur nimmt ihn irgendwann zur Seite und sagt: »Sag mal, bist du nicht von hier?« Der junge österreichisch-amerikanische Soldat nickt stumm, er hat nicht damit gerechnet, dass es ihm die Kehle zuschnürt, seine alte Geburtsstadt derart zerschossen zu erleben, und so wird Sigmund Stern an diesem 1. September 1945 als erster Amerikaner die Stadt Wien betreten und dabei sehr aufrecht gehen, nachdem er sie als Österreicher heimlich und in eher gebücktem Gang verlassen hatte.

Gertas und Munios berufliche Boom-Jahre sind in vollem Gange. Panama prosperiert, die Welt scheint sich wieder zu ordnen, nachdem der Krieg in Europa zu Ende ging. Sieben Wochen vor Kriegsende sinkt eine alte Bekannte, die sie nach Panama brachte: Die »MS Cordillera« ist vor Swinemünde unterwegs, das stolze Passagierschiff, mit dem die drei Sterns nach Panama kamen. Der Doppelturbinen-Dampfer wird von US-Bomben getroffen und gut zwölftausend Bruttoregistertonnen, die einst der Stolz der HAPAG oder, wie Gerta sie gern nennt, der HAPAG Shipping Company waren, sinken jämmerlich auf den Grund der Ostsee.

Aber – Totgeglaubte leben länger, und das ist verrückt an dieser Geschichte: dass es in ihr um Menschen geht, die wie Moses Stern dem Tod geweiht und schon im Konzentrationslager waren und die doch noch im letzten Moment mit dem Leben davonkommen konnten.

Als habe etwas von dieser unbeugsamen Vitalität, die Gerta und Munio auszeichnet, auf das alte Passagierschiff abgestrahlt, wird die »Cordillera« ebenfalls ihrem schon sicheren Tod der

Ostsee entrissen und noch einmal geborgen. Die Russen haben im Zuge der Wiedergutmachungsleistungen an die Alliierten nach dem Krieg die Ostsee nach brauchbaren alten Kähnen abgesucht und sind vor Swinemünde fündig geworden. So wird auch der »Cordillera« noch ein zweites Leben eingehaucht, und die stählerne alte Schiffs-Dame kommt in ihrem auf diese ungewöhnliche Weise fortgesetzten Leben noch ganz schön herum. Die Warnowwerft in Warnemünde richtet das Schiff wieder her, dann geht es auf die Reise nach Norden, wo es abermals einen Unfall gibt. Die »Cordillera« kollidiert mit einem norwegischen Frachter, wird diesmal nach Antwerpen geschleppt und dort wieder hergerichtet, wo sie zuletzt anlegte, bevor Moses, Sigi und Gerta anderntags in Boulogne an Bord gehen durften. Das ehemalige Passagierschiff wird danach in den Wladiwostok-Indonesien-Schiffsdienst gestellt und erst Ende der Neunzehnhundertsiebzigerjahre auf einem Schiffsfriedhof in einer südkoreanischen Werft abgewrackt.

Wenn selbst die Wege eines Passagierschiffes so deutlich nachzuverfolgen sind, wie konnte es eigentlich sein, dass Mister Rosenberg, der Mann, den Gerta auf diesem Schiff fand und der für sie die Vorauszahlung der Visa übernahm, lange Zeit wie vom Erdboden verschluckt war?

Seine Spur verlor sich an jenem 11. Januar des Jahres 1939, als Gerta am Schalter der Chase Manhattan Bank in Cristóbal schockiert feststellte, dass die siebenhundertfünfzig Dollar, die Lola aus Südafrika nach Panama geschickt hatte, dort nicht angekommen waren. Sowohl das Hamburger Konsulat der Panamaer als auch die Regierung Panamas hatten ja Lolas Zahlungen kassiert, ohne dass etwas von dem Geld bei Gerta gelandet wäre.

So peinlich Gerta die Situation damals gewesen war, so sehr strengte sie sich an, die siebenhundertfünfzig Dollar schnellstmöglich zu verdienen, damit Herr Rosenberg, der seine Heimreise auf der »Cordillera« gen Bogotá fortsetzte, bald sein Geld zurückerhalten konnte. Zum Abschied hatte dieser ungemein geduldige Mensch ihr gesagt: »Ich warte, ich sehe, Sie sind gute Menschen.« Und war von dannen gezogen, nachdem er Gerta seine Visitenkarte in die Hand gedrückt hatte.

Inzwischen hatte Gerta nicht nur das Geld längst verdient, sondern die Sterns sprachen endlich Spanisch, sodass sie das improvisierte Jiddisch nicht mehr gebraucht hätten, das ihnen die Kommunikation mit dem Menschen, der ihr Leben gerettet hatte, ermöglichte.

Die Sterns hatten immer wieder versucht, Herrn Rosenberg zu erreichen, der angeblich ein Handelsgeschäft in Bogotá betrieb. Immer wieder dachten sie an ihn, und vielleicht überlegten sie sogar, was mit dem Geld geschehen sollte, wenn der gute Mensch von Bogotá in der Zwischenzeit gar das Zeitliche gesegnet hätte.

Jahre später stand Rosenberg mit einem Mal vor der Tür ihrer großzügigen Wohnung und lieferte eine erstaunliche Erklärung für sein Fernbleiben, eine Pointe, wie sie wohl nur das Leben schreibt: Der orthodoxe Jude war ein notorischer Spieler und hatte in der Zwischenzeit Haus und Hof verzockt. Munio und Gerta waren nun gewissermaßen seine einzige verbliebene »Bank«. Natürlich erhielt er seine siebenhundertfünfzig Dollar zurück, die inzwischen ein wenig im Wert gestiegen waren.

Wie lautete noch sein jiddischer Spruch? »Ma muss helfe.« Daran erinnerten sich die jungen Sterns, die es sichtlich genossen, dass endlich der Kontakt zu dem rumänischstämmigen Kolumbianer wiederhergestellt war. Die Freundschaft zu ihm hatte für sie gerade erst begonnen, denn fortan war klar, dass Rosenberg nie mehr im Leben komplett würde scheitern können – »er hatte immer ein Bett und etwas zu essen bei uns, wenn er es brauchte. Das war das Mindeste, was wir ihm zurückgeben konnten«, erklärt Gerta. Aber dass er ein Spieler gewesen ist, das musste sie trotz aller Menschenkenntnis erst einmal verdauen.

Herr Rosenberg erlitt übrigens nie wieder im Leben derartig Schiffbruch, sondern fand zurück zu Wohlstand und Fülle – irgendwo zwischen Panama und Bogotá.

Gerta und Munio waren nach einiger Zeit ziemlich bekannt in Panama. Das lag nicht nur daran, dass sie gern feierten, während in den Vierziger- und Fünfzigerjahren die großen Orchester eine Renaissance erlebten. Sondern das hatte auch damit zu tun, dass die einzige Kosmetikerin und der Fußballmanager in ihrer zweiten Heimat durch ihre Art und ihr Auftreten einiges dazu beigetragen hatten, dass man sich an sie erinnerte. Sie fielen schlicht regelmäßig ein wenig auf, kamen auch gelegentlich in der örtlichen Presse vor. Es gibt aus dieser Zeit eine wundervolle Zeitung, die legendäre *Panama American*. Im Museum der Kanalzone sind die Geschichten aus dieser Epoche im Zeitungsforum aus dem Panama der Neunzehnhundertfünfziger konserviert. Darin standen unter anderem auch Witze, wie sie für diese Zeit kurz vor dem Petticoat ganz typisch waren, etwa: »Ich hab noch nie von einem Eskimo gehört, der gut im Wasserski war!« Moses Stern galt als legendärer Witzeerzähler. Gerta zehrt bis in unsere Tage von ihnen und erinnert sich an viele.

Einer davon war schuld, dass ihre einzige wirkliche Lebenslüge erst vor Kurzem auffliegen sollte, denn Gerta – ganz Kosmetikerin, die sie noch immer ist – fand es irgendwann unangebracht, über ihr wahres Alter zu reden. Die ganz alten Freundinnen und Bridgepartnerinnen in Panama schwiegen sowieso vornehm darüber, und die neuen Freunde, die sie später in Österreich finden sollte, kannten ihr wahres Alter gar nicht. So hätte sie offiziell, als ich sie kennenlernte, also kurz vor ihrem tatsächlich hundertsten Geburtstag, den fünfundachtzigsten Geburtstag feiern sollen. Sie hatte sich viele Jahre jünger gemacht.

Herausgekommen ist die Sache, als sie im Sommer, in der Sommerfrische von Bad Hofgastein, einer befreundeten Wienerin, die dort auch jedes Jahr aus Übersee anreisend einkehrte, einen nicht sehr damenhaften Witz erzählte.

»Da, wo ich erzogen worden bin, hätte man nie so einen Witz erzählt, ich war auf einem ordentlichen Lyzeum!«, bemerkte die befreundete Wienerin.

Ein Wort gab das andere, und Gerta merkte an, in ihrer Schule hätte es solche Witze auch nie gegeben, sie habe den von ihrem Mann. Bei einem darauf folgenden Austausch der Wiener Schulen stellte sich heraus, dass beide auf demselben Lyzeum gewesen sein mussten. Also kombinierte die andere Dame: »Aber dann wären wir doch in derselben Jahrgangsstufe gewesen!«

Und so flog Gerta auf, und sie beschloss an diesem Tag, mit ihrer kleinen Notlüge Schluss zu machen.

»Wissen Sie, meine Liebe, wir Frauen greifen ja manchmal zu diesen Notlügen, und jetzt ist meine eben enttarnt worden.«

Es machte ihr nichts aus, sich zu dem kleinen Vergehen zu bekennen. Gerta sah ja tatsächlich fünfzehn Jahre jünger aus, und wäre die Geschichte mit dem Witz nicht passiert, sie hätte die Lüge vermutlich eines Tages mit ins Grab genommen.

Als sie mir davon berichtete, kicherte sie zum Schluss bei den Worten: »Sie hätten erst ihr Gesicht sehen sollen, als ich mein wahres Alter verraten hab!«

Damals, in Panama, als sich das Familienleben mit Mutter Sofie aus Wien und dem wieder aufgetauchten Herrn Rosenberg, den neuen Aufgaben und dem ersten Heimatgefühl im sehr exotischen Panama einspielte, da glaubten Gerta und Munio wohl, ihr Glück sei vollkommen. Es mangelte ihnen an nichts.

In der *Panama American* gibt es einen Artikel über die beiden mit einem sehr schönen Foto. Munio Stern hatte den ersten Fernsehapparat in den USA erworben und nach Panama mitgebracht und schloss ihn gerade an. In einer Zeitung aus dieser Zeit bedeutete das, der Mann fuchtelte mit dem Kabel herum und die Frau saß im steifen Rock, lächelnd und mit übereinandergeschlagenen Beinen, daneben. So war das Rollenbild dieser Zeit.

Es hätte alles so weitergehen können, und dann passierte etwas, das die beiden längst nicht mehr erwartet hatten. Gerta und Munio ereilte das Schicksal vieler, die die Shoa überlebt und viele Jahre überstanden haben, in denen sie kein normal zu nennendes Leben führen konnten. Sie bekamen nach zwanzig Jahren Ehe ein Kind.

Die nächste Erwähnung der Sterns in der *Panama American* ist vom 20. März 1958: »*Nothing but Beauty, Beauty, Beauty ...*« lautet die Anzeige, die die stolzen Eltern Moses und Gerta Stern in der englischsprachigen Zeitung aufgeben. An diesem Tag wird Terry Ermita Stern in der Clínica San Fernando geboren. Gerta und Munio finden, sie haben noch nie etwas so Schönes gesehen wie dieses Kind, und Gertas Mutter stellt beim ersten Anblick fest: »Sie sieht ja aus wie ich!«

Kapitel 12

Panama erlebte im Laufe seiner Geschichte einige Umstürze und Revolutionen, aber die Religion spielte dabei nie eine entscheidende Rolle. Panama ist das einzige Land Lateinamerikas, das zwei jüdische Präsidenten hatte, was bei einer katholischen Bevölkerung von fast 90 Prozent beinahe einem Wunder gleichkommt.

Einer dieser jüdischen Präsidenten, Max Shalom Delvalle, regierte im April 1967 nur sieben Tage lang, aber er war davor und danach ein hingebungsvoller Vizepräsident, denn er stabilisierte die Regierung in unruhigen Zeiten, als die Panamaer mehr und mehr gegen die amerikanische Macht rund um den Kanal aufbegehrten. Delvalle war Mitglied in Munios und Gertas Gemeinde Kol Shearith, ebenso sein Neffe Eric Delvalle Maduro, der in den Neunzehnhundertachtzigerjahren zum Präsidenten wurde.

Rund um das kleine lateinamerikanische Land herrschten zum Teil wirre Zustände, tobten in allen Jahrzehnten Militärkriege und Revolutionen. Panama allein erlebte in den Neunzehnhundertfünfzigerjahren sieben Machtwechsel und wurde später in den politischen Wirren der Achtzigerjahre sogar von acht Präsidenten regiert. Hinter diesen Wechseln stand auch ein (militärischer) Machthaber, der nur fälschlicher- und nicht rechtmäßigerweise als Präsident bezeichnet wurde, zur Zeit der

Präsidentschaft Delvalle Maduros. Noch heute gefriert vielen Panamaern das Blut in den Adern, wenn sie den Namen Manuel Noriega hören. Der Drogenbaron und General war Chef der Nationalgarde und wurde fünf Tage vor seiner eigenen Festnahme von der Nationalversammlung zum Regierungschef ernannt. Sein jüdischer Vorgänger (und Noriega sollte im Laufe seines Schreckensregimes eine Reihe von Vorgängern »sammeln«) musste das Land verlassen und ins Exil gehen. Bis 1989 sollte die Schreckensherrschaft dieses brutalen Militärmachthabers andauern. Erst die letzten Jahre seiner Haft verbrachte er in einem Spezialgefängnis südlich von Panama City im Urwald gelegen, bevor er dort, verachtet vom ganzen Volk, im Jahr 2017 starb.

Vor diesem Hintergrund mag es als wundersam zu beurteilen sein, dass dieser Staat zwischen Pazifischem und Atlantischem Ozean auch in ökonomischer Hinsicht trotz seiner bewegten Geschichte jeder Weltwirtschaftskrise trotzte.

Die politischen Unruhen begannen nicht lange nach Terrys Geburt. Gerta Stern hatte das Glück, dass ihre Mutter so verliebt in ihr einziges, spätes Enkelkind war, dass Gerta relativ bald nach der Geburt ihre Arbeit wieder aufnehmen konnte. Moses widmete sich in dieser Zeit weniger dem Fußball, weil er mindestens so verliebt in seine Tochter Terry war wie seine Schwiegermutter Sofie, und Terry war optisch die perfekte Mischung aus Gerta und Munio. Sie hatte Munios Blick und Gertas Lippen, und zu Gertas eigener Verwunderung kam ihre Tochter von der Mentalität tatsächlich sehr nach ihrer Großmutter Sofie. Die beiden wurden unzertrennlich.

Der Haushalt der Sterns war in dieser Zeit recht groß, zwei Hausangestellte kümmerten sich um das leibliche Wohl, und Gerta begann, ihr eigenes Kosmetikstudio auszubauen, um mehr Zeit für ihre Familie zu haben. »Ich habe immer viel gearbeitet und habe es geliebt«, erzählt Gerta, die auch im hohen Alter von hundert Jahren ihr Studio weiterhin betreut. Eine ihrer Kundinnen sagte mir einmal: »Ich weiß gar nicht, was ich machen soll, wenn Señora Gerta einmal tot ist.« Aber wenn jemand hundert ist, sollten sich seine Kunden dann nicht allmählich vorsichtig nach einer Alternative für den Ernstfall umsehen? Der mit dieser Äußerung etwas naiv wirkenden Kundin muss ich zugute halten, dass sie Gerta bis vor Kurzem für fünfzehn Jahre jünger hielt, weil ihre kleine Altersmogelei zu dieser Zeit noch nicht aufgeflogen war.

Als Terry in die Schule kam, begannen in Panama die Aufstände der Einheimischen gegen die amerikanische Übermacht am Kanal. Es war ohnehin eine Frage der Zeit, wie lange sich die Menschen von solchen Pfründen, von einem solchen Erfolg weiterhin hätten ausschließen lassen. Von den eleganten Häusern in Fort Clayton, den Kinos, die den »normalen« Menschen, sprich den Einheimischen, nicht einmal Zutritt gewährten. Mit zunehmendem Wohlstand schlossen immer mehr kluge Menschen Schulen ab, entwickelten ein größeres politisches Verständnis, gewannen an Überblick und verspürten den Impuls aufzubegehren, und so verwundert es nicht, dass der erste kleine Aufstand zu Beginn der Sechzigerjahre an einer Schule begann. Eine Gruppe von Schülern des Instituto Nacional überquerte aus purem Hunger auf mehr Teilhabe und dem jugendlichen Drang, sich an dem zu reiben, was dort geschah, die Avenida de los Mártires und hisste vor der amerikanischen Highschool in Balboa die Flagge Panamas.

Der US-Sergeant, der damals gleich den Schießbefehl gab, bei dem zweiundzwanzig der Schüler ums Leben kamen, sagte später, man habe den »aufsässigen Panamaern« gehörig »auf die Finger geklopft«. In Panama begann damit eine unruhige Zeit, die Regierung kappte für Jahre die diplomatischen Beziehungen zu Washington, und beim Einlenken der reicheren Amerikaner im Norden wurden schließlich die Verträge zur Übergabe des Panamakanals an die hier lebenden Menschen ausgehandelt. Sie gaben den Bewohnern Panamas die volle Souveränität über die Zone und den Kanal selbst zurück und sollten – so der Entwurf – bis zum Ende des Jahrtausends, bis zum 31. Dezember 1999, umgesetzt werden.

Noch vor der letzten Unterschrift begannen die Militärs in Panama zu putschen, und General Torrijos, selbst an einer amerikanischen Militärakademie in der Kanalzone ausgebildet, rief den Revolutionsslogan »*Panamá – amelo o déjalo*« aus. »Panama – liebe es oder verlasse es.« Weitere Oppositionelle gingen danach ins Exil, und es begann eine unruhige politische Zeit, die bis in die späten Achtzigerjahre anhalten sollte.

Amerikanische Politmagazine nannten Torrijos den »Mini-Castro am Kanal«, und tatsächlich rauchte der General kubanische Zigarren und plante als »Revolutionsführer« einen neuen, historischen Sozialismus. Zudem wurden bald darauf die Plantagen des größten amerikanischen Bananenkonzerns in den nördlichen Provinzen enteignet.

Im Gegenzug zu den politischen Wirren dieser Jahre hatten viele Mitglieder der jüdischen Community von Panama in dieser Zeit ganz andere Probleme. Denen, die überlebt hatten, gelang das oft nur, weil sie nicht mehr über ihre Vergangenheit sprechen wollten. Die holte sie nun ein, denn erst jetzt kamen die guten und auch die schrecklichen Geschichten ans Licht. Gerta und Moses verspürten in dieser Zeit nicht den Wunsch, wieder zurück nach Europa zu gehen. Sie hatten sich das Stück Wien nach Panama hinübergerettet, das für ein friedliches, ruhiges Leben stand. Es war bereits die Rede davon: Als Erstes lernten Gertas Hausangestellte damals, Wiener Rezepte zuzubereiten. In ihrem Haus entstehen noch heute Torten und Strudel, Knödel und Gebäck, das direkt aus Wien geliefert worden zu sein scheint, so authentisch wurden die Rezepte von ihren »Mädchen« übernommen.

Sigi, Munios jüngerer Bruder, hatte ungefähr zur selben Zeit wie sein Bruder eine Tochter bekommen, Marsha. Er lebte inzwischen als Immobilienmakler in Florida und hatte seine Jugendliebe aus Wien geheiratet, der er unverhofft bei einem Tanzfest in New York City begegnet war. Seine Schwiegereltern hatten – wie seine eigenen Eltern – versucht, das Kriegsende in Wien zu überleben. Was genau aus ihnen geworden war, erfuhren Sigmund und seine Frau erst bei einem Besuch in Wien. Er hatte die Stadt ja direkt nach dem Krieg als Soldat erlebt und zögerte nicht lange, wieder in das Österreich zurückzukehren, das angeblich inzwischen so anders war. Viele Juden kehrten eben deshalb nicht früher aus dem Exil zurück nach Europa, weil sie es sich nicht vorstellen konnten, dass die Menschen, die sie damals verraten hatten, nun durch so etwas wie eine geheimnisvolle Gehirnwäsche plötzlich zu flammenden Antifaschisten transformiert sein sollten.

In Europa herrschte ja ein ähnliches Schweigen über die Gräueltaten. Hier waren die Städte inzwischen zerbombt, und eine von Gertas wenigen Kontaktaufnahmen mit dem Europa, das sie hinterlassen hatte, bestand in der Bitte an die amerikanischen Soldaten in der Kanalzone, dass man sich um die Auffindung von »Herrn Otto« kümmern solle. Sie wusste zwar, wo er gearbeitet hatte, aber es war bis Panama gedrungen, dass der gesamte Gebäudekomplex rund um die HAPAG Shipping Company beim Bombardement Hamburgs in Schutt und Asche gelegt worden war. Gerta hatte zudem das Problem, dass sie den Nachnamen ihres Retters nicht kannte. So ließ sie durch die amerikanischen Verbindungsoffiziere, mit denen sie bekannt war, sogar ein Care-Paket an »Mister Otto c/o HAPAG Shipping Company«

senden, erfuhr dann aber bald, dass man einen Otto dort nicht kenne.

Mit den Angriffen auf den Jungfernstieg war während des britischen Bombardements in den letzten Kriegstagen des Zweiten Weltkrieges auch das gesamte Archiv der HAPAG in Flammen aufgegangen. Bis heute sind nicht einmal die Personalakten aus dieser Zeit gesichert. Niemand weiß mehr, wie viele Menschen zur Zeit der Flucht der Sterns im Jahre 1939 in der Zentrale der Reederei arbeiteten, geschweige denn dass jemand ergründen könnte, wie viele Männer mit dem Namen Otto aus jener Zeit als Retter infrage kamen.

Die Nachrichten, die Sigmund und seine Frau aus Wien sandten, wühlten Gerta und Moses zu Beginn der Sechzigerjahre sehr auf. Sie zeigten aber auch, dass nicht alle Täter gewesen sein konnten, denn Sigis Schwiegereltern etwa hatten sich bei den Nachbarn versteckt, die das Paar in einem geheimen Raum verbargen, der sich hinter einem Kleiderschrank in der Nachbarwohnung befand. Diese Begegnung, die Gertas Schwager nun im alten Wien hatte, gehört zu dem, was in der Aufarbeitungsgeschichte des Nationalsozialismus kaum erzählt werden konnte, denn es wühlte die Beteiligten derart auf, dass diese Geschichten wohl nur in den Familien blieben und, weil sie zwanzig Jahre später noch eine solche Trauer auslösten, kaum aufgeschrieben wurden. Diese Nachbarn, die noch immer in der Wohnung neben Sigis Schwiegereltern wohnten, zeigten Sigmund Stern und seiner kleinen Familie in diesem Sommer Anfang der Sechzigerjahre ihren Kleiderschrank. Sie öffneten ihn, schwenkten die hölzernen Türen ihres Schrankes auf, den sie noch immer benutzten, schoben die Kleidung zur Seite und deuteten auf den hohlen Raum, der sich dahinter befand. »Dort haben die Eltern gelebt, bis die Gestapo an unserer Tür klingelte und sie verhaftete.«

Marsha, Sigis Tochter, erzählte mir diese Geschichte, denn sie war ein kleines Mädchen und stand mit ihren Eltern vor dem Kleiderschrank in Wien, nicht begreifend, dass dahinter ihre Großeltern in einem Versteck gelebt haben sollten, bis sie an jenem Tag Anfang der Vierzigerjahre in ein Konzentrationslager abtransportiert wurden. Für Marsha war das auch deshalb ein skurriler Moment, weil sie, wie viele andere Kinder mit ihr, in der jüdischen Exilgemeinde von Florida ganz ohne Großeltern aufwuchs und kaum Fotos von ihnen gesehen hatte. Großeltern aus dem Schrank.

»Wir standen da, fassten uns alle an den Händen und brachen gemeinsam in fürchterliches Schluchzen aus«, beschreibt Marsha die absurde Situation. Absurd auch deshalb, weil sie als jüdische Familie in Wien anfangs Angst hatten und die Menschen sich nicht, etwa durch optische Hinweise, unterscheiden ließen in die, die ihre jüdischen Freunde im Schrank versteckt hatten und dadurch auch ihr eigenes Leben riskierten, und in die, die andere denunziert hatten und auch nicht darüber sprachen.

Dieses Misstrauen wurde umso mehr davon genährt, dass gerade in einer Zeit, in der sich die Einwanderer aus der kleinen Exilgemeinde Panamas ökonomisch und sozial situiert hatten, schreckliche Nachrichten aus den Nachbarländern zu ihnen drangen. Hatten sie sich doch in Latein- und Südamerika sicher gefühlt, kamen nun all die Geschichten derer zutage, die sich ganz in ihrer Nähe versteckt gehalten hatten – mit der Auslieferung Adolf Eichmanns aus Argentinien Anfang der Neunzehnhundertsechzigerjahre setzte bei vielen hier eine regelrechte Retraumatisierung ein. Was die Sterns damals nicht ahnen, ist, dass ihr heimlicher Helfer vom Norddeutschen Lloyd sogar als Rechtsanwalt mit dem Eichmannprozess zu tun hat.

Die panamaischen Juden unterhielten durch ihre Handelsgeschäfte gute Beziehungen zu den anderen Exil-Communities

Latein- und Südamerikas. Es gab dort gelegentlich Gerüchte, aber wirklich daran geglaubt hatte niemand von ihnen, dass ausgerechnet die schlimmsten Schergen des NS-Reiches nur ein oder zwei Länder von ihnen entfernt lebten.

Für Gerta und Munio stand es deshalb außer Frage, sich noch einmal zusammen auf ihre eigenen Spuren nach Europa zu begeben. Schließlich war Herr Otto nicht mehr aufgetaucht, und es gab auch nach Hamburg keine Beziehung mehr, denn im Laufe dieses Jahrzehnts erhielt Gerta einen Anruf aus Israel. Der älteste Sohn der Waldens hatte das Konzentrationslager überlebt. Seine junge Familie lebte nun in Jerusalem. Frau Walden und ihre Tochter Thea waren, wie so viele der Juden in Hamburg, die nicht noch während der Novemberpogrome ins rettende Ausland gelangten, verhaftet worden und beide in Bergen-Belsen umgekommen. Herr Walden und der jüngere der beiden Söhne waren immer wieder in verschiedene Lager verlegt worden und starben schließlich angeblich an Typhus. Dies konnte allerdings auch nur wieder eine weitere Lüge der Nazis gewesen sein, die viele der im Gas ums Leben Gekommenen in ihrer perfiden, genauen Aktenführung im Nachhinein zu Opfern von Krankheiten gemacht haben.

Dass Gerta und Munio eines Tages doch auf die Idee kamen, nach Europa zu reisen, lag auch an Sigis positiven Nachrichten aus der alten Heimat. Es musste – so wie Herrn Otto – andere gegeben haben, die ihre Nachbarn und Freunde nicht verrieten, und zugegeben – die Situation schien so, dass auch sie sich nicht trauten, offen darüber zu sprechen, aber immerhin schien der alte Kontinent wie in den Albträumen so vieler auch nicht ausschließlich voller brauner Gesellen zu sein.

Zwei weitere Gründe machten den Entschluss zu der Europareise leichter: Torrijos und seine Militärs, die die Macht übernahmen und das Alltagsleben in Panama so unleidlich gestalteten, dass ein Urlaub in den heißen panamaischen Sommermonaten nach einer echten Erholung klang. Und Terry, die, durch das Beispiel ihrer Cousine Marsha und von den schönen Wien-Geschichten ihrer Großmutter angeregt, so gern das Land sehen wollte, aus dem ihre Familie stammte.

So fuhren Gerta und Munio 1968 zum ersten Mal gemeinsam zurück nach Europa. Um sich nicht gleich dem braunen Rest-Bodensatz auszusetzen, flogen sie nach Paris und brachen von dort Richtung Alpen auf. Auf die Frage: »Wo warst du zum letzten Mal als Kind richtig glücklich?«, hatte Moses oft gesagt: »In der Sommerfrische von Bad Hofgastein.« Dort war die Familie Stern traditionell in den Sommermonaten zu Gast, als Moses noch ein Kind war, und die stillen Täler und die friedlichen Alpengipfel, auf denen nur der Wind und das Pfeifen der Murmeltiere zu hören waren, hatten in ihm das letzte Bild von einem friedlichen Österreich konserviert.

Die Wahl des Fahrzeugs, das die Sterns damals mieteten, fällt allerdings bei allem, was wir heute wissen, ein wenig seltsam aus: ein VW Käfer. Darauf von mir angesprochen, runzelte Gerta die Stirn und antwortete: »Aber Anne, das ist ein schrecklich praktischer Wagen, er fuhr sich auch so schön!«

Damals, 1968, zeigten Munio und Gerta, nachdem sie sich mit Sigi und seiner Familie in der Sommerfrische trafen, ihrer Tochter Europa. Sie fuhren auch nach Wien und London, und nachdem Munio in Belgien seinen Geschäften nachging, fuhren Gerta und Terry beglückt im VW Käfer allein weiter, bevor sie alle gemeinsam nach Panama zurückkehrten. Gerta hatte ihr Geburtsland siebenunddreißig Jahre nicht mehr gesehen. Es ist schwer vorstellbar, was in einem Menschen vor sich geht, wenn er zurückkommt an den Ort, den er einst so voller Angst und Schrecken verlassen hat.

Gertas Geschichte erinnert mich ein bisschen an die von Ruth

Westheimer in New York, die eines Tages in das Frankfurt zurückgekehrt war, das sie als Kind in einem Kindertransport verlassen hatte. Die als »Dr. Ruth« berühmte amerikanische Ärztin sagte mir einmal: »Je älter ich werde, desto besser wird es.« Sie beschrieb, wie sie durch die Straßen von Frankfurt ging und sich bei jedem, der ihr begegnete, fragte: »Könntest du dabei gewesen sein?«

Je älter alle werden, desto weniger Alte gibt es noch, die Teil der NS-Maschinerie gewesen sein konnten, die ganze Familienverbände in die Gaskammern trieb. Umso überraschender fand ich Gertas Äußerung: »Wir haben nie mit Österreichern darüber gesprochen.« Ausgenommen die jüngeren Freunde aus der Wiener jüdischen Gemeinde, die sich um die Restitutionszahlungen kümmerten, die die Sterns sehr viel später erhielten und die sie als Abwicklungsform des Grauens bis heute verwundern.

Ihre jüdischen Freunde in Panama begegneten den Sterns voller Ressentiments. Dafür, dass sie zurück ins »Land der Täter« fuhren, konnten viele kein Verständnis aufbringen. Gerta beantwortete diese Skepsis auf ihre Weise. Sie brachte Vordrucke für alle Freunde in Mittelamerika mit, die unter dem braunen Terror in der Heimat ihr Hab und Gut verloren hatten und sie füllte gemeinsam mit ihnen die Anträge auf materielle Wiedergutmachung aus. Einer ganzen Reihe von Emigrantinnen verschaffte sie auf diese Weise wenigstens eine kleine Rente.

Terry, die heute sechs Jahre älter wäre als ich, hat mich in Gedanken oft beschäftigt im Laufe der letzten anderthalb Jahre. Es gibt die Fotos in Gertas Wohnung und wie jemand neulich so schön sagte: »Es ist doch nichts Ungewöhnliches, dass eine Hundertjährige ihre eigenen Kinder überlebt.« Schließlich sagt Gerta auch so unglaubliche Sätze wie: »Mein Mädchen muss am grauen Star operiert werden.« Und ich habe mich oft gefragt, wie Gertas Hausangestellte Judith sich heute dabei fühlen mag, wenn sie realisiert, dass sie selbst längst Großmutter ist, aber Señora Gerta schon vor viereinhalb Jahrzehnten versprach, dass sie bis an ihr Lebensende für sie sorgen werde. Judith war bereits für Gerta tätig, als damals der wohl schlimmste Einschnitt in ihrem Leben die sonst so positive Gerta an den Rand ihrer Kräfte brachte.

Gerta hatte damals wohl keine Ahnung, dass eine schreckliche Zeit für sie anbrechen und sie in Zukunft manches Mal an Gräbern stehen würde. Im Jahr 1972 starb zunächst Gertas Mutter Sofie. Sie war einundneunzig Jahre alt und für eine Frau, die so lange von den Nationalsozialisten verfolgt worden und zudem noch etwas schreckhaft war, die überdies mit dem letzten Schiff unter Strapazen aus Europa gekommen war, ist das beinahe ein biblisches Alter. Gerta war natürlich tief getroffen und auch Moses, denn er hatte mehr Zeit mit seiner Schwiegermutter verbracht als mit seinen eigenen Eltern. Auch Terry, die nur diese eine Großmutter hatte, muss am Boden zerstört gewesen sein.

Als spiegelte der Aufruhr ihm Hause Stern die Umwelt, herrschte auch politisch in Panama zu dieser Zeit sehr viel Aufruhr. Wir Nachgeborenen, die manchmal die Geschichten der Exilanten sogar etwas romantisieren mögen, vergessen bei diesen Schilderungen oft, dass sie zwar die Rettung erfuhren in Ländern wie Panama, aber wir übersehen, welchen politischen Wirren sie dort als ehemals Fremde in ihrem weiteren Leben ausgesetzt waren.

Gertas gute Freundin Lotte brachte das einmal mit einem Beispiel auf den Punkt, als die Rede von ihrem Geschäft war. Sie hatte mit ihrem Mann Charlie, dem älteren Wiener aus Gertas erstem Exilantenhaus, eine der größten Supermarktketten Panamas aufgebaut. »Da haben sie mal wieder unsere Märkte geplündert«, sagte Lotte. Und während mir vor Schreck das Herz in der Brust zu springen begann, sah sie dabei sehr gelassen aus.

Während draußen vor der Tür wieder die neueste Politrevolte zu toben begann, regte sich Terry offensichtlich so sehr über den Tod ihrer geliebten Großmutter auf, dass sie nicht nur einen nervlichen, sondern auch einen regelrechten körperlichen Schock erlitt. Ihr Zustand war so, dass ihre Eltern zur Sicherheit einen Arzt konsultierten, der sie – weil er die Beschwerden des Mädchens fachlich nicht gleich einschätzen konnte – an einen Kinderarzt verwies, der die Dreizehnjährige wiederum mehrere Tage in seiner Klinik unter Beobachtung behalten wollte. Gerta und Munio, die unsicher waren und die Sachlage nicht richtig einzuschätzen vermochten, beschlossen, diesem Arzt zu vertrauen, und wähnten ihre einzige Tochter bei ihm in Sicherheit, bis zu jenem frühen Morgen, als die Sterns von einem Telefonanruf der Klinik geweckt wurden, die sich ein paar Kilometer südlich von Panama City in der Kanalzone befand. Es muss um fünf Uhr in der Früh gewesen sein, als beide übereilt aufbrachen. Gerta, die bis zu ihrem neunundneunzigsten Lebensjahr eine rasante Autofahrerin war, steuerte ihr Fahrzeug sehr schnell über die lange Ausfallstraße von Panama City in Richtung Kanalzone. Natürlich war sie in leichter Panik, denn sie und Munio hatten beide gehofft, dass sich mit dem kurzen Krankenhausaufenthalt der Tochter alles beruhigen würde.

Die Nachricht vom Tod eines geliebten Menschen am Telefon zu erhalten ist etwas, das den menschlichen Geist und ein Herz überfordern kann, aber in diesem Fall handelte es sich um ein fatales Verschweigen. Denn Terry war, als die Klinik die Sterns in der Avenida Argentina anrief, längst tot.

Sie war an einer falschen Injektion gestorben, an einer Beruhigungsspritze, die der junge Kinderarzt, den die Panik trieb, weil er das aufgeregte Kind nicht zur Ruhe bringen konnte, nicht nur unbedacht gab, sondern die er gar nicht hätte verabreichen dürfen.

In Gerta muss nach alldem, was sie bis dahin erlebt hatte, etwas gebrochen sein.

Sie hatte gute Freundinnen und Freunde in Panama, war integriert und gut bis in die höchsten Kreise bekannt, aber es überkam sie nach Terrys Tod eine solche Düsternis, dass selbst ihre besten Freundinnen sich keinen Rat mehr wussten. Innerhalb von sechs Wochen hatte Gerta zunächst ihre Mutter und dann ihre Tochter verloren. Es waren die einzigen Shabbes-Dinner, die Gerta in ihrem langen Leben in Panama auslassen musste, weil ihre mentale Verfassung so war, dass nur ein Wort sie zu beschreiben vermag: untröstlich.

Dieser Zustand muss eine ganze Weile angedauert haben. Gerta und Moses hatten damals nur mit Sigi und seiner Familie in Florida wirklich Kontakt. Sie kauften sich dort sogar in Miami eine Wohnung, um für ihren Ruhestand eine Alternative zu Panama zu haben.

Es war schließlich eine Zeit unter Torrijos angebrochen, in der sie nicht einmal wussten, ob sie ihr Hab und Gut über die Sozialistische Revolution der Militärs hinwegretten würden. Gerta sagt, sie habe sich damals in einer solchen Dunkelheit befunden, dass erst Munio sie daraus mit einem ungewöhnlichen Plan hatte retten können. Munio nahm eines Tages ihre Hand und sagte, er habe sich lange überlegt, ob es überhaupt einen Ausweg gebe, und er habe zwei Wege gefunden, die er ihr unterbreiten wolle.

Der eine sei, sich gemeinsam das Leben zu nehmen, denn für ihn komme nur infrage, mit Gerta zusammen die Erde, die sie doch trotz aller Dramen so schön fanden, zu verlassen. Bevor Gerta, die wie aus einem Schock erwacht sein muss, etwas antworten konnte, fügte er hinzu: »Ich habe mich erkundigt und eine Methode gefunden, die wirkt und nicht mit Schmerzen verbunden ist.« Der andere Weg sei etwas ungewöhnlich, merkte Moses an, denn sie erfordere viel mehr Kraft: »Was ist, wenn wir uns die Hände reichen und uns versprechen, dass wir nun noch einmal ein ganz neues Leben miteinander beginnen?« Damit verbunden war für ihn eine Aussöhnung mit ihrer Heimat Österreich.

Er nahm Gerta an diesem Tag das Versprechen ab, es doch noch einmal mit dem Glück in Österreich zu versuchen und von diesem Moment an jedes Jahr im Sommer für ein paar Wochen oder Monate in die Sommerfrische zu reisen.

In diesem Sommer im Jahr 1973 begann das zweite Leben der Gerta Stern, das inzwischen schon dreiundvierzig Jahre währt.

Munio Stern hatte ganze Arbeit geleistet, denn nun begann so etwas wie Gertas zweite Entertainment-Karriere. Jeden Sommer flogen die Sterns nach Bad Hofgastein und traten abends zusammen im Grand Park Hotel auf. Zuerst bot Gerta ihren Wiener Liederabend dar und im Anschluss daran machte Munio seine Witz- und Zaubershow, die legendär wurde. Gerta trat über vierzig Jahre lang auf. Heute singt sie nur noch gelegentlich für andere, wenn sie in die Sommerfrische fährt, wobei man auch sagen kann: Gerta singt eigentlich ständig, sobald ihr jemand ein Stichwort gibt. »Die alten Wiener Lieder haben mir wieder die Lebensfreude zurückgebracht«, sagt sie.

Munio hatte einen wesentlichen Anteil daran. Er hatte für alles gesorgt, nachdem er geschworen hatte, seiner Frau, der er das Wunder verdankte, einem Todeslager entkommen zu sein, jeden Wunsch zu erfüllen. Er hatte einen Professor aus Wien als Gertas musikalischen Begleiter engagiert, der noch heute mit ihr regelmäßig nach Bad Hofgastein in die Sommerfrische fährt.

Als Gerta dort an einem dieser Sommerabende, die sich leichter im Salzburger Land ertragen lassen als in der Hitze Panamas, wieder einen dieser inzwischen legendären Liederabende gab, tauchte sogar ein alter Verehrer aus der Versenkung auf: Hermann Leopoldi, der die Kriegszeit an der amerikanischen Ostküste überlebt hatte, hatte Gerta, die er nicht heiraten durfte, weil ihre Mutter Sofie ihm die Tür vor der Nase zuschlug, nie vergessen. Sie trafen sich noch fünfzehn Jahre lang, bis zu seinem Tod, regelmäßig, wie auch die Gäste in Bad Hofgastein zu einer eigenen Clique wurden. Alte Damen aus Übersee, die ihr letztes »Stückl« Österreich im Gasteiner Tal finden und sich selbst darüber zu wundern scheinen, dass sie noch am Leben sind.

Als ich Gerta dort zu ihrem hundertsten Geburtstag besuchte, glaubte ich, das letzte Rätsel in ihrem Leben gelöst zu haben. Wer war der mysteriöse Herr Otto?

Otto Dettmers war nur für kurze Zeit im Büro des Norddeutschen Lloyd in Hamburg tätig. In der tragischen Zeit, die Gerta Ende 1938 durchlitt, war er von Bremen nach Hamburg gekommen, um sich um ein großes Problem und eine noch wichtigere, geheime Geschäftsanbahnung mit Amerikanern in Hamburg zu kümmern. Die Werftarbeiter waren in einen Streik getreten. Dettmers besaß Verhandlungsgeschick und sprach das nötige Plattdeutsch, um die renitenten, politisch linken Widersacher der nationalsozialistischen Aufrüstung davon zu überzeugen, dass sie die für den Krieg benötigten Schiffsbauten fortsetzten.

Dettmers ist erst Mitte der Achtzigerjahre in Bremen verstorben. Seine letzten Jahre verbrachte er offensichtlich ein wenig umnachtet von einer plötzlich aufgetretenen Demenz. Man hätte ihn vielleicht befragen können, aber er hat die Spuren seines eigenen Handelns nicht nur im Krieg, sondern offensichtlich auch danach bestens verwischt. Im Jahr 1938 war er gerade Teil einer Gruppe geworden, die aus rund zwanzig bedeutenden Kaufleuten, Industriellen, Reedern und Bankleuten bestand. Diese Männer trafen sich einmal im Monat, um miteinander wirtschaftliche Konsequenzen für Deutschland während der beginnenden Pogrome zu diskutieren und die Emigration vieler gefährdeter Mitbürger zu organisieren. Nachdem ihre konspirativen Treffen in Hotels aufzufliegen drohten, verlegten sie sie in private Räume. Ihr Wirken hielten sie weitgehend geheim, aber die Wege einiger Beteiligter sollten sich nach dem Krieg im Aufsichtsrat der Hapag Lloyd erneut kreuzen. Zu ihnen gehörte auch ein gewisser Kurt A. Becher, ein enger Schulfreund von Otto Dettmers, dem bald eine eher fragwürdige Rolle im NS Regime zukam. Der Getreidekaufmann wurde zum Vertrauten Himmlers und zum Widersacher Adolf Eichmanns. Nach dem Krieg, auch im Zuge des Eichmann-Prozesses 1961 in Jerusalem entlasteten ihn eine Vielzahl der von ihm Geretteten mit Eidesstattlichen Erklärungen. Sie erbrachten damit den Nachweis, dass er tatsächlich jüdische Gefangene und Industrielle gerettet hatte. Weil Becher sich unter dem zunehmenden Aufklärungsdruck nach dem Krieg davor fürchtete, nach Israel zu reisen, konnte er seine Zeugenaussage im Eichmann-Prozess in Deutschland im Beisein eines Notars abgeben. Dieser Notar war kein anderer als Dr. Otto Dettmers.

Dettmers widmete sich nach dem Zweiten Weltkrieg vor allem dem Internationalen Seerecht und war Berater der ersten bundesrepublikanischen Justizminister nach dem Krieg. Auch an der Zusammenführung der beiden großen Reedereien HAPAG und Lloyd zu Hapag Lloyd war er maßgeblich beteiligt.

Nach dem Krieg bewerkstelligten die Reedereien den Wiederaufbau oftmals ohne jegliche alten Unterlagen oder Personallisten, da durch die Bombenangriffe auf die Firmenzentralen nicht selten sämtliche Papiere zerstört worden waren.

Als ich die Hapag Lloyd mit meiner Gerta-Geschichte konfrontierte und befragte, begegnete mir große Verwunderung und noch mehr Freude darüber, dass es eine Hapag-Kriegsgeschichte mit Happy End zu geben scheint, von der man auch in Hamburg bislang nichts wusste, denn viele der Schiffe – manche für den Kriegseinsatz konfisziert – brachten durch den Einsatz der Marine im Deutschen Reich nichts als Unglück über die Menschen, und selbst das eine offizielle Schiff, das Juden retten sollte, die »St. Louis«, musste unverrichteter Dinge ein halbes Jahr nach der Rettung der drei Sterns, Gerta, Munio und Sigi, vor der kubanischen Küste umkehren und wurde mit fast tausend jüdischen Flüchtlingen zurück nach Antwerpen beordert, weil Kuba die Menschen, die das rettende Eiland schon vor Augen hatten, nicht einreisen ließ. Lediglich gut zwanzig jüdische Passagiere durften das Schiff verlassen, weil ihre Visa anerkannt wurden. Auch die Bemühungen des Kapitäns, Hilfe von US-Präsident Roosevelt zu bekommen und die Emigranten an der Küste Floridas von Bord lassen zu dürfen, scheiterten.

Tatsächlich lag das Konsulat Panamas damals, im Jahr 1938, in direkter Nachbarschaft des Hamburger Büros des Norddeutschen Lloyd. Dessen Firmenadresse lautete zu dieser Zeit »Bergstrasse 9«. Wer sich an die Kontorfenster der Reederei lehnte, konnte von hier aus direkt bis zum Konsulat Panamas in der Nachbarstraße blicken und hatte die Alsterallee im Rücken. Dort war die Partner-Reederei, die Hapag beheimatet, mit der der Norddeutsche Lloyd später fusionieren sollte. Erst nach dem Ende des Zweiten Weltkrieges kam der jüdische Erfinder der Kreuzfahrten und Ballin-Generaldirektor hier wieder zu Ehren. Heute heißt diese Straße Ballindamm, nach Albert Ballin. Ballin, Sohn eines eingewanderten jüdischen Jütländers und selbst ein kaisertreuer Hanseat, hatte, nervlich zerrüttet, das Ende des Ersten Weltkrieges nicht mehr erleben können. Er brachte sich, nicht zuletzt unter dem Druck der damaligen Hetze gegen Juden, 1918 um.

Munio blieb treu an Gertas Seite, bis er 1991 einen Tod fand, der für einen ehemaligen österreichischen Fußballprofi fast schon wie für einen kitschigen Roman erdacht klingen mag. Er erlitt vor dem Fernseher in seinem Wiener Lieblingshotel Kaiserin Elisabeth während eines Fußballspiels im Fernsehen einen Herzschlag.

Gertas Leben ist voller Geschichten, die nie enden wollen. Diese Geschichten sind vielleicht neben ihren wundersamen Tinkturen und Seren aus Österreich, die sie in Panama noch immer bei ihren alterslos wirkenden Kundinnen anwendet, ein weiteres Lebenselixier.

Gerta Stern hat Dinge erlebt, die man kaum glauben kann, die aber doch wahr sind. So fand sie einen ihrer im Krieg verlorenen Cousins, »Little Georgie«, durch die Verwechslung eines Safeschlüssels in einem Wiener Hotel wieder und einen anderen Verwandten, weil sie zufällig seine ihr unbekannte Frau in einem New Yorker Aufzug ansprach.

Sie ist eine gute Geschichtenerzählerin und sagt, dass sie auch deswegen so alt geworden sei, weil sie der Verbitterung nie einen Platz in ihrem Leben gab, das ja ein glückliches Leben sei.

Vielleicht werden wir nie erfahren, ob Otto Dettmers tatsächlich *der* Herr Otto war, vielleicht lässt sich aber auch für diese These der letzte Beweis noch finden. Selbst das würde mich bei Gerta Stern, der gewiss vitalsten aller Hundertjährigen, nicht verblüffen.

Vor ein paar Jahren sollte Gerta ein neues Kniegelenk bekommen, und weil die Operation in Panama sehr teuer ist, hatte ihr Lotte die Nummer eines Spezialisten aus New York gegeben. Er sei sehr teuer, aber ein gebürtiger Panamaer, sie solle ihn doch einfach mal anrufen.

Gerta pflegt in solchen Dingen nie lange zu zögern und hatte schon ihre Ersparnisse gezählt, denn die Operation sollte weit über zwanzigtausend Dollar kosten, ihr aber baldige Schmerzfreiheit bescheren. Das Hauptproblem war, so Freundin Lotte am Telefon, dass der »berühmte Arzt« auf Jahre ausgebucht sei. Also rief Gerta den Mann an.

Er hörte sich aufmerksam am anderen Ende der Leitung in New York Gertas Geschichte an, dann hakte er noch einmal nach und sagte: »Stern? Sind sie etwas mit Munio Stern verwandt, Señora Gerta?« Und wie zur Bestätigung ergänzte er noch ein ungläubiges »Onkel Munio, der Zauberer?«.

Gerta erfuhr an diesem Tag, was Munio, der treue Sohn orthodoxer Eltern, ihr jahrzehntelang verheimlicht hatte. Während sie jeden Samstag auf der Empore der Synagoge gesessen und ihren Mann weiter unten vermutet hatte, wo sie ihn immer nach dem Gottesdienst abholen kam, pflegte »Onkel Munio, der Zauberer« mit ein paar Teenagern während des Gottesdienstes heimlich vor die Tür zu gehen und ihnen seine Zaubertricks vorzuführen.

»Wenn Sie die Frau von Onkel Munio sind, werde ich Sie operieren, sobald Sie kommen können, Señora Gerta«, versprach der berühmte Chirurg im fernen New York und gewährte ihr einen phänomenalen »Spezialpreis« für die Operation. Denn ohne den Zuspruch von Onkel Munio, dem Zauberer, erzählte er ihr, wäre er wohl nie Chirurg geworden.

Was seitdem geschah

Wenn alles still ist in der Nacht, wenn die sich stets durch Panama City wälzende Blechlawine fehlt, weil alle Menschen schlafen, hört man plötzlich die Schiffe im Kanal. Hier, wo die Welt sich mit ihren Gütern durch den schmalen Streifen Land zwischen Pazifik und Atlantik schiebt, begehren akustisch dann nur noch die jaulenden Sirenen der großen Kähne auf, die sich ihren Weg durch die Schleusen des Urwalds bahnen. Dann ist es hier in der Stadt, als halte sich ein Kind die Ohren mit beiden Händen zu. Dann erst kann der Klang des eigenen Körpers hervortreten, ist der eigene Herzschlag zu hören, denn der Kanal ist so etwas, wie der Herzschlag Panamas.

Ja, erst nachts findet diese riesige Stadt ihre sanfte Stimme wieder, die sonst immerzu vom unablässigen Autoverkehr überlagert wird. Plötzlich ist es ganz still.

Es ist tiefe Nacht in Panama City, kurz vor vier Uhr. In anderthalb Stunden werden die fleißigen Dienstbotinnen die Ersten sein, die das Schwungrad der Vitalität hier in Gang setzen. In meiner ersten Nacht in einem panamaischen Hotelhochhaus sah ich am Morgen einen Mann in einer Seitenstraße neben dem Hotel sitzen. Mein Körper gaukelte mir noch die heimatliche Zeitzone vor, ich war hellwach, während die Welt mir vom höher gelegenen Stockwerk aus betrachtet zu Füßen lag. Der Himmel färbte sich gerade über dem weiten Pazifik in ein zartes Rosa und die Gestalt des Mannes zeichnete sich davor deutlich in der Morgendämmerung ab. Er war nicht mehr der Jüngste, seine leicht gebeugte Haltung verriet das. Unter einem schlichten Muskelshirt trug er eine gut sitzende lange Hose und an den Füßen das, was die meisten Menschen hier anhaben: Flipflops. Er zündete sich genüsslich eine Zigarette an, strich sich über das sorgsam zurückgekämmte Haar. Ein Einbrecher bei Schichtende sah anders aus und Taxi- und Busfahrer standen nicht auf Rasenflächen mitten in der Stadt herum. Nicht am Morgen. Mein Blick nach unten gab einen winzigen Spalt zwischen den Häusern frei. Dort ging die Sonne auf und der Körper des fremden Mannes wurde von ihren ersten Strahlen getroffen. Der Mann nahm nun auf dem Rasen Platz und sah dem Sonnenaufgang zu. Nachdem er seine Zigarette geraucht hatte, holte er einen großen Topf und einen Sack mit Kartoffeln und begann dort unten sein Tagwerk. Er schälte ein Kilo Kartoffeln nach dem anderen. Es musste einer der Köche aus Gertas Viertel sein und dies war jener Moment des Tages, der nur ihm gehörte. Mit dem ersten Licht des Tages flogen ganze Geschwader exotischer Vögel über seinen Kopf hinweg und ließen sich mit lautem Gezwitscher auf den Bäumen des nahen Parks nieder.

Es war der letzte stille Augenblick, bevor die ersten Dienstboten aus den Vororten in die Innenstadt strömen, um bei den wohlhabenden Familien zu arbeiten. Sie geben den Auftakt, bevor das Dröhnen des Verkehrs wieder die Oberhand hat, bis alles pulsiert und die Schiffssirenen und die Vogelschreie vom donnernden Lärm der endlos scheinenden Blechlawine überlagert werden. Die, die mit den frühen Sammeltaxis ins Stadtinnere vordringen, stammen häufig aus Kolumbien, Nicaragua und Venezuela. Sie bereiten das Frühstück der Reichen, waschen und bügeln ihre Wäsche, ziehen die Kinder an. Morgens sind sie es, die die Zeitung vom Treppenabsatz mit hineinnehmen in opulente Apartments voller Marmor. Wenn sie diese gepflegten Wohnungen betreten, schlägt ihnen die Kühle der Aircondition entgegen.

All diese fleißigen Bienen fielen mir in dieser Stadt erst auf, als ich an jenem frühen Morgen mit neugierigem Blick am Fenster stand. Erst am späten Abend werden die Dienstbotinnen wieder sichtbar, dann kommen sie mir manchmal entgegen, wenn ich die lange Straße am Park entlang aufwärtsmarschiere, hin zu Gertas Wohnung, weiter oben auf einem Hügel. Dann haben die Dienstbotinnen müde Gesichter und geschwollene Beine, die sie nach Punta Paitilla tragen, wo sie in die Sammeltaxis steigen und darin im Stau mit an die Fensterscheiben geneigten Köpfen ein wenig Schlaf finden. Schließlich sind ihre Nächte kurz. Zu Hause wartet für diese Frauen die nächste Batterie Arbeit.

Wenn die Dienstbotinnen den Strom des neuen Tages eröffnet haben, folgen ihnen die ersten Handwerker. Erst dann kommt der panamaische Mittelstand zum Vorschein und nach ihm die Reichen.

Das ist die Stunde, in der der Park in Señora Gertas Viertel aufgeschlossen wird. Er hat sogar seine eigene Polizeistation, die am hinteren Ende der Calle Andrés Bello liegt. Dahinter schließt einer der Polizisten zunächst eine schmiedeeiserne Gittertür auf, schreitet an den Open-Air-Fitnessgeräten vorbei und geht den Weg in Richtung Via Argentina, an zwei kleinen Sportfeldern vorbei, dem Spielplatz und dem überdachten offenen Pavillon, in dem die Menschen hier Salsa und Tango tanzen lernen und das Schulorchester probt. Der Polizist geht mit dem übergroßen Schlüssel in der Hand an der kleinen Marienfigur vorbei, die hinter Glas im Kerzenschein über allem zu wachen scheint.

Kaum eine halbe Stunde später trifft im Parque Andrés Bello die erste Zumba-Sportgruppe ein, die unter freiem Himmel sichtbar für alle ihre Körper stählt. Alle Generationen mischen sich dabei auf vortreffliche Weise.

Am Morgen trainiert das halbe Viertel hier. Das ist auch die Stunde der Powerwalker. Menschen mit Plastikflaschen in den Händen, die Körper in enge Sportkleidung gehüllt, rennen im sportiven Sauseschritt Kilometer um Kilometer die Straßen mit den sanften Hügeln hinauf und wieder hinab und umrunden die Blocks der Großstadt, deren Häuser sich immer höher in den Himmel schieben. Die Panama-Premiere für dieses Buch feierten wir im 55. Stock eines Hauses in Punta Pacifica und fasziniert stellte ich fest, dass ich fast alle Orte Panamas, die im Buch vorkommen, von dort oben sehen konnte. Ich sah die Avenida Balboa, auf der Moses Stern einst sein Juweliergeschäft hatte und halb versteckt in den Häuserschluchten Lottes kleinen Bungalow, die Casa de las Tortugas, in dem Gertas Bridgegruppe noch immer jeden Mittwoch miteinander zockt.

Die alte Börse von Panama City, in der ich Gerta zum ersten Mal begegnet war, strahlte aus der Ferne. Auf einer Linie vom Yachthafen, quer über den Pazifik in Richtung Kanal konnte ich von hier oben einen in der Hitze flirrenden Landstreifen sehen. Dort lag Albrook, wohin Gertas Wege sie in ihrer ersten Zeit in Panama führten. Jeden Morgen packte Gerta in ihrer Exilantenunterkunft ihr Kosmetikköfferchen und machte sich auffallend hübsch zurecht. Von Juan Diaz aus fuhr die junge Kosmetikerin frühmorgens in die Stadt und nahm dann von dort einen der Busse, die in die Kanalzone fuhren. Die gerissene Wienerin hatte es blitzschnell geschafft, einen Sonderausweis zu erhalten, der zu ihrem Ticket in eine bessere Zukunft wurde. Gerta traf am Morgen in der Kanalzone ein und hatte ihre ersten Kosmetiktermine bei den Gattinnen der Generäle. Darauf folgte eine Mittagspause, in der sie sich frei in dem Viertel rund um die amerikanische Armee bewegen konnte. Sie ging zum Mittagessen ins Offizierskasino und flanierte anschließend durch opulente Gärten.

Nachmittags hatte die junge Österreicherin dann die nächsten Termine mit den Frauen der höheren Militärs und erst am Abend nahm sie den Bus zurück in die Stadt. Ihre gute Ausbildung bewahrte sie davor, die Unterklassenjobs auszuüben, auf die viele andere Emigranten jetzt angewiesen waren. Ihr vorzügliches Englisch, gepaart mit einer guten Portion Wiener Humors machten ihre Besuche zu den Highlights für ihre Kundinnen, denn trotz all der Jazzclubs und schicken Läden hier im amerikanischen Teil Panamas, konnte das Leben in den Villen in der Kanalzone zuweilen ziemlich eintönig sein. Gerta freundete sich mit den ungewöhnlichsten ihrer Kundinnen an. Eine von ihnen war die Frau eines amerikanischen Generals, deren beste Freundin eine andere europäische Emigrantin war. Ab und zu kam diese aus Los Angeles zu Besuch. Ihr Name war Marlene Dietrich.

Am Wochenende fuhr Gerta, sobald sie ein paar Jahre später ihr eigenes Auto hatte, mit ihrer Tochter und ihren Freundinnen an den Strand nach Fort Amador. Die amerikanische Armee hatte sich hier die schönsten Strände gesichert. Man wollte unter sich bleiben. Aber Gerta hatte eine Sondergenehmigung und Teilen ist eines ihrer Lebenskonzepte: Natürlich nahm sie ihre Freundinnen mit hierher.

Das, was Gertas Geschichte mit den vielen Dienstbotinnen im heutigen Panama verbindet, mit all jenen, die auch heute noch am frühen Morgen Busse besteigen, das war die Hoffnung auf ein besseres Leben, die dieser Ort versprach.

»Panama ging es damals unendlich gut«, sagte Gerta gestern noch zu mir, als wir uns über die guten Deals beim Juwelier Stern von vor einem halben Jahrhundert unterhielten. Ich bin in Panama City, um Interviews für die Übersetzung meines Buches zu geben, das gerade auf Spanisch erscheint. Mit mir kamen zwei Überraschungsgäste ins Land, um Gerta zu besuchen. Zu meinem eigenen Erstaunen haben das inzwischen auch viele Leser gemacht, doch diese Gäste haben einen speziellen Hintergrund, der direkt mit Gertas Rettung in Verbindung steht.

Die alte Wienerin wird in einem halben Jahr 102 Jahre alt. Sie selbst würde mich an dieser Stelle korrigieren und sagen »Ich bin einhunderteinseinhalb, Anne!« »Änn« spricht sie meinen Namen aus, generell kommen Gerta manchmal die englischen Worte leichter über die Lippen als die deutschen.

Seit die erste Auflage von »Señora Gerta« erschien, ist viel passiert. Seltsam dabei ist, dass ich zu einer Art buntem Hund von Panama wurde, denn ich hatte bei aller Vielfalt der Menschen, diesem herrlichen Gemisch aller Ethnien und Hautfarben in Panama, wohl übersehen, dass eine Autorin aus Europa mit kurzen roten Haaren ziemlich auffallend wirken kann. Gerta Stern und ich gaben inzwischen viele Fernseh- und Radiointerviews hier in Panama. Die Menschen im Land sind neugierig auf die eher unter sich bleibende jüdische Community, wollen wissen, auf welchen Wegen die Juden hierherfanden. Aus der kleinen Gruppe einstiger Emigranten ist eine große, einflussreiche Community geworden. Die jüdischen Gemeinden haben in Panama City aktuell zehntausend Mitglieder. Selbst im Landesinneren werden neue Synagogen gebaut und jüdische Sephardim und Orthodoxe leben in friedlicher Eintracht mit Ashkenasim und russischen und israelischen Einwanderern.

Auch der interreligiöse Dialog wird stark gepflegt. Gerta ist ein gutes Beispiel für diesen Dialog, denn sie hielt vor ein paar Monaten eine lange Rede in der *Asamblea,* der Nationalversammlung von Panama. Außer ihr waren neben den Politikern und Diplomaten nur männliche Religionsvertreter gekommen. So stand sie neben dem Kardinal, dem Bischof und zwei Rabbinern. Gerta Stern trug an diesem Tag ein Kleid in schönstem Purpur, das sie passend zur Farbe des Kardinalsgewandes und -käppchens ausgesucht hatte. Es war das erste Mal in der Geschichte der panamaischen Nationalversammlung, dass eine jüdische Emigrantin vor die Menschen trat und offiziell sprach.

Als Gerta ihre sorgsam vorbereitete Rede gerade beenden wollte, fiel ihr spontan etwas ein, das sie gar nicht geplant hatte, ihr aber schon seit Jahren auf dem Herzen lag und von dem sie überzeugt war, dass es alle Menschen wissen sollten: »Ich danke Panama, diesem Land, dass mir und meinem Mann so viel geschenkt und ermöglicht hat. Es war uns immer ein Ziel, seinen Bewohnern etwas zurückzugeben dafür, dass wir so großzügig von ihnen aufgenommen wurden.« Es gab riesigen Applaus und Standing Ovations für die alte Dame mit dem Wiener Akzent, der auch im Spanischen nie ganz verloren ging. Die Zeitungen waren anderntags wieder einmal voll mit Gerta.

Dabei ist die Rolle der Frauen in Panama eine sehr spezielle, noch herrscht hier die klassische lateinamerikanische Geschlechtertrennung. Deshalb entwickeln die Frauen ihre subtilen Tricks des Machterhalts. Das lernte ich erst bei meinen Besuchen, die ich Gerta abstattete, nachdem ich mich nicht mehr vornehmlich mit ihrer Biografie befasste. Nach dem Erscheinen meines Buches freundeten Gerta und ich uns an. Nun war die Geschichte erzählt und ich benötigte nicht mehr den Abstand, den eine Biografin braucht, um klar sehen und schreiben zu können. Und tatsächlich kamen jetzt noch mehr verrückte Geschichten um die Emigration der Sterns zum Vorschein. Im Laufe der Zeit wurde Gerta Stern zu einer vortrefflichen Ratgeberin. Wem steht schon die Lebenserfahrung einer so cleveren, mit allen Wassern des Lebens gewaschenen Person zur Verfügung? Gerta ist zudem hartnäckig und gibt nie auf. Ihre Analysen sind intellektuell messerscharf. All diese Eigenschaften sind für Gertas Kundinnen selbstverständlich, denn für sie sind Gertas Ratschläge im Preis ihrer kosmetischen Behandlungen mit enthalten.

»Frauen haben über Generationen hinweg dieselben Fragen«, sagte Gerta einmal und so fragte ich sie, wie denn eine dieser immer wiederkehrenden Fragen laute. Bei derartigen Ansinnen zögert Gerta nie lange: »Mein Mann betrügt mich mit einer anderen, was soll ich nur tun?« Im Lande des Machismo, mitten in Lateinamerika, mag dies gar zu einer der zentralen Fragen gehören. »Und was rätst du ihnen?«, frage ich mit neugierigem Blick auf Gerta. »Ganz einfach, ich frage sie dann immer, ob der Mann die Kinder mit ihnen oder der anderen hat!«

Da war sie wieder, die untrügliche Erfahrung der über Hundertjährigen. »Wenn er die Kinder mit dir hat, lass dich bloß nicht scheiden, denn im Alter kommt er zu dir zurück!« rate sie den Frauen, so Gerta. Mein Gesichtsausdruck ob dieser Antwort mag ein einziges Fragezeichen gewesen zu sein, denn nun fügte sie mit all ihrer Lebensklugheit hinzu: »Und glaube mir, ich habe schon Generationen von Kundinnen gesehen, bei denen es so kam, im Alter wurden sie wieder glücklich.« Das mit den Generationen trifft zu. Einmal, an einem Nachmittag in El Cangrejo traf ich beim Verlassen des Apartments auf eine Kundin Gertas, die in ihren Sechzigern zu sein schien. Ihre Mutter sei schon Klientin bei Gerta Stern gewesen, erzählte sie mir und beschrieb, wie sie sich schon als Kind geschworen habe »wenn ich groß bin, gehe ich auch regelmäßig zu Señora Gerta«.

Gerta feiert in diesem Jahr ihr achtzigstes Firmenjubiläum. Sie erzählte es mir, als ich es endlich auf ihren Kosmetikstuhl, ins Allerheiligste, ihr Studio, geschafft hatte und mit geschlossenen Augen eine unglaubliche Gesichtsbehandlung über mich ergehen ließ. Verrückterweise hatte ich das bei meiner Recherche ganz versäumt. Ich kenne inzwischen auch ein paar ihrer kosmetischen Tricks, die sie mir sicherheitshalber erst nach der Fertigstellung des eigentlichen Manuskriptes beschrieb. Ihre Augen leuchten, wenn sie erzählt, wie sie die heiligen Substanzen mit einem Laser oberflächlich auf die Haut ihrer Klientinnen aufträgt. »Ich glaube nach meinem achtzigjährigen Firmenjubiläum schließe ich meinen Laden zu.« Meist kichert Gerta nach solchen Sätzen und sagt dann lustige Sachen, wie »Ich bin schließlich kein ganz junges Ding mehr, weißt du?«. Als sie mir vom vermeintlichen Ende ihres Geschäftes erzählte, erinnerte ich sie daran, dass sie sich doch gerade noch einen ganz neuen Laser aus Wien habe kommen lassen. Warum denn dann den Salon schließen? Aber Gerta kümmerte das nicht: »Den habe ich schließlich auch für mich bestellt«, erklärte sie das Geheimnis ihrer eigenen, straffen Gesichtshaut.

Eigentlich sollte Gerta zum Erscheinen ihres Memoirs nach Europa kommen. Die tollsten Talkshows hatten sie bereits unter Vertrag genommen und sogar der Mann, der heute österreichischer Kanzler ist, Sebastian Kurz, wollte die rüstige Wienerin aus Panama unbedingt treffen. Der damalige Außenminister verschob sein Erscheinen auf einer wichtigen Friedenskonferenz um ein paar Stunden, damit er der Tochter seines Alpenlandes hoheitsvoll einen Orden an die Brust heften konnte. Dann aber kam alles anders. Der Arzt des rüstigen einstigen It-Girls machte uns einen Strich durch die Rechnung. Ausgerechnet jetzt hatte Gertas Herzschrittmacher immer wieder leichte Batterieaussetzer. Ihr hundertster Geburtstag sollte also doch ihr letzter Besuch in Europa gewesen sein. Flugverbot!

Mich veranlasste dieser Umstand dazu, sofort nach Panama zurückzufliegen. Dort zeichneten wir Fernsehsendungen auf, führten die längst anberaumten Interviews mit deutschen Magazinen nun via Bildschirm, und schon das erste Skype-Interview war von so wundervoller Gertahaftigkeit, dass ich davon erzählen will:

Am Abend bevor sie anderntags mit einer Journalistin vom SPIEGEL sprechen sollte rief sie mich aufgeregt im Hotel an »Anne, sieht man da meine Schuhe?« Natürlich hätte Gerta Stern die passenden Schuhe zur Klamotte schon von ihren »Mädchen« am Abend zuvor herausstellen lassen. Zu dem, was das deutsche TV-Publikum in den Talkshows verpassen sollte, gehörten neben Gertas ungewöhnlicher Persönlichkeit auch die Kleider, die wir gemeinsam schon für ihre Premierenreise in Europa herausgesucht hatten. Jeder Modefan fällt vor Gertas Kleiderschrank vor Ehrfurcht auf die Knie. »Ach, das habe ich Ende der Sechziger in New York gekauft, jetzt ist es wieder modern.« Gerta, die ihr Leben lang auf ihre Figur geachtet hat, passt all dies noch immer. Vom Brokatkleid mit Fransen in changierenden Tönen bis zum Hosenanzug in einer Qualität, wie es sie heute gar nicht mehr gibt, überdauerten diese Schätze in einem klimageschützten Schrank die Zeiten der Mode-Saisons, die gingen und nun wiederkamen.

»Gerta, du bist ein Grenzfall« legte ihre Mutter ihr schon im Alter von sechzehn Jahren nahe, womit sie meinte, dass sie sich dem Übergewicht bedenklich näherte, und bedeutete ihr, dass sie sich beim Essen disziplinieren müsse, wenn sie als attraktiv gelten wolle.

Daran hat sich diese alt gewordene Modebegeisterte sechsundachtzig Jahre lang gehalten. Ich kann es ihr jedes Mal ansehen, wenn wir bei unseren langen Essen zusammensitzen. Dann legt sie irgendwann das silberne Besteck zur Seite und statt ihrer werde dann ich zum willkommenen »Opfer« der Köchin im Hause Stern. Seit ich Alicia einmal die »Königin der Küche« nannte, erfindet sie noch mehr gute Sachen aus ihrer Wiener-panamaischen Küche – Fusion Food vom Feinsten. Zu traditionell Alpenländischem gibt es dann vorzügliche Maisfladen oder frische Papaya für mich und ich nehme jedes Mal ein paar Kilo zu, weil ich mich nicht traue, Alicia zu enttäuschen.

Als wir zu Gertas erstem Skype-Interview in die Nachbarschaft gingen und uns anschließend dort in einem herrlichen Apartment vor den Computer setzten, fühlte ich die Aufgeregtheit der alten Frau. Dass da jemand auf der anderen Seite des Bildschirms erscheinen würde und man sie im fernen Europa sehen könnte, das wollte so gar nicht zu ihrem analogen Leben passen. Dabei ist sie für all diese Dinge höchst aufgeschlossen, schließlich besitzt sie auch ein Mobiltelefon. Bei einem meiner Drehs in Panama, als ich einen früheren Studenten um Assistenz bat, luchste sie diesem sogar fast sein Smartphone ab, weil er mit einem UBER-Fahrzeug gekommen war und ihr erklärte, dass man das nur bekommt, wenn man über so ein Smartphone verfügt. Gerta ist die mit Abstand kommunikativste Person, die mir je begegnete. Wenn sie nun auch noch ein Smartphone besäße? Nicht auszudenken. Die Anschaffung scheiterte schließlich daran, dass sie ihrem Chauffeur hätte kündigen müssen, um einen anderen Fahrdienst zu nutzen. Das wiederum war mit ihrem sozialen Gewissen nicht vereinbar.

Gertas größter Luxus mag ihr Telefon sein. Manchmal macht ein Herr von der panamaischen Telefongesellschaft einen Kontrollanruf und fragt »Señora Stern, 250 Dollar? Wie kann das sein, dass Ihre Rechnung immer so hoch ist?« und dann zählt Gerta erst mal auf, wen sie alles anruft: die Freunde in Wien, die Nichte in Miami, den Cousin in Tel Aviv. Die Liste ließe sich endlos fortführen. Nachdem mein Buch erschienen war und sich gut verbreitete, musste Gerta aus einem anderen Grund in Österreich anrufen, denn sie erhielt auf ihre alten Tage sogar noch einen Heiratsantrag:

Ein Herr aus Wien hatte sich nach der Lektüre dieses Buches Hals über Kopf in Gerta verliebt und machte ihr einen ernsthaften Antrag.

Weil er Stil hatte, verfasste er das Ganze schriftlich und sandte diesen Antrag per Schneckenpost nach Panama. Das dauert natürlich, denn er landete mit den Stapeln an Leserpost zunächst im Verlag und dann bei der Autorin. Immer wieder schnüren wir Gerta Stern Bündel mit solchen Briefen und versenden sie mit der Post oder geben sie einer vertrauenswürdigen Person mit, die sowieso gerade aus Panama zu Besuch in Europa ist. Der verliebte Wiener wurde langsam ungeduldig und fragte im Verlag nach. Er hatte noch ein Geschenk beigelegt und wollte nun wirklich sichergehen, dass Señora Gerta auch alles erhalten habe. Natürlich ahnte niemand von uns, welches »spezielle« Anliegen sich hinter seiner Anfrage verbarg.

Ein paar Tage später erhielt ich einen aufgeregten Anruf von Gerta. Sie rief schon in meine Begrüßungsformel hinein »Du glaubst ja nicht, was sich hier ereignet hat!« Dann beschrieb sie mir, dass der Heiratsantrag eines »sehr feinen Herrn« bei ihr eingetroffen sei und Gerta wäre nicht Gerta, wenn sie nicht gleich reagierte. Also rief sie den Herrn in Wien an. »Mein Lieber, Ihr Antrag kommt zu spät«, woraufhin er mit »Warum das denn, gnädige Frau?« konterte. Für Gerta war die Antwort klar: »… aber ich bin doch schon hunderteins und Sie erst siebenundsechzig!«. Das schien den Endsechziger nicht im Geringsten zu irritieren: »Aber das macht doch nichts!« Zur Beruhigung aller Fans: Gerta hat ihn nicht geheiratet und fand das ziemlich unglaublich. Diese Episode ergab für mich ein weiteres Puzzleteil. Es gibt Dinge, die fragt man auch als von Grund auf neugierige Biografin nicht. Tatsächlich erzählte mir Gerta bei meinem nächsten Besuch in Panama, dass sie ihren letzten Heiratsantrag mit achtundsiebzig erhalten habe.

Seit Gertas Memoir erschienen ist, reise ich weiter regelmäßig nach Panama. Was mich bei meinen Besuchen am meisten überrascht, ist die Tatsache, dass aus Gerta immer noch neue Geschichten heraussprudeln. Manchmal gibt es dabei seltsame Fügungen. Da erzähle ich ihr von einem Haus in Panama, in das ich mich regelrecht verliebt habe und dass ich mich seit Wochen frage, wer es wohl erbaut hat und schon stellt sich heraus, dass der Sohn einer ihrer Wiener Freundinnen dieser Planer ist. Er wurde zu einem der bedeutendsten Architekten des Landes und kam kurz nach den Sterns als Emigrantenkind im Alter von sieben Jahren in Panama an. Dieser Richard Holzer, über den es heute internationale Architekturbücher gibt, lebte sogar mit den Sterns zusammen in der alten Emigrantenunterkunft von Juan Diaz, in einem Holzhaus, in dem es nicht einmal Strom oder fließendes Wasser gab.

Noch immer spielen Gerta und ihre Freundinnen jeden Mittwoch in Lottes kleinem Bungalow Bridge. Einmal bekam ich mit, dass Gerta haushoch verloren hatte. Sie war am Boden zerstört. »Das ist das erste Mal seit über dreißig Jahren«, zischelte sie mir im Auto auf dem Heimweg mit gedemütigtem Unterton zu. An einem dieser Nachmittage, als ich Gerta zu Lotte begleitete und wir nach dem Bridge alle zusammen Kaffee tranken, kam Lottes ältester Sohn auf einen Sprung vorbei. Er sah die Runde der hochbetagten jüdischen Damen und meinte im Scherz: »Ich wette mit euch, hier sitzen tausend Jahre zusammen am Tisch.« Charlie hatte das nicht wirklich ernst gemeint, aber bei genauer Betrachtung kamen wir auf 920 Jahre, die hier versammelt am Tisch saßen. Gerta war nicht die Einzige über Hundertjährige und ich wurde etwas schräg angeschaut, denn schließlich »drückte« ich den Altersschnitt erheblich. Mit der neuerlichen Erkenntnis war echter Stolz verbunden, zumal alle noch recht fit sind.

Im letzten Jahr bekam Gerta Stern ihren ersten Werbevertrag. Schließlich ist sie in ganz Panama bekannt, seit sie ihre Geschichte erzählte. Viele Medien berichteten über sie und manche auch über mich, weshalb mich manchmal wildfremde Menschen auf den Straßen Panamas ansprechen, weil sie mich erkennen, was mir immer noch höchst surreal vorkommt.

Gertas neuester Coup im vergangenen Jahr wurde mir wieder durch einen ihrer legendären Anrufe eröffnet: »Stell dir vor, Anne, ich bin schon seit zwei Wochen in der Television«, sagte sie »Ich habe da eine neue Position und du kommst nicht darauf, was es ist.« Gerta liebt es, die Spannung ins Unermessliche zu steigern und ich bin oft ihr Opfer. »Position«, sie sprach den T-Laut herrlich spanisch aus – »Posission«. Gerta hat nun einen Werbevertrag mit einer großen panamaischen Klinik für Geriatrie, für die sie in Fernsehspots wirbt. Eigentlich hatten die Geriater mehrere Darsteller für die TV-Clips gewonnen, aber Gerta scheint sie mit ihrer großen Lust zum Schauspiel im Laufe der Produktion alle ausgestochen zu haben, weil sie ihre Auftritte variiert: »Die Kamera ist ganz groß auf meinem Gesicht und dann sage ich, wer ich bin und dass die Leute glauben, ich hätte ein Geheimnis, weil ich nicht aussehe, wie über hundert und dann ziehen sie das Bild mit der Kamera ganz weit auf und ich zeige auf das Krankenhaus hinter mir und sage, das hier ist mein Geheimnis, diese Klinik, denn sie gibt mir die Sicherheit im Alter! Manchmal spreche ich ganz toll über den einen Arzt und dann über einen anderen.« Nun ist sie also auch noch Werbestar.

Sobald Gerta das Rotlicht einer Kamera sieht, nimmt ihr Körper die Spannung an, die sie als Kinderschauspielerin schon kannte. Als sie zum ersten Mal geskypt hatte und rotwangig und ein wenig erschöpft neben dem ausgeschalteten Computer saß, plauderten wir noch ein wenig und ich versuchte ihr zu erklären, woher das WLAN eigentlich kommt, das uns diese Technik gerade ganz ohne Kabel ermöglichte. Ich holte etwas weiter aus und sagte, dass die aus Wien stammende Schauspielerin Hedy Lamarr die Funkortungstechnik schon während des Zweiten Weltkriegs entwickelt habe, weil sie mathematikbegeistert war und als tapfere Antifaschistin, die es nach Hollywood verschlagen hatte, eine Methode erfand, die den amerikanischen Truppen die Ortung deutscher U-Boote im Krieg im Atlantik ermöglichte. Die U-Boote gaben Signale ab, die sich auf diese Weise erkennen ließen. »Hedy Lamarr?«, rief Gerta mit einem Ausdruck vollkommener Überraschung und war sofort wieder hellwach, »die kannte ich schon, da hieß sie noch Hedwig Kiesler.« Sie schlug sich mit der Hand aufs Knie, »die hat der Moses doch damals gedated, als ich ihn nicht ranließ, in den zwei Jahren, als er auf mich gewartet hat«.

Zu einem meiner schönsten Geschenke nach Erscheinen der Gerta-Geschichte zählt eine Mail, die ich von einer der Nachfahrinnen von Gertas Retter erhielt. Ulrike hatte mein Buch durch Zufall entdeckt, nicht ahnend, was im Innern auf sie wartete. Sie beschrieb, wie sie nachts darin las und plötzlich auf ihren Großvater gestoßen war.

»Ihr Buch beantwortet die Fragen, die ich lange hatte« schrieb sie mir in einer E-Mail. Ich besuchte sie bald darauf in Bremen.

Auf meinen Lesungen führe ich immer wieder Filmclips von Gerta vor, weil ich überzeugt davon bin, dass man diese außergewöhnliche Frau in ihrer ganzen körperlichen Vitalität erleben muss. Auch Ulrike spielte ich nun solche Filmclips von Gerta vor. Am ersten Abend riefen wir gemeinsam Gerta in Panama an, die sehr interessiert zuhörte, und nach und nach fanden letzte Fragen zu ihrer Rettung Antworten.

Auf einer Lesung in der Nähe von Hamburg war Ulrike bald

darauf mein Ehrengast. Ich kannte das schon, dass die Zuhörerinnen und Zuhörer nach meinen Vorträgen Fragen nach Otto Dettmers stellten. Nun erzählte seine Enkelin von ihm und berichtete, dass ihre Schwester als Goldschmiedin zu Beginn der 1980er-Jahre für ein Jahr nach Südafrika gegangen war. Eines Tages kam ein altes jüdisches Ehepaar in die Goldschmiede, in der sie in Kapstadt tätig war. Sie hätten gehört, eine junge Frau aus Bremen sei da, ob sie vielleicht Otto Dettmers kenne. Die junge Bremerin muss ziemlich verwundert gewesen sein, als sie antwortete, dass dieser ihr Großvater sei. Sie solle ihn schön grüßen, trugen sie ihr auf und einen Dank sagen, denn sie und ihre ganze Familie hätten es dank »Herrn Otto« wohlbehalten nach Südafrika geschafft und hätten sich dank seiner Hilfe dort eine ganz neue Existenz aufbauen können.

Ulrike hatte zum Glück schon vor unserer Begegnung versucht, mehr über die Geschichte ihres Großvaters herauszubekommen und stieß bei ihren Recherchen auf einige Aufzeichnungen. Sie war seine älteste Enkelin und wuchs eng mit ihm auf. Der charismatische Großvater starb 1986.

Otto Dettmers war ein cleverer Rechtsanwalt und Reeder. Definitiv jedoch war er kein Parteimitglied. Das, was Gerta an seinem Revers gesehen haben will, das Parteiabzeichen, kann keines gewesen sein. Dettmers erwuchsen in der kurzen Zeit, in der er zum Vorsitz des Norddeutschen Lloyd bestellt worden war, aus diesem Umstand sogar echte Probleme: Ein hohes Parteimitglied hatte sich zum Besuch des Lloyd angekündigt. Es sollte im Sinne bester Nazipropaganda auch einen Fototermin geben und der hohe Mensch aus der Partei hatte alle Vorstandsmitglieder des Norddeutschen Lloyd darum gebeten, ihre Parteiuniformen anzuziehen, damit sie sich gemeinsam auf der Freitreppe vor dem Lloyd-Gebäude fotografieren lassen konnten.

Nun reichte nicht mehr das aus, was Dettmers sonst zu tragen pflegte, das Abzeichen seiner Burschenschaft, das stets als Zeichen an seinem Revers haftete. Diese Anstecknadel muss Gerta mit einem Parteiabzeichen verwechselt haben, als sie Otto Dettmers in Hamburg in jenen Tagen in der Bergstraße, Ecke Ferdinandstraße kennenlernte. Dies, in Verbindung mit dem hanseatisch blauen Zwirn, den er trug, muss bei ihr die Assoziation ausgelöst haben, er sei Parteimitglied. Schon im Jahr 1938 fuhr Dettmers ein besonderes, nicht gerade arisches Auto, eine große Chrysler Limousine. Der Umstand, dass er sich viel aus Fahrzeugen machte, kam ihm beim Besuch des Parteiadjutanten beim Lloyd nun zugute, denn eine Uniform hatte er nicht und er schien auch nicht daran interessiert zu sein, der Partei der Nazis, der NSDAP beizutreten. »Herr Otto« rettete sich damit, dass es Besitzern mit besonderen Fahrzeugen offenstand, ins Nationalsozialistische Kraftfahrkorps einzutreten. Diese Organisation galt als Ausweg für viele, die eigentlich gezwungen gewesen wären, Parteimitglieder zu werden, aber dem Regime eher ablehnend gegenüberstanden. So erhielt Dettmers nun ein braunes Hemd mit Dienstabzeichen und Kragenspiegeln, das optisch offensichtlich von der NSDAP-Uniform kaum zu unterscheiden war. Beim Fototermin fiel es nicht weiter auf, dass er nur zum Kraftfahrzeugkorps gehörte, nicht aber zur Partei.

Otto Dettmers sprach nach dem Krieg nicht über seine Rettungsaktionen. Das mag aus heutiger Sicht verwundern, hatte aber verschiedene Gründe. Vielen ist heute nicht mehr bewusst, dass die Menschen, die andere während der Herrschaft der Nationalsozialisten retteten, nicht gerade als Helden galten, als diese dunklen Zeiten erst einmal vorbei waren.

Deutschland hatte schließlich den Krieg verloren. Zur Schmach vieler darüber kam das Schweigen. Niemand wollte über das sprechen, was geschehen war. Weder die Opfer, noch die Täter. Darin ähnelten sie sich auf frappierende Weise.

Gerade in juristischen Zusammenhängen waren die Fronten lange sehr verschwommen, denn im deutschen Rechtswesen saßen noch immer viele Richter, die eine nationalsozialistische Vergangenheit hatten. Es sollten fast drei Jahrzehnte vergehen, bis die Nachgeborenen Fragen zu stellen begannen.

Wollte Dettmers sich also vor solchen falschen Fragen schützen? Musste er fürchten, doch noch angegriffen zu werden oder war ihm das alles gar nicht wichtig und er hielt sein Handeln für selbstverständlich und fand es von daher nicht erwähnenswert?

Auf jeden Fall sorgte er während der Zeit des Nationalsozialismus dafür, dass seine Familie nicht zu viel wusste. Es ist nicht klar, ob er sein Wissen mit seiner Frau Hertha teilte, die sehr selbstbewusst gewesen zu sein scheint. Fotos zeigen ein stilvolles und vergnügtes Ehepaar. Der Alltag im Hause Dettmers scheint sehr vital gewesen zu sein. Im Haus in Bremen bestimmten Sport und Kammermusik den Takt der Familie. Jürgen Dettmers, »Herrn Ottos« ältester Sohn, erzählt von kritischen Bemerkungen zur braunen Politik im elterlichen Haus. Die Eltern lästerten untereinander auf intelligente Weise darüber. Als Jürgens Mutter Hertha nach der Geburt des sechsten Kindes das »Mutterkreuz« der Nazis erhielt, machte man sich in der Familie auch darüber lustig. Die sechs Kinder von Otto Dettmers kannten jeweils nur Bruchteile seines Engagements. Der Rechtsanwalt und Reeder ging spärlich mit Informationen um, wenn seine Nachkommen involviert waren. Wenn sie nichts wussten, konnten sie schließlich während des Krieges nicht in Gefahr geraten.

Nur einmal brach er diesen Grundsatz. 1944 war offensichtlich eine seiner Geheimaktionen aufgeflogen, und er war in Gefahr, verhaftet zu werden. Zu dieser Zeit landete Dettmers auf einer schwarzen Liste der Nationalsozialisten und wurde gesucht. Bevor er sich auf einem Bauernhof vor den Toren Bremens verstecken konnte, suchte er seinen ältesten Sohn auf. Der hatte in der zwölften Schulklasse einen Einberufungsbefehl zur Wehrmacht erhalten und befand sich gerade in der militärischen Ausbildung. Sein Vater sei in der Kaserne erschienen, um ihm Instruktionen und Empfehlungen für den Fall seines Verschwindens zu erteilen, schildert Jürgen Dettmers. Eine Verhaftung war nicht auszuschließen und nun musste der Sohn wissen, welche Maßnahmen zu treffen seien, falls Otto Dettmers den Krieg nicht überlebte.

Jürgen Dettmers übernahm später als Jurist auch die Seerechts-Kanzlei des Vaters in Bremen. Die Angewohnheit, politische Kritik nicht laut zu äußern, hatte im Hause des Mannes vom Norddeutschen Lloyd auch damit zu tun, dass die Familie Hausangestellte hatte, die mit ihr unter einem Dach wohnten. So war klar, dass Lästereien nur geäußert werden durften, wenn kein Personal in der Nähe war. Jürgen und seine Geschwister wuchsen mit dem Wissen auf, dass es gefährlich war, gegen die Nationalsozialisten zu schimpfen.

Die Familie Dettmers scheint neben der Musik, die auch bei den Sterns ein Leben lang eine große Rolle spielte, noch mehr mit den geretteten Wienern im fernen Panama verbunden zu haben, ohne dass sie dies je voneinander gewusst haben können. So zählten auch im Bremer Haushalt des Reeders Sport und Humor zu den wichtigsten Formen des Zeitvertreibs.

An einem Sommertag, als ich gerade aus Panama zurückgekehrt bin, besuche ich Jürgen Dettmers in Bremen. Sein Garten grenzt an den der Tochter, die den Kontakt zwischen mir und der Familie durch die Lektüre meines Buches herstellte. Sie ist Musikerin und probt gerade, während ich neben ihrem Vater im Gartenstuhl sitze und ihm von Gertas neuesten Abenteuern im fernen Mittelamerika erzähle. Zu der Zeit ist Gerta 101 und Jürgen Dettmers gerade 94 Jahre alt geworden. »Der Vater hätte uns so etwas nie erzählt« sagt Jürgen, der schon als Junge sehr neugierig war und holt noch einmal aus: Der Kreis der hanseatischen Kaufleute und Banker, mit denen Dettmers kollaborierte, die haben ihn schon in seiner Teenagerzeit brennend interessiert, so als habe der spätere Jurist damals bereits gewittert, wo besondere Informationen zu holen sind. Er und seine älteste Schwester erlebten die Zeit der Pogrome als Teenager bewusster, als ihre vier jüngeren Geschwister. Irritiert sprach er den Vater an, als er ihn eines Tages neben dem Rundfunkapparat sitzen sah. »Herr Otto« rauchte eine Havannazigarre, während er einer Rede Hitlers lauschte, die hier gerade übertragen wurde. Das passte offensichtlich nicht zum Wertekanon der Familie. Darauf angesprochen habe sein Vater entgegnet, dass er sich erhoffe, »zwischen den Zeilen« herauszuhören »wohin die Reise« im Nazireich nun gehe und dass er diesen »fürchterlichen Menschen« ohne die Ablenkung einer Zigarre nicht aushalten könne.

Erst 1938 hatten sich die zwanzig Hanseaten um Otto Dettmers zusammengetan, die sich von nun an bis ans Ende des Krieges einmal im Monat versammelten und Strategien entwickelten. Diese Treffen fanden heimlich statt, anfangs in den Hinterzimmern der Bremer Hotels und schließlich, als etwas durchgesickert zu sein schien und die Gruppe in Gefahr geriet enttarnt zu werden, in den Privathäusern der Beteiligten.

Unter ihnen war auch Kurt Becher, der enge Schulfreund Otto Dettmers. Becher war eine umstrittene Figur im Nationalsozialismus, schließlich sollte er in den Jahren darauf Adjutant Himmlers werden und sogar Gegenspieler Adolf Eichmanns um die Macht in der Partei. Der Getreidehändler hatte in einer jüdischen Firma seine Ausbildung absolviert, war später der SS-Reiterstandarte beigetreten und hatte einen steilen Aufstieg im

Machtapparat der braunen Herrscher hingelegt. Gegen Ende der nationalsozialistischen Regentschaft wurde er gar zum Reichssonderkommissar ernannt, dem alle Konzentrationslager unterstellt waren. Im Jahr 1938 befand sich dieses Mitglied der Gruppe allerdings noch in der Ausbildung bei der »SS-Standarte Brandenburg« und war absurderweise genau zu der Zeit im Konzentrationslager Sachsenhausen tätig, als Moses Stern dort inhaftiert war. Das mag in der Geschichte um Gerta Stern und ihre Rettung verwirrend klingen, zumal nicht Otto Dettmers, sondern der Gestapo-Chef Günter Kuhl es war, dem Gerta in jener Nacht in Hamburg in ihrem sagenhaften Rollenspiel im Gestapo-Hauptquartier in die Hände fiel und der die Freilassung ihres Mannes veranlasste. Zog Otto Dettmers damals im Hintergrund doch mehr Fäden, als Gerta Stern zu wissen glaubt?

Stand er selbst mit Kuhl in Verbindung und ließ die junge Frau nur in dem Glauben, es sei allein ihrer Schauspielkunst zu verdanken, dass ihr Mann in der Folge ihres Auftretens im Hauptquartier freikam?

Kann eine so nahe Verbindung reiner Zufall sein? Jürgen Dettmers sagt, dass er wusste, dass es bei den Treffen des väterlichen Freundeskreises auch um »Ausreisen« und um »Vermögenssicherung« von Personen gegangen sei. Er habe irgendwann erfahren, dass sein Vater auch treuhänderisch für jüdische Mandanten seiner Kanzlei aktiv geworden sei. Ottos ältester Sohn besuchte ein Internat, weshalb er solche Dinge gezielt zu erfahren versuchte, wenn er im Elternhaus in Bremen war, denn schließlich trafen sich die kollaborierenden Kaufleute auch gelegentlich im Hause Dettmers. Auf die Frage, was sie denn dort besprächen, soll sein Vater einmal gekontert haben, man esse miteinander und da die Speisen wohl reichlich waren, nannten Jürgen und seine Schwester die Gruppe von da an den »Fressclub«. Damit war der Begriff auch in der Familie gesetzt. Er hatte zudem den Vorteil, recht gefahrlos zu klingen, aber alle wussten, um was es dabei ging.

Bekannt wurde Ottos Nachkommen auch die Geschichte von einer jüdischen Familie, der der Vater zur Flucht in die USA verholfen hatte. Als Reeder hatte er immer die Möglichkeit, Menschen zusätzlich auf Schiffe zu bringen, solange sie noch als zivile Passagierschiffe betrieben wurden. Die Parteiorgane prüften genau, wer an Bord ging. Juden war der Zutritt zu Häfen längst untersagt, aber Schiffe konnten immer mal – wie in Gertas Fall zum Beispiel vor der Küste Nordfrankreichs – außerplanmäßig angehalten werden. Diese gerettete jüdische Familie stand offensichtlich auch nach dem Krieg noch intensiv mit der Bremer Anwaltsfamilie in Kontakt.

Das Netzwerk Otto Dettmers ist ein gutes Beispiel dafür, wie schwer es ist zu unterscheiden, wer in den Jahren der nationalsozialistischen Herrschaft tatsächlich die Täter und wer die Opfer waren. Kurt Becher, dessen Anwalt und Notar Otto Dettmers auch nach dem Krieg noch war, steht beispielhaft dafür. Dettmers muss es gewesen sein, der sogar verhinderte, dass Becher als Zeuge im Eichmann-Prozess nach Israel reisen musste. Sein Schulfreund soll große Angst davor gehabt haben, dort wegen seiner Verstrickungen in die »Affäre Kasztner« verhaftet zu werden.

Kurt Becher hatte als Himmlers Delegierter Verhandlungen um Raubgut geführt. Dabei hatte ein gewisser Rudolf Kasztner mit Becher um die Freilassung Tausender jüdischer Ungarn gefeilscht. Kasztner vertrat dabei die Jewish Agency, die dabei war, einen zionistischen Staat, das spätere Israel, zu errichten. Kasztner verhandelte dabei direkt mit den Nationalsozialisten, um möglichst viele ungarische Juden vor dem Transport in die Todeslager bewahren zu können. Er bot ein regelrechtes Lösegeld pro geretteter Person an. Sein Gegenüber aufseiten der Nationalsozialisten war Kurt Becher. Da stand auf der einen Seite ein Mann, der seine Landsleute vor der Vernichtungslogik der Nazis bewahren wollte und bot seinem Gegenüber so lange mehr an, bis Becher schließlich seinen gebotenen Preis akzeptierte. Die genauen Hintergründe sind ziemlich verworren, denn wie auch Becher, machten Rudolf Kasztner und andere Mitwirkende dieser Kollaboration nach dem Krieg ebenfalls nicht alles bekannt, was hinter den Kulissen »gedealt« wurde. Kasztner bestätigte später, um die Befreiung von jüdischen Gefangenen in Auschwitz verhandelt zu haben und unter anderem auch einen »Freikauf« von 1.684 Menschen durch Becher als Verhandlungsführer der SS erwirkt zu haben. Gezahlt wurde mit Juwelen und Maschinen, in diesem Fall auch Lastkraftwagen für die nationalsozialistische Armee. Mit in die Deals involviert waren weitere jüdische Agenten, wie Jaac van Harten, der eigentlich Jacques-Jules Levy hieß und der ebenfalls als zionistischer Delegierter mit den Nationalsozialisten Operationen dieser Art durchführte. Damals hieß die Devise »Blut gegen Ware«, sprich: Becher ließ sich auf der anderen Seite der Verhandelnden die Auslieferung der jüdischen Ungarn fürstlich bezahlen. Unter anderem auch mit Kunstschätzen aus jüdischem Eigentum, die Teil der Deals waren. Vier Monate war der Transport der so Geretteten quer durch Europa unterwegs. Von Budapest über Wien nach Bergen Belsen, wo sie in einer extra Lagersektion verharren mussten, zu der die SS keinen Zugang hatte. Man stelle sich das einmal vor: Mitten in einem der größten Todeslager verharrten diese Menschen in einem Sonderareal und erst als Adolf Eichmann in den von Becher verhandelten Preis einwilligte, setzte der Transport seinen Weg fort in die sichere Schweiz, von wo aus die Geretteten nach Palästina gebracht wurden, wo sich wenige Jahre später der Staat Israel gründen sollte.

Becher wurde nach dem Krieg verhaftet, aber in den Nürnberger Prozessen durch die Aussage Rudolf Kasztners entlastet. Erst fünfzehn Jahre später sollte nach der Festnahme Adolf Eichmanns in Argentinien und mit seiner Entführung nach Israel diesem hohen Nazi in Jerusalem der Prozess gemacht werden. Da kochten in der jungen Bundesrepublik die Ereignisse des Teilnehmers aus dem »Fressclub« noch einmal hoch und schnell war klar, dass er noch einmal angeklagt werden sollte. Becher hätte eigentlich in Jerusalem im Eichmann-Prozess aussagen müssen, aber sein Anwalt Otto Dettmers schaffte es, dass Kurt Becher, der nach dem Krieg zu einem der reichsten Männer Westdeutschlands geworden war, seine Aussage »nur« vor dem Amtsgericht in Bremen tätigen musste und somit verschont blieb. Rudolf Kasztner konnte ihn nun nicht abermals entlasten, denn der war 1958 in Tel Aviv von Unbekannten ermordet worden.

Die Gefahr, dass Becher noch in Israel wegen seiner Rolle als Adjutant Himmlers in Haft geriete, war also groß, konnte aber abgewandt werden.

Wie eng Otto Dettmers mit diesen Deals hinter den Kulissen tatsächlich in Verbindung stand, ist nicht bekannt. Fest steht, dass er Teil des Netzwerks war, das mit seiner Hilfe Menschen außer Landes bringen konnte. Einige Männer aus dem Netzwerk landeten später nach der Fusion von Hapag und Norddeutschem Lloyd gemeinsam im Aufsichtsrat des Hapag Lloyd. Becher sollte den Vorsitz haben, aber das wurde im inzwischen wacheren Klima Westdeutschlands von politischer Seite verhindert. Er galt in dieser Zeit längst als »Altnazi«, wie man das damals nannte.

Dass Gerta und ihr Mann sowie der junge Schwager im Herbst 1938 noch aus Hamburg entkommen konnten, gleicht aus heutiger Sicht einem Wunder. Panama hatte nur zwölf Tage lang seine Grenzen geöffnet, nachdem die Konferenz von Evian dazu führte, dass immer mehr Länder die Aufnahme jüdischer Flüchtlinge verweigerten. Otto Dettmers befand sich nur für kurze Zeit im Hamburger Büro des Norddeutschen Lloyd. Hatte er in Wirklichkeit hinter den Kulissen schon den Gestapo-Chef Kuhl vorgewarnt? Gingen seine Verbindungen viel weiter, als es schien? Dafür spricht, dass er Gerta versprochen hatte, sie freizubekommen, sollte man sie am Abend bei ihrem Besuch im Gestapo-Hauptquartier in Hamburg tatsächlich verhaften.

Fast acht Jahrzehnte später ist das vielleicht auch gar nicht mehr wichtig. Wichtig ist, dass an vielen Stellen dieser Geschichte Menschen anderen Menschen blind vertraut haben, weil sie es für möglich hielten, dass eine fürchterliche Wendung in ihrem Leben doch noch ein positives Ende nehmen könne. Otto Dettmers ist nie öffentlich für das gewürdigt worden, was er tat. Vielleicht musste er nach dem Krieg fürchten, dass nicht alles, was im »Fressclub« hinter den Kulissen mit nationalsozialistischen Verbindungen geregelt worden war, auch von den Nachgeborenen verstanden werden würde. Vielleicht aber war er an dieser Stelle auch nur bescheiden und hielt das, was er tat, als gläubiger Christ für selbstverständlich?

Zurück nach Panama, denn da sind ja noch die beiden Gäste, die diesmal mit mir hierherreisten. Es sind Ulrike und Marie-Louise. Gerta lernt die Enkelin und die Urenkelin ihres Retters kennen. Ulrike und Marie-Louise sind viel aufgeregter, als die erfahrene über Hundertjährige, die sie voller Selbstbewusstsein begrüßt und die den beiden Frauen aus Bremen in den Tagen darauf »ihr Panama« zeigen wird. Gerta begegnet den beiden Nachfahrinnen des wichtigen Mannes in ihrem Leben mit erhobenem Haupt, da ist keine überbordende Demut im Spiel, sie ist dankbar, aber bewahrt ihre Haltung.

Gemeinsam reisen wir noch einmal die Lebensstationen der Sterns in Panama ab, schauen uns Juan Diaz und Fort Amador an. Gerta zeigt uns ihren Strand, an den sie viele Jahre samstags fuhr, wenn ihr Mann seinem geliebten Fußball auch in Panama frönte. Die beiden Nachfahrinnen von Otto Dettmers werden nun zu willkommenen Gästen im Hause Stern. Es entstehen neue Freundschaften. »Was war Otto für ein Großvater?«, will Gerta von Ulrike wissen und wie das Leben ihres Retters nach dem Krieg verlief. Schließlich hatte sie all die Jahre geglaubt, der Mann mit dessen Hilfe sie Europa entkamen, sei im Krieg ums Leben gekommen, weil er ja nicht mehr in Hamburg war, als Gerta ihn dort suchte. Dann gab sie es auf. Bis wir einander begegneten und ich ihn zu suchen begann.

»Der liebe Gott muss mich schon sehr lieb haben bei allem, was er mir schenkte«, sagt Gerta manchmal. Inzwischen wollen ihre Beine nicht mehr so wie früher. Ihr Arzt hat ihr deshalb neulich gymnastische Übungen verschrieben. »Wann soll ich die denn noch machen?«, fragte sie entsetzt, schließlich habe sie noch jeden Tag Kundinnen in ihrem Kosmetiksalon und für so etwas keine Zeit.

Am Tag, nachdem sie die ärztliche Anweisung so in Wut versetzt hatte, teilte sie mir mit, sie habe gerade doch mal »heimlich« auf dem rückliegenden Balkon ihrer Wohnung einige Übungen gemacht, die ihr der Arzt geraten habe. Mit erstaunlicher Wirkung, sie fühle sich gleich besser.

Als ich es endlich auf den Behandlungsstuhl in ihrer Praxis geschafft hatte, musste ich ihr etwas gestehen: »Gerta, weißt du eigentlich was der erste Satz war, den ich über dich hörte?« Ich konnte regelrecht fühlen, wie die Neugier in ihr hochkroch. »Erzähl, Anne« sagte sie, während ihre Hände mir bei der Behandlung übers Gesicht und Dekolleté strichen. »Sie ist verdient eitel!«, das war tatsächlich der erste Satz, den ich über Gerta vernahm. Und Gerta hielt einen Moment lang inne. Dann sagte sie mit einem fröhlichen Jauchzen in der Stimme »Der beschreibt mich sehr gut, denn weißt du, das stimmt!«

Vor etwas über einem Jahr lautete meine
erste Frage an Dich:
»Woher stammt dieses Licht im eigenen Herzen,
das einen durch die Finsternis führt?«
Du hast sie mir nun beantwortet, Gerta
Dafür danke ich Dir.

Dank

Meine ersten fünf Jahre und Bücher im Buchbusiness lehrten mich, dass das tollste Werk nichts wert ist ohne verlässliche Kollaborateure.

Mein Dank gilt deshalb neben meiner Lektorin Antje Steinhäuser vor allem Christine Paxmann, Klaus Altepost, Lotte Zelenka, Marsha Stern, Hermann und Gabriele Sausen, Pia Mortensen, Melanie Raabe, Heike Suhre, Claudia Wachter, Jennifer Rohwer von der Deutschen Botschaft in Panama, Eberhard Lohmann, Jürgen Dettmers, aber auch Nils Haupt, Heather Hoeps und Martina Fähnemann von Hapag Lloyd, sowie Dorle Kopetzky und dem Team vom Europa Verlag, insbesondere Julia Krug-Zickgraf, Barbara Stang und last but not least möchte ich meinem Verleger danken.

Es ist eine Ehre, vor allem aber ein großes Vergnügen mit Dir zu arbeiten und von Dir zu lernen, lieber Christian Strasser.

Bildnachweis

Alle Fotos im Bildteil dieses Buches stammen aus dem Privatarchiv von Gerta Stern mit Ausnahme von:

S. 1 unten: Getty Images/Mondadori Portfolio
S. 3 unten: von Unbekannt via Wikimedia Commons
S. 4 unten: www.bilderbuch-hamburg.de
S. 5 oben: Hapag-Lloyd AG, Hamburg
S. 5 unten: Anne Siegel
S. 6 oben: Braxeal via Library of Congress
S. 6 unten: von Unbekannt
S. 12 oben: Marsha Stern
S. 14: Grand Park Hotel Bad Hofgastein
S. 15 oben: Grand Park Hotel Bad Hofgastein
S. 15 unten: Foto Wolkersdorfer Bad Hofgastein
S. 16: Désirée von Trotha

Trotz sorgfältiger Recherche konnten nicht alle Bildbeiträger bzw. deren Rechtsnachfolger ausfindig gemacht werden. Sollten unberücksichtigte Rechtsansprüche bestehen, so sind diese beim Verlag geltend zu machen.

»Eine bemerkenswerte Biographie der Elisabeth Förster-Nietzsche«

Frankfurter Allgemeine Zeitung

*Cover- und Preisänderungen vorbehalten

Kerstin Decker

Die Schwester

Das Leben der Elisabeth Förster-Nietzsche

Piper Taschenbuch, 656 Seiten
€ 14,00 [D], € 14,40 [A]*
ISBN 978-3-492-31285-1

Man meint sie zu kennen als gewissenlose Fälscherin der Werke ihres Bruders. Kerstin Decker zeigt diese bestgeschmähte Frau in verblüffend neuem Licht und zeichnet das intime Porträt eines außergewöhnlichen Geschwisterpaars.

Drei Mal wird sie für den Nobelpreis vorgeschlagen. Friedrich Nietzsche hat seiner kleinen Schwester vieles zugetraut, aber auf den Gedanken, dass sie einmal seine Wirkungsgeschichte mitbestimmen würde, wäre er nie gekommen. In aller Beiläufigkeit widerlegt sie sein Frauenbild.

PIPER

Leseproben, E-Books und mehr unter **www.piper.de**